宫崎滔天家藏民国人物书札手迹（第六卷）

中国宋庆龄基金会研究中心 编

图书在版编目（CIP）数据

宫崎滔天家藏民国人物书札手迹 . 第六卷 / 中国宋庆龄基金会研究中心编 . -- 北京：华文出版社，2021.1
ISBN 978-7-5075-5375-8

Ⅰ . ①宫… Ⅱ . ①中… Ⅲ . ①历史人物—手稿—收藏—中国—民国 Ⅳ . ① G262.1

中国版本图书馆 CIP 数据核字 (2020) 第 231925 号

宫崎滔天家藏民国人物书札手迹（全八卷）

编　　　者：	中国宋庆龄基金会研究中心
责任编辑：	潘　婕
出版发行：	华文出版社
社　　址：	北京市西城区广外大街 305 号 8 区 2 号楼
邮政编码：	100055
网　　址：	http://www.hwcbs.com.cn
电　　话：	总编室 010-58336239　发行部 010-58336238　责任编辑 010-63429159
经　　销：	新华书店
印　　刷：	北京画中画印刷有限公司
开　　本：	889mm×1194mm　1/12
印　　张：	166.33
字　　数：	1436 千字
版　　次：	2021 年 1 月第 1 版
印　　次：	2021 年 1 月第 1 次印刷
标准书号：	ISBN 978-7-5075-5375-8
定　　价：	1999 元

版权所有，侵权必究

《宫崎滔天家藏民国人物书札手迹》（全八卷）编辑委员会

特别顾问：王家瑞　宫崎蕗苳（日）
顾　　问：章开沅　杨天石　宫崎黄石（日）　久保田文次（日）
主　　任：杭元祥
副 主 任：井顿泉　于　群
委　　员：唐九红　艾　多　陈爱民　宋　健　孙晓燕　李长莉　赵立彬

本卷执行编委

主　　编：艾　多
编　　辑：李　朋　赵　波
日文释读及翻译：霍耀林

出版说明

宫崎滔天是日本熊本县人，早年受资产阶级民主思想的影响，追随孙中山支持中国民主革命。宫崎家藏大量中国近现代珍贵历史资料，一直未能公之于世，因而备受各界关注。

20世纪70年代末80年代初，中日史学界研究辛亥革命的学者，开展国际交流研讨的活动渐渐多起来。1981年，北京景山学校日语教师何子岚先生因与宫崎家熟悉的缘故，曾协助对其家藏的历史资料进行整理。同年10月，宫崎滔天的孙女宫崎蕗苳女士及其先生宫崎智雄教授应邀到中国参加纪念辛亥革命70周年大会，向大会赠送了一批家藏的文献资料，引起史学界的注意。1982年，著名历史学家刘大年先生致函宫崎蕗苳女士，提出与宫崎家合作整理、研究资料的建议，并指派中国社会科学院近代史研究所荣孟源先生推动，1985年荣先生不幸病逝，工作被迫中断。此后，中国学者陆续造访宫崎家，阅览资料并作了相关研究。黄兴、何天炯后人在与宫崎家的来往中，也曾获取这些资料的相关部分。1993年，宫崎蕗苳女士向历史学家章开沅先生初步透露希望系统整理与出版其家藏资料的意向。

2005年11月，中国宋庆龄基金会与中央电视台共同赴日本九州拍摄《寻访孙中山的足迹》文献片过程中，参观了宫崎兄弟的故居，了解到宫崎家藏资料的情况，感到对中国近代史研究具有重要意义，并感慨这批资料历经一个多世纪得以保存下来的不容易。2007年11月，在章开沅先生的帮助和引荐下，中国宋庆龄基金会正式启动了整理出版宫崎滔天家藏有关中国革命资料的项目。这一项目得到宫崎蕗苳女士、宫崎黄石先生及其夫人的大力支持，也得到了日本学者久保田文次、久保田博子夫妇的积极帮助。2011年，在辛亥革命百年之际，中国宋庆龄基金会将先期整理出来的部分资料汇集，由人民美术出版社出版了《宫崎滔天家藏——来自日本的中国革命文献》一书，受到海内外各界的关注与赞扬。2013年，为了推动这项工作的持续开展，中国宋庆龄基金会成立了"宫崎滔天家藏资料研究"项目组，制订规划、组织专人、明确任务，每年两次至三次派出工作组赴东京西池袋宫崎滔天旧居工作，对这些珍贵资料进行分类、编目、扫描等。同时，工作组坚持整理与保护并举的良好做法，认真持续地对文物原件采取防潮、防虫等保护措施，得到了宫崎家的进一步信任。2016年春，资料整理基本进入尾声，按计划进入编辑出版阶段。经过反复论证，确定了以《宫崎滔天家藏民国人物书札手迹》为书名，分八卷逐卷出版的方案。

《宫崎滔天家藏民国人物书札手迹》收录辛亥革命至民国期间，包括孙中山、宋庆龄、黄兴、廖仲恺、何香凝、宋教仁、何天炯、戴季陶、蒋介石、汪精卫、胡汉民、朱执信、于右任、黄复生、陈其美、李烈钧、谭延闿、邓恢宇、孙毓筠、吴玉章、陈独秀、李大钊、毛泽东、熊克武、但懋辛等近百位与宫崎家有书信往来的中国历史人物的相关资料，涵盖笔谈、信函、题词、手札等。资料集采用影印形式出版，由相关专家学者对原文进行释读。释读中，原文错字用〔 〕号，增补者用〈 〉标出，模糊不清或无法辨认者用□标示，汉字形式的日文在[ ]内标注中文含义，个别人物化名或指代名以编者注的形式在【 】内标出。关于资料编排，首先按资料类型区分，第一卷至第六卷为笔谈、信函，第七卷、第八卷为题词；其次按照资料涉及人物、数量等情况相对集中编于各卷，各卷中按人物姓名拼音首字母顺序排列，同一人物的按资料时间顺序排列，日期不详或无法考证的置于该人物末尾。由于编者水平所限，书中难免有错讹之处，敬请读者指正。

在宫崎滔天家藏资料整理与出版工作中，宫崎家一如既往地给予信任和支持，中国驻日本大使馆及日本宋庆龄基金会等机构积极协助，章开沅、金冲及、黄彦、尚明轩、步平、严昌洪、罗福惠、王晓秋、杨天石、汪婉、李长莉、赵立彬、何大章、陈红军、沈锡麟、彭剑、苏刚及久保田文次、久保田博子等中日两国专家学者进行热忱指导，中国宋庆龄基金会理事孙晓燕、中山大学历史系教授赵立彬、井冈山大学外国语学院霍耀林参与大量具体工作，于志强先生提供部分资助，中国出版集团和华文出版社给予大力支持，在此一并致谢。

编者

2020 年 11 月

序一

章开沅

我与宫崎家族可以说有天生的缘分。

小时候曾在父亲的书架上翻阅过《三十三年落花梦》,知道在日本曾经有位流浪武士,如同《隋唐演义》中的侠士虬髯客一样,把孙中山当作李世民式的明君,忠心耿耿帮助他发动辛亥革命,建立中华民国。

长大成人当上历史教师以后,由于研究辛亥革命,日本浪人与宫崎滔天成为绕不开的话题,对他有了更为具体的认知。但是在很长一个时期,由于中日已成敌国,所以从来不敢对这位东洋豪侠之士公开肯定。

直至"文化大革命"结束,中国进入改革开放的历史阶段,我们才有可能对宫崎滔天及其家族进行客观而较深入的研究。其实,就在"文化大革命"发动的那一年,即1966年春天,我差一点就与滔天的侄子世民见面。那时我被"纪念孙中山诞辰100周年筹备委员会"借调,参与出版孙中山、宋庆龄文集与征集史料方面的学术性工作,借住在白塔寺全国政协宿舍。宫崎世民正好也在北京友好访问,可能是想提供珍贵史料,急于与筹委会联络。当时北京市委已经成为批判对象,市内人心惶惶,筹委会又没有正式办公地点,及至找到我的住处,宫崎世民已经在飞机场候机返国,所以只能约定在机场见面。政协工作人员非常关切,赶紧派车送我到机场,但为时已晚,飞机即将起飞,那时又无手机,所以连说一句送别的话都无法实现。

1978年春,黄兴的女儿德华与丈夫薛君度到长沙访问,邀我共同探讨黄兴评价问题,宫崎兄弟自然成为重要话题。其时黄兴长子一欧因病住院,我们专程前往探访。他虽然高龄衰病,但谈起1907年至1911年年初寄住在宫崎家的往事,仍然充满依恋之情。感叹说:"宫崎滔天已经去世50多年了,我虽已进入衰暮晚年,仍然时常想起这位和蔼可亲的长辈,他的音容笑貌,历历如在眼前。"那些年宫崎只顾为孙中山东奔西走,家中经济极为贫困,但滔天夫人宁可给亲生儿子吃杂粮,也要保证一欧吃米饭健壮成长,及时回国参加辛亥革命。

1978年春夏之交,日中友协(正统)奈良县本部名誉会长北山康夫先生来武汉访问,交流辛亥革命研究情况。我顺便介绍了一下一

欧老人的回忆，他顿时激动起来，并把滔天当年主编的《革命评论》杂志送给我。据说整个日本能够完整保存下来的只有两套，这是他自己珍藏多年的纪念品。我认真阅读了这套杂志，内心非常感动，并借用该刊登载的中国留日革命志士的诗句"只教文章点点血，流作樱花一片红"，作为题目，写成一篇深情散文在《人民日报》（海外版）发表，公开表达了我对宫崎兄弟的崇敬之情。

日本史学界很多辛亥革命研究者看过这篇文章，所以1979年深秋访问京都大学时，狭间直树曾经陪同我前往熊本荒尾参观宫崎故居及家墓。家墓保存完好，旧居原貌仍存，引发我许多感慨。1981年日本举办纪念辛亥革命70周年国际研讨会，会后我与金冲及教授应荒尾市市长邀请，又专程前往拜谒这位日本先贤的故居及相关历史遗址，并且举办了盛大的公众集会，我与冲及发表了热情洋溢的讲话。

在此前一年，即1980年秋天，宫崎的孙女蕗苳率滔天会一行20余人访问中国，曾经专程来武汉与我晤谈。这是我与宫崎家族正式结交的开始。但彼此交往密切，相知渐深，却是在1993年夏季我滞留日本的两个多月期间。我与妻子不仅参加了滔天会的例行集会，而且再次比较从容地参观了东京宫崎故居收藏的宝贵文物与丰富文献。正是在此期间，蕗苳初步透露了这批历史文献的整理与出版的意向，由我回国寻求可靠的承办单位。日本东京女子大学久保田教授与宫崎蕗苳一家关系密切，其妻博子又是日本宋庆龄研究会的骨干，自愿担任日方的相关联络。回国以后，我立即与中国宋庆龄基金会通报此事，并且迅速得到他们的明确回复，决定承办宫崎家文献的影印出版事宜。经过多方努力与辛勤整理编辑，终于实现了我们多年的共同梦想，其丰硕成果就是由中国宋庆龄基金会研究中心主编，人民美术出版社于辛亥革命百年纪念期间隆重推出的《宫崎滔天家藏——来自日本的中国革命文献》，线装影印，装帧典雅，受到海内外各界人士的热情赞扬。

此书出版后，曾在北京隆重举办新闻发布会，我与宫崎蕗苳及黄石母子，还有久保田文次教授，再次在北京欢聚，洋溢欣慰之情。正是在这次会上，我倡议再接再厉，一鼓作气，把宫崎家藏全部与中国相关的历史文献加以整理，逐卷影印出版。当即得到与会者一致赞同，而更为可贵的是中国宋庆龄基金会的相关领导，深切理解这项编辑出版工程的重大意义与深远影响，立即开始运作，共同书写中日友好合作交流的新篇章。

经过宫崎家族与宋庆龄基金会的通力合作，宫崎家藏历史文献整理编辑工作有序高效推进。今年即可出版两卷，主要为宫崎滔天与孙中山、黄兴两人的来往函札。这是对孙中山150周年诞辰的最好纪念。作为此项重大工程的倡议者与参与者，能够亲眼看见多年梦想逐步化为现实，内心之喜悦难以言表，只能草成此序，略抒胸臆而已。

丙申仲秋于桂子山，年方九十

序作者为华中师范大学原校长、荣誉资深教授。

序二

杨天石

宫崎滔天是孙中山的亲密友人，和中国许多革命人士交往频繁，一生热诚支持中国革命，家藏大量相关信函、笔谈、照片等珍贵文物。2010年，为迎接辛亥革命100周年，中国宋庆龄基金会编辑并影印出版了孙中山与宫崎滔天的笔谈39枚、信函多通，受到世界中国近代史学界的广泛关注。2016年，为纪念孙中山诞辰150周年，宋庆龄基金会得到宫崎滔天后人授权，拟逐卷出版其全部家藏的中国革命人士的手迹等文物。这将为中国近代史的研究提供大批珍贵资料，是孙中山150周年诞辰纪念活动中最重要、最有光彩、最为学界关注的一笔。

宫崎滔天（みやざき とうてん 1871—1922），本名宫崎寅藏，一名虎藏，别号白浪庵滔天。出身于日本熊本县玉名郡荒尾村（今荒尾市）的"乡士"家庭（"武士寒门"）。有七个哥哥，三个姐姐，寅藏居末，与其兄宫崎八郎、宫崎民藏、宫崎弥藏四人，合称为宫崎兄弟。其中，八郎是日本自由民权运动的健将，1877年战死于反对封建藩阀的西南战争中；二哥民藏反对封建土地制度，倡导土地均分论，组织土地复权同志会，是日本提出土地问题的先驱；三哥弥藏认为当时的世界"弱肉强食"，"强者逞暴，日甚一日，弱者的权利与自由，一天天地丧失殆尽"，"必须速谋恢复之策"。三位兄长的思想都给了滔天以深刻的影响。

滔天幼年随父亲宫崎长藏学习剑术，后就读于德富苏峰所办大江义塾和中村正直所办同人社。1886年，转入东京专门学校（今早稻田大学）英语科，开始关注亚洲的革命运动。1888年，弥藏对滔天说：要防止黄种人永远遭受白种人的压迫，"这个命运的转折点，实系于中国的兴亡盛衰"，"倘若中国得以复兴，申大义于天下，则印度可兴，暹罗、安南可以奋起，菲律宾、埃及也可以得救"，将"广泛地恢复人权，在地球上建立一个新纪元"。弥藏建议深入中国内地，遍访英雄，共图大事。如果找到治世豪杰，就愿效犬马之劳。弥藏的思想自此成为滔天"一生进路的指南针"。后来，滔天又在此基础上进一步扩展为"世界维新，欲行天道于此邪恶世界"。他在给妻子的信中表示："我们的朋友是穷人、乞丐，我们的敌人是君王、贵族、地主和富翁。我们势非与社会的最强者搏斗不可。"

1891年5月，滔天初访中国上海，无所成。1897年7月，滔天与平山周等经由犬养毅斡旋，得到日本外务省的资助，来华考察秘密结社。1897年9月，滔天与平山周在横滨陈少白的家中见到孙中山，孙阐述了自己的革命主张，认为"共和政治"为"政体之极则"。滔天对孙中山大为倾倒，感慨地写道："孙逸仙实在已接近真纯的境地。他的思想何其高尚，见识何其卓越，抱负何其远大，情念何其切实。在我国人士之中，究竟有几个如他？他实在是东方的珍宝。"自此，滔天就将自己振兴亚洲和振兴中国的希望寄托于孙中山身上。他不仅将孙中山引荐给犬养毅等日本政治、经济界要人，而且将孙中山所写《伦敦蒙难记》译成日文，改题《清国革命领袖孙逸仙幽囚录》，亲撰按语，在福冈的《九州日报》上连载。这样，孙中山在日本的影响就日渐扩大。

1898年戊戌政变发生，滔天护送逃亡香港的康有为到达日本，奔走于孙中山与康有为及其弟子梁启超之间，力图劝说两派联合，共同反对清朝政府。1899年11月，滔天协助毕永年等人，将兴中会、哥老会、三合会三派联合，成立兴汉会，推举孙中山为会长。1900年6月，滔天陪同孙中山等人自日本乘轮南下，企图乘北方发生义和团运动之机，以江苏、广东、广西等南方六省为基础，建立共和政体。滔天亲到广州，与李鸿章的代表刘学洵谈判，实行两广独立；又到新加坡，企图劝说康有为"复建共和之旗帜，握手协力"。康有为怀疑滔天为刺客，向英国殖民当局控告，滔天被捕。孙中山得知，从西贡赶来营救。10月，滔天参与惠州起义，负责从日本调运原菲律宾独立军所留弹药，由于政客和商人的欺骗舞弊，均为废物。11月7日，起义失败，滔天返回日本。他穷困潦倒，又不愿从政府的对华间谍组织获取经费，转职成为浪花节艺人，到日本各地演唱，筹措革命经费。他曾对家人说："我能挣到革命的经费，而无法挣到养家的经费，万分地抱歉，请你们自食其力吧。"

1902年，滔天出版自传《三十三年之梦》，其中《兴中会首领孙逸仙》一章详述孙中山的革命经历。孙中山为该书作序，称滔天为"今之侠客"，"识见高远，抱负不凡，具怀仁慕义之心，发拯危扶倾之志。日忧黄种陵夷，悯支那削弱，数游汉土，以访英贤，欲共建不世之奇勋，襄成兴亚之大业。闻吾人有再造支那之谋，创兴共和之举，不远千里，相来订交，期许甚深，勖励极挚。"该书1903年由章士钊节译，以《大革命家孙逸仙》为名出版，随即"风行天下，人人争看，竟成鼓吹革命之有力著述"。

1903年之后，中国内地的爱国青年纷纷赴日留学，滔天热情接待、联络。1905年7月，滔天陪同孙中山会见黄兴，"谈论极合"，一见如故。不久，再次陪同孙中山访问《二十世纪之支那》杂志社，会见湖南革命志士陈天华与宋教仁。同月30日，参加中国各省志士在东京赤坂区黑龙会会所举行的会议，决定成立新的革命团体。8月13日，参加中国留日学生在东京富士见楼举行的欢迎孙中山会，与日人末永节二人先后发表演说。8月20日，以孙、黄为核心的中国同盟会成立，滔天成为第一批外籍会员。11月26日，同盟会机关刊物《民报》创刊，公开提出民族、民权、民生三大主义，滔天的住宅成为其最早的发行所。为了与《民报》呼应，滔天创办日文杂志《革命评论》。在第4号上以头版刊登孙中山的大幅照片，同时刊登滔天所写文章《志士的风骨》，介绍孙中山的事迹和为人。第7号上发表《支那革命殉难者小传》，纪念史坚如、邹容、陈天华、吴樾等烈士。1906年7月15日，章太炎出狱，到达东京，中国革命党人在锦辉馆召开欢迎大会，滔天发表演说，声称世界专制之国，存于今日者只有中国及俄罗斯，"然俄于近年民党进步至锐，旦夕将达其目的，贵国宁能无动乎？"

孙中山在日本东京期间，曾将联络、运动日本各方的工作委托滔天。1907年，支持中国革命的平山周、北一辉、和田三郎几个日

本人士之间发生矛盾，孙中山于9月13日致函滔天，委托其全权办理在日本的"筹资、购械、接济革命军"以及与出资者谈判等各方面的工作。函称："专托足下一人力任其难，如有所商酌，可直接函电弟处。"由此可见孙中山对滔天的高度信任。1909年，滔天的经济愈加困难，生活陷于绝境，东京赤坂警察署的署长企图乘机收买滔天，要他提供中国革命者的情报，被滔天愤然拒绝。孙中山作书致谢。函称："足下为他国事，坚贞自操，艰苦备尝如此，吾人自问，惭愧何如！"

滔天和黄兴也情谊深厚。1907年，黄兴将儿子一欧寄养于滔天家。1908年7月，黄兴到东京，与滔天"天天有来往"。当时，滔天全家吃豆腐渣过日子，却设法借债让黄兴吃白米饭。1910年2月，黄兴为在中国南方发动起义，委托滔天在日本招募步兵、炮兵、工兵官佐。滔天为此运动长谷川大将，陆军大臣寺内正毅乘机派亲信随滔天到香港考察，黄兴作诗赠滔天，表达"百万雄师直抵燕"的热切愿望。同年，滔天被日本政府列为甲号社会主义者，受到严密监视。1911年4月，孙中山听到滔天"贫而病"，从加拿大寄款慰问。

1911年10月10日，武昌起义。10月17日，滔天参加在东京日比谷公园举行的浪人会，主张日本"绝对中立"，反对政府乘机侵华，干涉中国内政。11月15日，滔天挪借旅费来华，准备西上汉阳，接到孙中山约见的电报后立即赶到香港，与孙中山同轮赴沪。1912年元旦，参加孙中山就任临时大总统典礼。为了解决北伐清廷所需军费，滔天等人介绍孙中山向日本三井财阀借款，最终未能成功，孙中山不得不接受袁世凯所提出的和议。8月，孙中山应袁世凯之邀北上，电告滔天，称袁世凯将授予滔天以米谷输出权，滔天以渴不饮盗泉之水自励，加以拒绝。9月1日，滔天与何天炯、邓恢宇等人共同创办中日文并用的《沪上评论》，倡导发展中日友好。10月，离华回国。

1913年3月，孙中山访问宫崎家乡，在致词中盛赞宫崎弟兄"竭尽全力"支持中国革命的精神，祝愿两国的友谊"能如吾等之君子之交"，"携手共进，和睦友善"。同月20日，宋教仁在上海遇刺，孙中山从日本匆匆回国，发动"二次革命"，滔天参与筹划。"二次革命"失败，孙中山、黄兴之间意见分歧，革命党人中出现严重分裂，滔天力图化解孙、黄两派之间的矛盾。1915年10月25日，出席孙中山与宋庆龄的婚礼。1915年，滔天为改变大隈重信内阁的对华政策，反对袁世凯，支援孙中山，曾试图参政。他在犬养毅、头山满、寺尾亨、阪本金弥等人的推荐下，设立事务所，竞选众议院议员，孙中山曾驰书鼓励，赞美滔天为"真爱自由平等博爱之人"。

1916年5月，滔天再次到上海，和钮永建等计议向日本财阀久原房之助借款，发动讨袁军事。同年10月31日，黄兴逝世，滔天"痛心欲绝"，"大哭特哭"。1917年4月，长沙各界公葬黄兴、蔡锷，滔天不远万里，临穴送棺。当时正在湖南第一师范读书的毛泽东和萧三受到感动，联名求见滔天，称赞他"高谊贯于日月，精神动乎鬼神，此天下所希闻，古今所未有也"。4月1日，滔天到第一师范演讲，继续呼吁振兴亚洲。同年9月，孙中山在广州就任军政府大元帅，颁布讨伐段祺瑞令，命何天炯赴日，通过滔天争取财政援助。曾谋划开采广东汕头和安徽芜湖附近的铁矿和煤矿。此后的几年间，滔天及其夫人槌子一度热衷于联络革命党人邓恢宇等，投资矿业和米业。

1918—1921年，滔天为《上海日日新闻》撰写大量时评，抨击日本的军国主义与侵略扩张政策，主张日本应同各国发展相互平等的关系。他尖锐批评寺内正毅内阁的援助段祺瑞、压迫南方政府的外交政策。

1921年2月，孙中山授意何天炯邀请滔天访粤。3月12日，滔天与另一位支持中国革命的萱野长知在广州会见孙中山，孙中山仍然希望滔天代为向日本资本家借款。滔天返日后，积极进行，使孙中山无比感动，称滔天为"岁寒松柏"，"其人格尤苍健无匹"。次年12月6日，滔天因肾病和尿毒并发症逝世于日本东京，享年51岁。孙中山驰电："惊悉滔天同志去世，谨致哀悼之意！"1923年1月，孙中山领衔发起，在上海召开追悼大会，赞誉滔天为"日本之大改革家"，"对于吾国革命历史上，尤著有极伟大之功勋"。其骨灰分葬于故乡熊本县荒尾市与新潟县保仓村显圣寺。

宫崎滔天家藏中国革命人物的书简、手迹和实物。其中，属于孙中山与国民党系统的有孙中山、黄兴、宋教仁、胡汉民、朱执信、廖仲恺、张继、李烈钧、章太炎、何天炯、邓恢宇、陈去病等，后来成为中共领导人的有陈独秀、李大钊、毛泽东、吴玉章等，属于文化、艺术系统的有鲁迅、田汉等，总数约近百人，均弥足珍贵。1985年6月，我访问东京，曾由日本学者久保田文次、藤井昇三陪同，访问滔天旧居，蒙宫崎智雄、宫崎蕗苳夫妇热情接待，出示部分珍贵资料，并在孙中山手书的"推心置腹"四字匾额下合影，彼时情景，至今感念不忘。京都大学小野川秀美教授藏有何天炯、邓恢宇致滔天函复印件多份，我承该校狭间直树教授赐赠，又蒙宫崎夫妇惠允利用，陆续写成《何天炯与孙中山》《邓恢宇与宫崎夫妇》两篇论文。当时，颇以未窥全豹为憾。现在，滔天家藏的这些珍贵资料陆续全部出版，这是中日学界的大事、喜事，相信必将大为推动中国近代史和中日关系史的研究。

2016年8月写定于北京东城之书满为患斋

序作者为中国社会科学院荣誉学部委员、中央文史研究馆馆员、近代史研究所研究员、国家图书馆民国文献保护工程专家委员会顾问。

序三

久保田文次（日）

　　宫崎滔天（1871—1922），本名虎藏，通称寅藏，出身于今熊本县荒尾市乡士（居住乡村的武士）兼大地主家庭。全家人皆仁慈厚爱，且具反潮流精神。长兄八郎曾参加明治维新及自由民权运动，追随西乡隆盛战死沙场。民藏继为长兄，因同情佃农开展"土地复权"运动将土地有偿转让给他们。次兄弥藏反对俄罗斯及欧美各国入侵亚洲，为保日本独立，明治维新后随即主张国力尚不完备的日本给予朝鲜、中国协助。因为朝鲜、中国均尚贫弱，两国若不经改革乃至革命，即无法与日本携手合作，也不足以抵抗欧美。弥藏为寻求主张改革的中国志士开始学习中文，并于1895年在横滨与孙文、陈少白相识，1896年不幸病故。滔天赞同弥藏联合亚洲的主张，于1897年9月自香港回国抵达横滨后径直前往中华街陈少白寓所，陈未在，仅一身材矮小的西洋式绅士在场，正是弥藏多方寻访的孙文本人。初识之孙文与滔天想象的伟岸、美髯、善"高谈壮语"的"东洋豪杰"形象相差甚远，故心存疑虑。孙文就中国现状与革命理想谆谆如处女般谈起，继而"挥洒如脱兔"。滔天为孙文的激情折服，且感意气相投，自此，终生成为中国革命的援助者。

　　宫崎滔天投身孙文革命运动的同时，不断将孙文本人及革命运动的情况发表于报纸杂志。其最大功绩莫过于1902年于其自传《三十三年之梦》中系统介绍了孙文其人及思想活动，为世界首次。该书翌年经章士钊《孙逸仙》、金天翮《三十三年落花梦》抄译，为中国人民了解近代革命家孙文做出重大贡献。1905年经滔天斡旋，孙文与黄兴相识并共创中国同盟会，继而滔天与萱野长知共同创刊《革命评论》以声援中国革命。同时协助武器购买及资金筹集等具体事务，并积极向孙文等介绍日本政治家、外交官、军人、舆论人。其间与犬养毅及头山满也建立起密切关系。辛亥革命爆发时，滔天亲往上海支持孙文。之后亦不断给中国革命以支援，一贯对日本武断的对华政策加以批判。

　　滔天身为"浪人"并无固定职业，唯一收入来自报纸杂志和"浪曲师"等的稿费。多亏妻槌子揽女红活贴补，方可维持家计。并不富裕、"勉强度日"中，不仅接待孙文、黄兴、宋教仁，还款待过许多当时尚无名气的年轻革命者们。槌子十分理解滔天的事业，

每每亲自接待中国来客。长子继承家业是日本的家族原则，滔天的兄长民藏理解并支持弟弟对中国革命的付出，乐于与留宿滔天家的中国志士交流。槌子之姐前田卓子是日本著名作家夏目漱石小说《草枕》女主人公原型，因婚姻失败前往东京，在同盟会机关报《民报》社居住并工作，被爱称为"民报祖母"。槌子的弟弟前田九二四郎亦曾参加革命活动。

滔天长子宫崎龙介（1892—1971）毕业于东京帝国大学法学部，是"大正民主运动"领袖吉野作造的门生，理解中国"五四"运动，与陈独秀、李大钊有亲密交往。龙介曾一度接近蒋介石，对日本的侵略政策一贯持批判态度，第二次世界大战后为和平运动及日中友好运动做出贡献，并长期致力于宫崎家藏资料的保护与整理。龙介女儿蕗苳之夫宫崎智雄是早稻田大学教授，在有识者何子岚的协助下倾心整理、挖掘家藏资料，并在与何天炯后人交流中提供并公开资料。

黄兴1904年11月亡命日本时立即拜访滔天，在推动同盟会翌年成立的过程中与滔天交往密切。滔天爱慕黄兴的质朴，将黄兴之子黄一欧、黄一中、黄乃接来日本读书，两家交往。滔天东京居所的取得也得益于黄兴的帮助，双方"情谊"深厚。尽管滔天无比仰慕孙文，但对孙文某些独裁倾向持批判态度。特别是在中华革命党成立前后的孙黄对立中竭尽调停之力，之后对孙文一如既往地支持，对黄兴的同情也不加掩饰。此次全集的编辑出版，恰将印证滔天与黄兴一家的亲密关系。

滔天与孙文、黄兴的友谊世人皆知，但最得滔天一家关照过的是宋教仁。宋教仁日记《我之历史》已成为记录宋本人及孙、黄等人活动的重要史料。谨此引用一段宋日记中描绘滔天一家接待中国人的段落。宋教仁于1905年7月19日与程家柽（润生）一同初次拜访宫崎家，记为"既抵滔天君家、则滔天已外出、惟其夫人在、速客人、属待之、余等遂坐。良久、一伟丈夫、美髯椎髻、自外昂然入、视之则滔天君也、遂起与行礼。润生则为余表来意、讫、复坐。滔天君乃言孙逸仙君不日将来日本、来时余当为介绍君等云云。又言君等生于支那、有好机会、有好舞台、君等须好为之、余日本不敢望其肩背、余深恨余之为日本人也"。滔天对得遇机会、舞台的中国革命家的羡慕之情可见一斑。之后，滔天参与协商黄兴及华兴会与孙文的合并，正是由于滔天的斡旋，事态快速进展，至8月20日中国同盟会成立大会召开。

同年9月17日宋教仁与张步青等友人共同拜访宫崎家，日记为"既至、坐良久、滔天出酒肴共啖之、余举杯连饮、少焉稍有醉意、乃放声唱湖南之新剧、滔天亦击节而歌、步青亦作鄂调、举坐殆若狂。良久、滔天之夫人内田氏（应为前田氏）亦出而举酒属客、余一饮而尽者数杯。又移时、余乃醉矣、呕吐满地、颓然横卧、迨至戌初、步青乃呼醒余、乃共辞归"，主客相融的气氛溢于言表。如此场景宋教仁日记多有记录，如实描绘了滔天一家对中国青年革命者们的热情接待。

宋教仁曾从事《民报》工作，与前田卓子同事。宋患有神经性疾病，卓子非常关心其健康，帮助宋治疗坐骨神经痛，宋自田端脑病医院出院后，卓子建议宋去其九州娘家疗养。最终，经黄兴建议暂住新宿滔天家静养。宋教仁记有1906年10月5日下午4时到达宫崎家时的情景，"宫崎之夫人即为余扫除房间、少时余之行李亦运、遂搬入焉。其房在其家屋深处、有窗临街、颇可居也。宫崎氏有子二人、长名龙（龙介）、次名震（震作）、女一名节（节子）、夫人前田氏和坦可亲、其家庭之乐甚足羡"。宋教仁在宫崎家养病期间迎来《民报》创刊一周年大会，1907年元旦与滔天、萱野长知等对酒迎新，1月7日为代理即将远赴越南的黄兴的同盟会庶务干事一职搬入黄兴租住居所。如此打扰过宫崎一家的宋教仁直接史料，在宫崎家史料中却所见不多。不过宋教仁、何天炯、张继与盛装

的前田卓子、福田内子（《民报》职员，滔天同乡）的合影照片"民报社的人们"可见。据宋教仁日记，1906年3月1日何天炯、前田等聚会为即将赴中国东北的张继饯行，2日特前往照相馆合影留念。宋教仁直接史料虽然不多，但宋日记却记录宋教仁本身和同盟会动态的同时，还如实记录了滔天一家对中国革命者、留学生的热情接待，是珍贵史料。

为张继饯行并参加合影留念的何天炯也是频繁到访宫崎家的中国人之一，他致滔天信函逾百封。宫崎家藏滔天收讫信函中，包括日本人在内，来自何天炯的堪称最多。如杨天石、狭间直树所说，何天炯有着敢于向孙文谏言的骨气，宫崎家藏数十位同志题跋签名的大幅横轴，正是为何天炯书法"文章有神交有道……"所题。何天炯书简预计由李长莉编辑出版为《何天炯集》，百余封信函的分析对孙文研究、辛亥革命研究具有重要意义。

宫崎家不仅藏有上述孙文、黄兴、宋教仁、何天炯资料，还藏有其他众多中国革命运动领导人、参与者的信函、随笔、书画、照片、名片等大量史料。以往出版过的《孙中山全集》《国父全集》《黄兴集》《黄克强先生全集》等不曾收录的资料此次亦有相当补充。宫崎家史料或多或少涉及的主要人物除上述人物还有以下诸位，恕不分排名先后：孙科、宋庆龄、陈少白、赵声、章炳麟、蔡元培、汪兆铭、胡汉民、陈其美、李烈钧、柏文蔚、谭延闿、孙毓筠、许崇智、朱执信、廖仲恺、何香凝、戴季陶、于右任、黄复生、章士钊、蒋介石、陈诚、谢持、吴玉章、董必武、熊克武、但懋辛、邓铿、胡毅生、景梅九、林义顺、韩恢、凌钺、白逾桓、邓恢宇、陈家鼐、何树龄，以及毛泽东青年时期致滔天信函。与龙介相关史料涉及鲁迅、陈独秀、李大钊、周恩来、廖承志、田汉、康白情，等等。中国近代史上熠熠生辉的人物在宫崎家藏史料中如星罗棋布。仅一个家族所藏涉及如此众多历史人物，在泱泱中国也不多见。

这些历史人物都是身后扬名，滔天一家招待时都还是无名且前途无从预测的青年，无论是蒋介石还是毛泽东。我只有无比钦佩滔天一家对这些无名青年的期待乃至招待。能为世界留下如此大量的重要且珍贵的史料无不源自那些日常招待。还应该说，正是有了滔天与槌子、龙介与白莲、智雄与蕗苳、黄石与博子历代继承者的精心保管、整理，才使得本资料全集的出版成为可能。

我本人原本不是孙文研究者，多年协助刘大年先生等中国学者访问宫崎家之余，通过宫崎智雄先生将发现龙介与宋庆龄往来信函告知久保田博子事，对滔天自身产生浓厚关注，并开始协助中国宋庆龄基金会整理资料。可以说每次拜访宫崎家都有令我激动的新发现。值此基金会的资料整理告一段落，开始出版八册全集之际，唯有无限感慨。衷心感谢宫崎一家及中国宋庆龄基金会给予我们夫妇如此巨大的学习机会。

2016年9月

序作者为日本女子大学名誉教授。

目 录

1. 白逾桓致宫崎滔天函（1916 年 4 月 25 日） /1
2. 卜松林致宫崎滔天函（1917 年 2 月 24 日） /3
3. 蔡谢育英致宫崎滔天函 /5
4. 陈策致宫崎滔天函（1918 年 4 月 6 日） /7
5. 陈策致宫崎滔天函（1918 年 9 月 1 日） /9
6. 陈策致宫崎滔天函（1918 年□月□日） /11
7. 陈国权致宫崎滔天函（□年 12 月 9 日） /13
8. 陈家鼐致宫崎滔天函（1914 年 7 月 18 日） /15
9. 陈家鼐致宫崎滔天函（1914 年 7 月 19 日） /17
10. 陈家鼐致宫崎滔天函（1914 年 8 月 13 日） /19
11. 陈家鼐致宫崎滔天函（1914 年 9 月 12 日） /23
12. 陈家鼐致宫崎滔天函（1914 年 10 月 28 日） /25
13. 陈家鼐致宫崎滔天函（1916 年 5 月 11 日） /27
14. 陈崑山致吉野作造函（1919 年 6 月 21 日） /29
15. 陈启修致宫崎龙介函（1916 年 1 月 28 日） /31
16. 方汉城致宫崎龙介函（□年 10 月 25 日） /35
17. 陈去病致宫崎滔天函（1916 年 10 月 8 日） /39
18. 陈去病致宫崎滔天函（1921 年 3 月 22 日） /41

19. 陈裕时致宫崎滔天函（1913年□月25日） /43

20. 崔震华致宫崎滔天函（1917年9月29日） /45

21. 丁仁杰致宫崎滔天函（1918年5月8日） /47

22. 丁仁杰致宫崎槌子函（□年5月2日） /49

23. 窦家法致宫崎滔天函（1914年4月2日） /51

24. 窦家法致宫崎滔天函（1914年5月22日） /53

25. 窦家法致宫崎滔天函（1914年5月22日） /55

26. 窦家法致宫崎滔天函（□年4月11日） /59

27. 杜次珊致宫崎滔天函（1917年6月8日） /61

28. 杜羲致宫崎滔天函（1919年1月1日） /63

29. 方汉城致宫崎滔天函（1913年12月2日） /65

30. 方汉城张永福致宫崎滔天函（1919年2月10日） /67

31. 耿觐文致宫崎滔天函（□年□月24日） /69

32. 耿毅致宫崎滔天函（1913年6月29日） /71

33. 宫崎滔天《题古筠先生绝笔后》（1916年3月） /73

34. 宫崎滔天致何树龄函底稿 /75

35. 宫崎滔天致和田三郎函（1916年6月9日） /77

36. 龚政致宫崎震作函（1920年2月15日） /81

37. 何建鼎致宫崎槌子函（1933年7月1日） /83

38. 贺嗣章致宫崎龙介函（1920年8月20日） /87

39. 胡飞致宫崎滔天函（1915年9月6日） /91

40. 胡飞致宫崎滔天函（1915年9月11日） /95

41. 胡飞致宫崎滔天函（1915年10月15日） /99

42. 黄昌潘致宫崎滔天函（1917年12月13日） /103

43. 吉云致宫崎滔天函（1914年10月8日） /105

44. 季雨霖致宫崎滔天函（1913年12月2日） /107

45 季雨霖致宫崎滔天函（1913年12月8日） /109

46. 季雨霖致宫崎滔天函（1913年12月20日） /111

47 季雨霖致宫崎滔天函（1914年5月1日） /113

48. 简郏一郎致孙澂函（1917年11月13日） /115

49. 江亢虎致宫崎滔天函（1913年6月13日） /117

50. 荆嗣佑致宫崎滔天函（1917年6月3日） /119

51. 康白情致宫崎滔天函（1920年5月27日） /121

52. 雷啸岑致宫崎龙介函（1928年8月22日） /123

53. 李德钊致宫崎龙介函（1931年5月9日） /129

54. 李根源致宫崎滔天函（1917年5月31日） /133

55. 李汉如致宫崎滔天函（1919年3月23日） /135

56. 李盎吾致宫崎龙介转黄一中函（1917年1月30日） /139

57. 梁龙致宫崎滔天函（1911年11月21日） /141

58. 林德轩致宫崎滔天函（1917年4月27日） /143

59. 林德轩致宫崎滔天函（1917年5月12日） /145

60. 林天声致宫崎滔天函（1918年5月8日） /147

61. 刘安国致宫崎滔天函（1914年5月29日） /151

62. 刘大同致宫崎滔天函（1918年3月10日） /155

63. 刘辅察致宫崎滔天函（1917年6月8日） /157

64. 刘揆一致宫崎滔天函（1908年2月16日） /159

65. 刘揆一致宫崎滔天函 /163

66. 刘艺舟致宫崎滔天函（1914年5月20日） /165

67. 柳聘农致宫崎滔天函（1916年11月5日） /169

68. 卢汉生致宫崎滔天函（1917年4月20日） /171

69. 卢汉生致宫崎滔天函（1917年7月10日） /173

70. 钮永建致宫崎滔天函（□年7月5日） /175

71. 潘伯玉致宫崎滔天函（1908年11月16日） /177

72. 潘伯玉致宫崎滔天函（1908年11月22日） /179

73. 彭程万致宫崎滔天函（1915年11月28日） /183

74. 任寿祺致宫崎滔天函（1914年5月6日） /185

75. 任寿祺致宫崎滔天函（1914年5月9日） /189

76. 任寿祺致宫崎滔天函（1914年6月1日） /193

77. 任寿祺致宫崎滔天函（1914年6月7日） /197

78. 盛沛东致宫崎龙介函（1920年7月29日） /201

79. 盛沛东致宫崎龙介转吉野作造函（1927年5月31日） /205

80. 石陶钧致宫崎滔天函（1917年10月4日） /209

81. 孙澂致宫崎滔天函（1918年1月30日） /211

82. 孙澂致宫崎滔天函（1918年12月2日） /215

83. 孙撷芬致宫崎夫人函（1918年8月1日） /219

84. 孙撷芬致宫崎夫人函（1918年8月1日） /221

85. 唐继虞致宫崎滔天函（1919年8月23日） /223

86. 唐荣阳致宫崎滔天函（1917年6月5日） /225

87. 王楚枏致宫崎槌子函（□年7月31日） /227

88. 王勋致孙毓筠函（□年6月20日） /231

89. 夏尔玛致宫崎滔天函（1914年5月21日） /233

90. 夏之麒致宫崎滔天函（1914年6月2日） /235

91. 夏之时致宫崎滔天函 /237

92. 夏之时致宫崎滔天函 /239

93. 熊越山致汉口日报报主函（1912年） /241

94. 许冀公致宫崎滔天函（1920年9月24日） /243

95. 许冀公致宫崎民藏函（1920年11月19日） /245

96. 杨开济致宫崎槌子函（1938年12月7日） /247

97. 杨开济致宫崎槌子函 /251

98. 杨廷溥致宫崎槌子函（1938年11月17日） /255

99. 杨廷溥致宫崎槌子函（1938年12月30日） /259

100. 姚褆昌致宫崎滔天函（1919年11月25日） /263

101. 姚褆昌致宫崎滔天函（1920年3月11日） /265

102. 殷汝耕致宫崎龙介函（1936年3月8日） /267

103. 殷汝骊致宫崎滔天函（□年12月29日）	/271
104. 殷汝耕致宫崎滔天函（1914年4月2日）	/275
105. 殷汝骊致宫崎滔天函（1914年9月10日）	/279
106. 殷汝耕致宫崎滔天函（1916年8月24日）	/281
107. 殷汝耕致宫崎滔天函（1917年7月28日）	/285
108. 殷汝耕致宫崎滔天函（1917年11月15日）	/289
109. 殷汝耕致宫崎滔天函（1917年11月20日）	/293
110. 殷汝耕致宫崎滔天函（1918年2月21日）	/295
111. 殷汝耕致宫崎滔天函（1918年3月9日）	/299
112. 殷汝耕致宫崎滔天函（1918年9月8日）	/303
113. 尹骞致宫崎槌子函（1911年11月28日）	/305
114. 尹骞致宫崎滔天函（1911年11月13日）	/309
115. 尹骞致宫崎滔天函（□年10月3日）	/313
116. 尹骞致宫崎滔天函（□年10月□日）	/317
117. 应培致许冀公函（1919年3月20日）	/321
118. 毓材致宫崎滔天函（1916年10月15日）	/323
119. 毓材致宫崎滔天函（1916年11月6日）	/325
120. 张万中致宫崎滔天函（1919年2月1日）	/327
121. 张翼鹏致宫崎滔天函（1917年6月13日）	/331
122. 郑安立致宫崎滔天函（1919年8月29日）	/333
123. 郑敬先致宫崎滔天函（1919年3月20日）	/335
124. 重硕致宫崎滔天函（1912年5月19日）	/339
125. 周凤岐致宫崎滔天函（1922年11月27日）	/341
126. 朱华经致宫崎滔天函（1913年11月27日）	/343
127. 朱华经致宫崎滔天函（1914年11月2日）	/347
128. 朱华经致宫崎滔天函（1914年11月20日）	/351
129. 朱晴波致宫崎民藏函（1918年7月6日）	/355
130. 朱杨氏致宫崎滔天函（1914年10月22日）	/357

131. 朱杨氏致宫崎滔天函（1914年11月4日） /359

132. 朱震寰致宫崎滔天函 /361

133. □□□致宫崎滔天函（1918年5月26日） /363

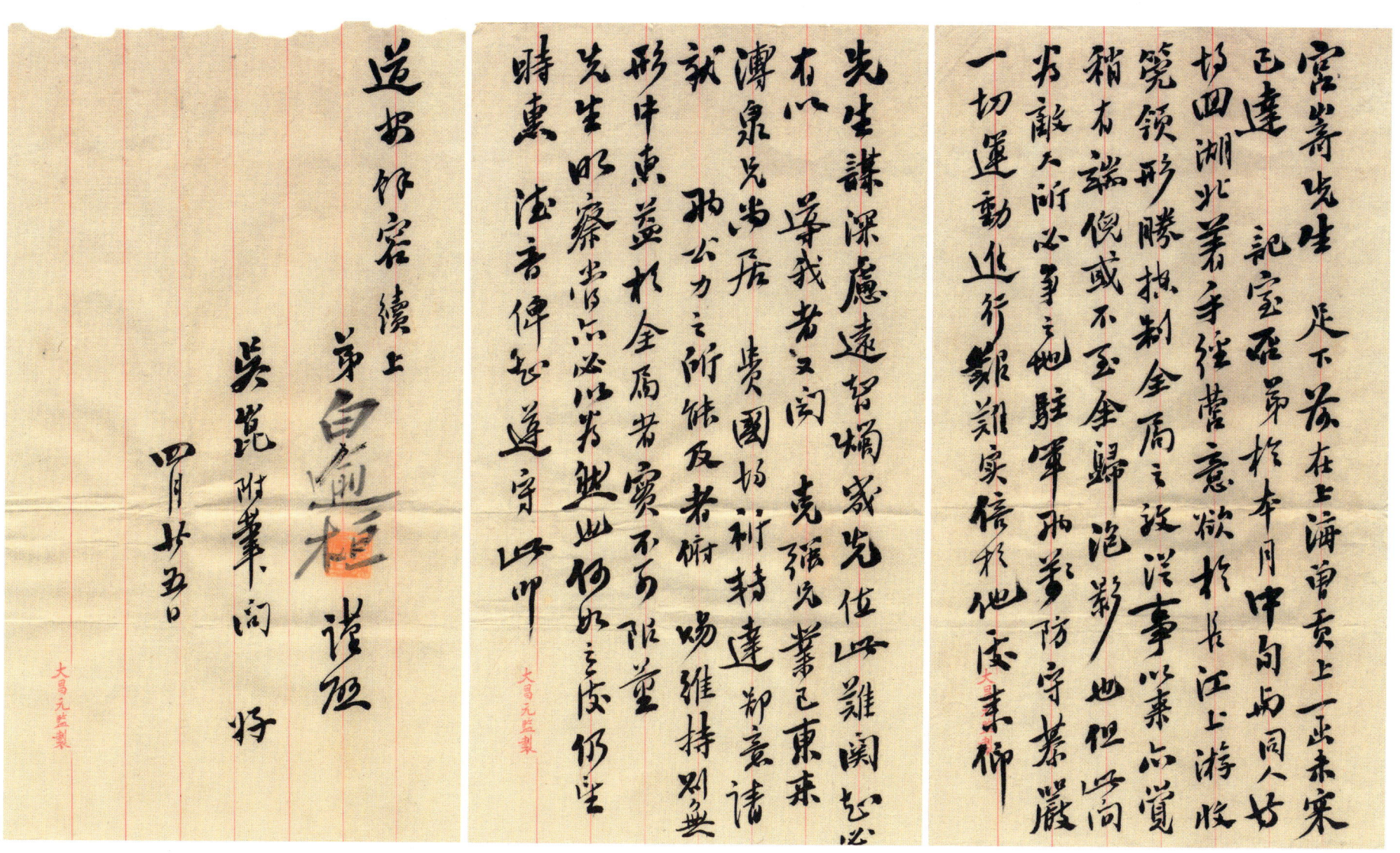

白逾桓致宮崎滔天函（1916年4月25日）

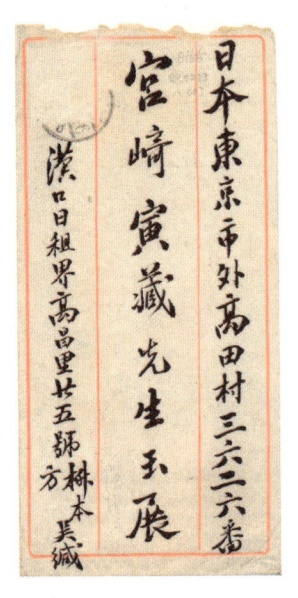

释读

宫崎先生足下：

前在上海，曾贡上一函，未审已达记室否？弟于本月中旬，与同人等均回湖北，着手经营，意欲于长江上游，收笼领形胜、控制全局之效。从事以来，亦觉稍有端倪，或不至全归泡影也。但此间为敌人所必争之地，驻军两万，防守綦严。一切运动，进行艰难，实倍于他处。素仰先生谋深虑远，智烛机先，值此难关，知必有以导我者。又闻克强兄业已东来，溥泉兄尚居贵国，均祈转达鄙意，请就两公力所能及者，俯赐维持，则无形中惠益于全局者，实不可限量。先生明察，当亦必以为然也。何如？之后仍望时惠德音，俾知遵守。此叩

道安！余容续上

弟白逾桓谨启
吴崐附笔问好
四月二十五日

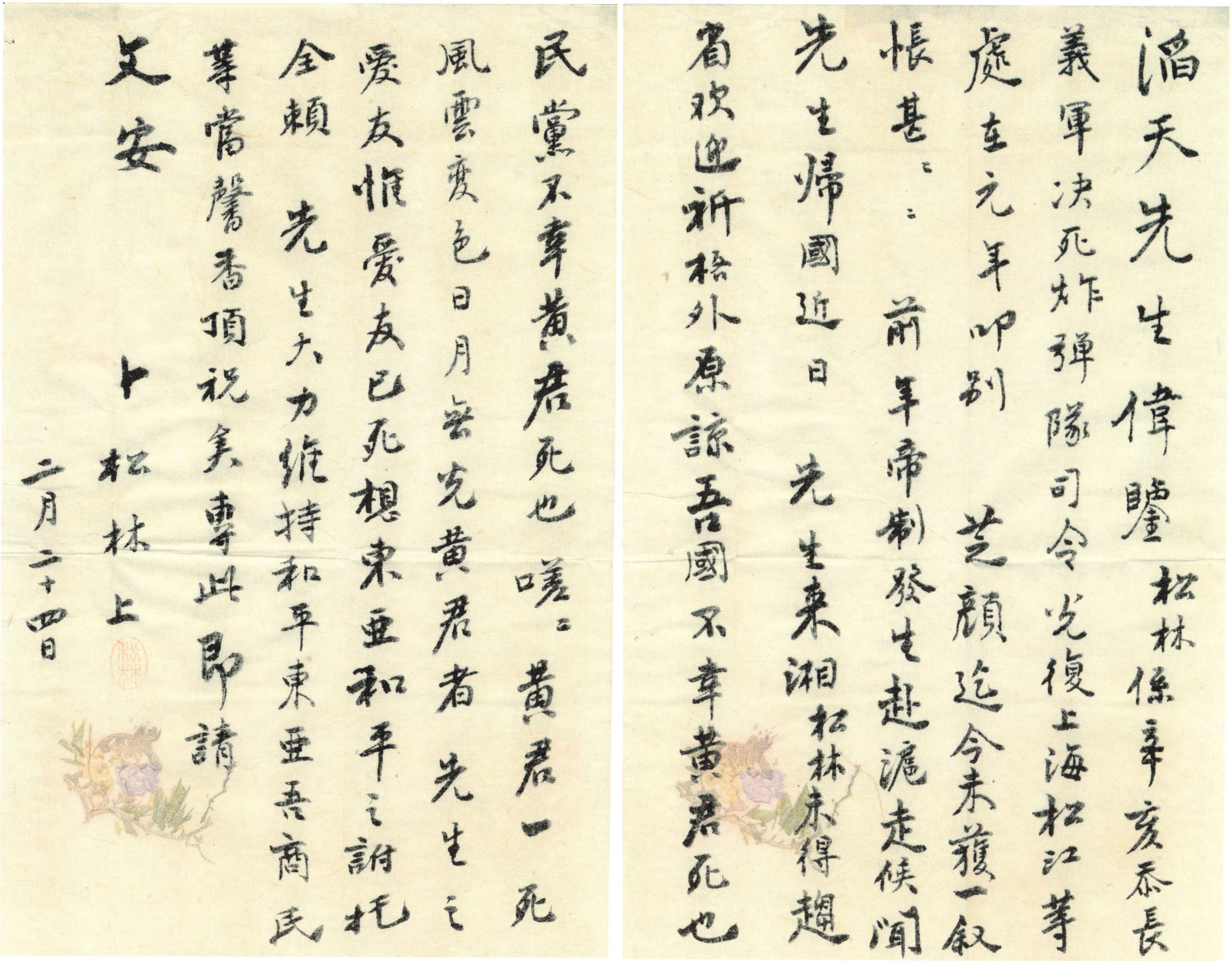

滔天先生偉鑒 松林係辛亥泰長義軍決死炸彈隊司令光復上海松江等處。在元年卯別先生歸國近日省歡迎 新格外原諒吾國不幸黃君死也 帳甚。前年帝制發生赴滬走候聞芝顏迨今未獲一叙先生東湘松林未得趨

民黨不幸黃君死也 嘆。黃君一死風雲變色日月無光黃君者先生之愛友恨愛友已死想束亞和平之託全賴先生大力維持和平束亞吾民等當馨香頂祝美壽此即請

文安

卜松林上
二月二十四日

卜松林致宮崎滔天函（1917年2月24日）

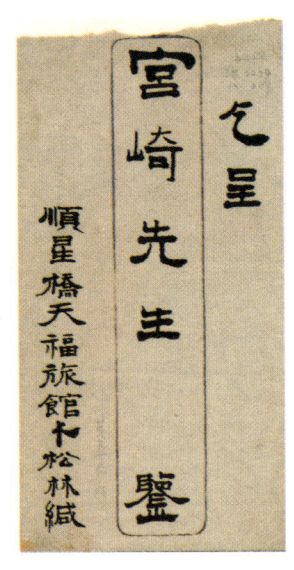

释读

滔天先生伟鉴：

松林系辛亥忝长义军决死炸弹队司令，光复上海松江等处。在元年叩别芝颜，迄今未获一叙，怅甚怅甚！前年帝制发生，赴沪走候，闻先生归国。近日先生来湘，松林未得趋省欢迎，祈格外原谅。吾国不幸，黄君死也！民党不幸，黄君死也！嗟嗟！黄君一死，风云变色，日月无光。黄君者，先生之爱友，惟爱友已死，想东亚和平之付托，全赖先生大力维持。和平东亚，吾商民等当馨香顶祝矣。专此，即请

文安

卜松林上

二月二十四日

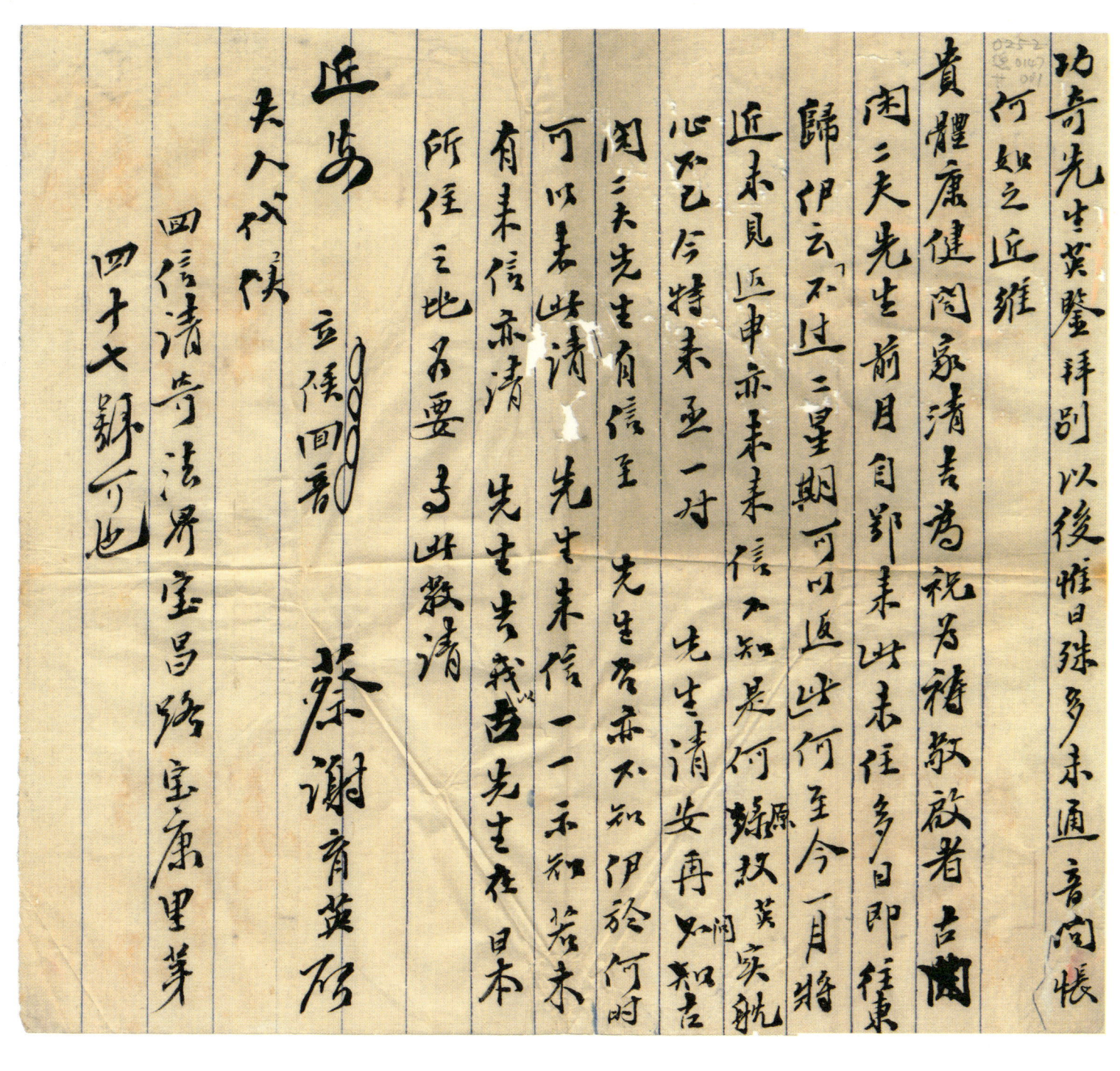

蔡谢育英致宫崎滔天函

释读

功奇〔宫崎〕先生英鉴：

　　拜别以后，惟日殊多未通音问，怅何如之！近维贵体康健，阖家清吉，为祝为祷！敬启者：古闲二夫先生前月自鄂来此，未住多日，即往东归。伊云"不过二星期可以返此"，何至今一月将近，未见返申，亦未来信，不知是何原故？英实耽心不已，今特来函，一对先生请安，再问古闲二夫先生有信至〔致〕先生否？亦不知伊于何时可以来此。请先生来信，一一示知。若未有来信，亦请先生告我以古先生在日本所住之地为要。专此，敬请

近安

夫人代候

立候回音

蔡谢育英启

回信请寄法界宝昌路宝康里第四十七号可也

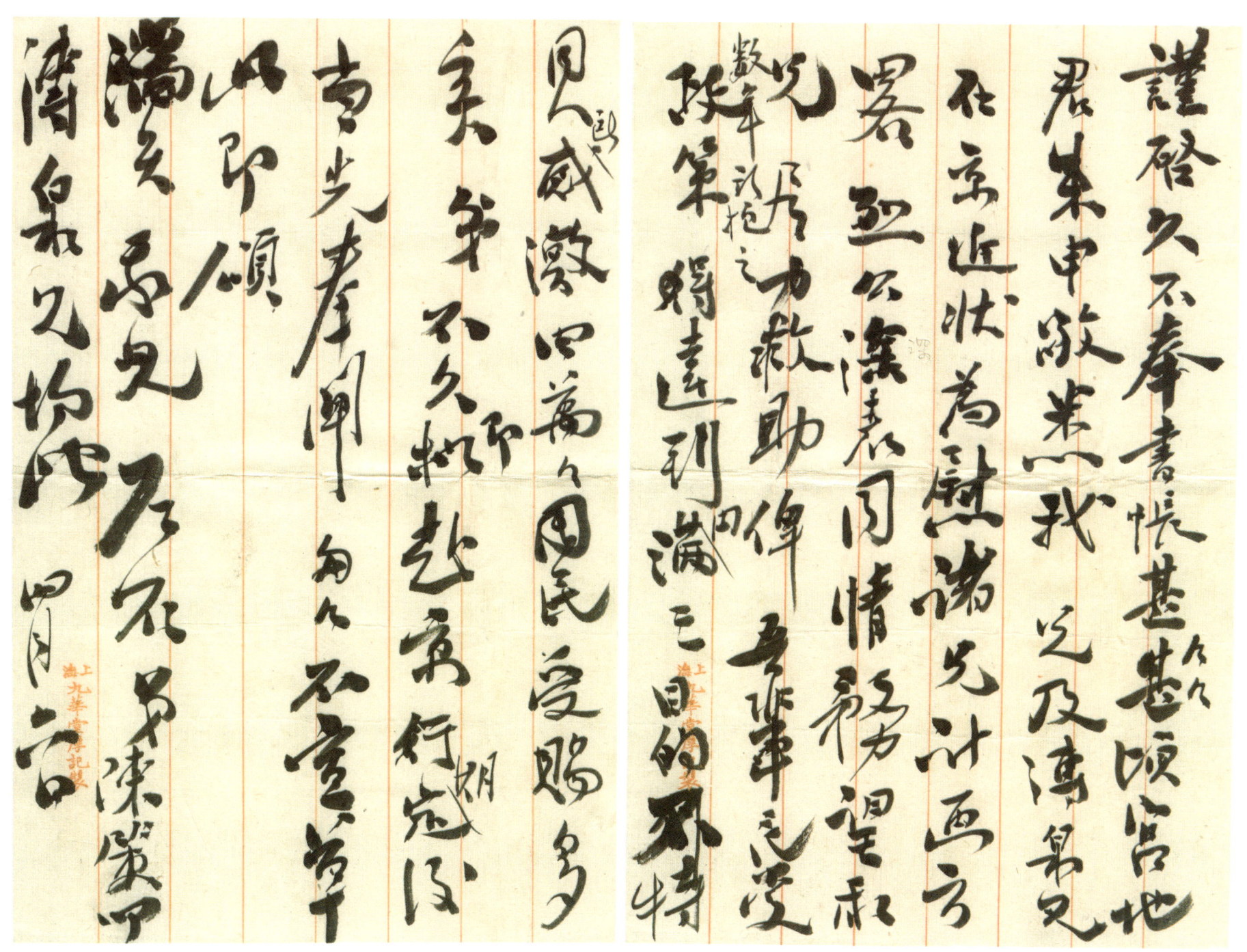

陈策致宫崎滔天函（1918年4月6日）

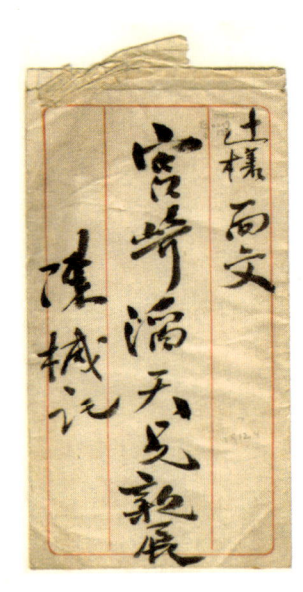

释读

谨启：

久不奉书，怅甚怅甚。顷宫地君来申，敬悉我兄及溥泉兄在京近状为慰。诸兄计画方略，烈公深表同情，务望我兄尽力救助，俾吾辈民党数年所抱之政策，达到圆满之目的。不特同人所感激，四万万国民受赐多矣。弟不久即拟赴京，行期定后，当先奉闻。匆匆不宣。草此，即颂

滔天我兄左右

溥泉兄均此

弟陈策叩

四月六日

宮崎同志兄大鑒，東京挹別轉瞬兩月有餘，知己相垂，常令人縈念靡已也。弟自遠粵後，抵南健康已復前愆久阻，簡候良歉，弟抵穗城為何如耶？下西南大局日見轉佳，政府成立兩院之經開會議陸團體且近來福建浙業與粵軍攜手一致，欲與閩矣好步恢服福建不久或者南軍所為未可料也，東京與西南政府成立之時，其陳興論若何，印象隨時示知俾擴見聞是為至感，此頌時祺

弟 陳策謹上
九月一日

陈策致宫崎滔天函（1918年9月1日）

宫崎滔天家藏民国人物书札手迹（第六卷）

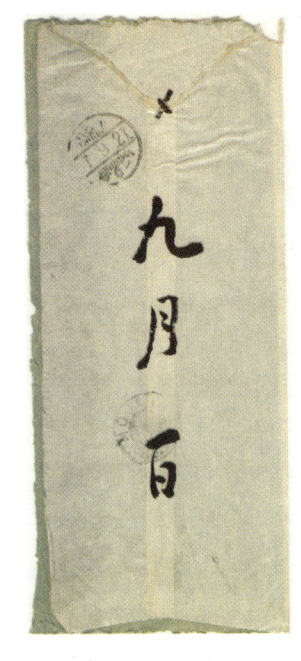
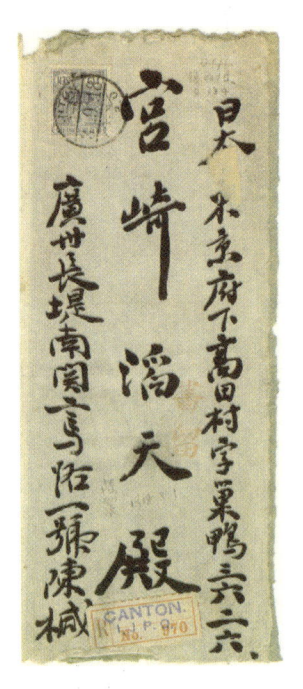

释读

宫崎同志道兄大鉴：

　　东京握别，转瞬两月有余。知己相违，常令人耿耿靡已也。弟前自归粤后，抱病经月，迄未健痊，以致鸿鳞久阻，简牍多疏，其抱憾为何如也！刻下西南大局，日有起色，政府既经成立，两院亦经开会，护法团体，日益巩固。且近来福建，浙〈军〉业与粤军握手，一致攻闽矣。照此情形，福建不久或为南军所有，未可料也。东京朝野，际西南政府成立之时，其舆论若何，即希随时示知，俾扩见闻。是为盼切。专此，顺颂

时祺

弟陈策谨上

九月一日

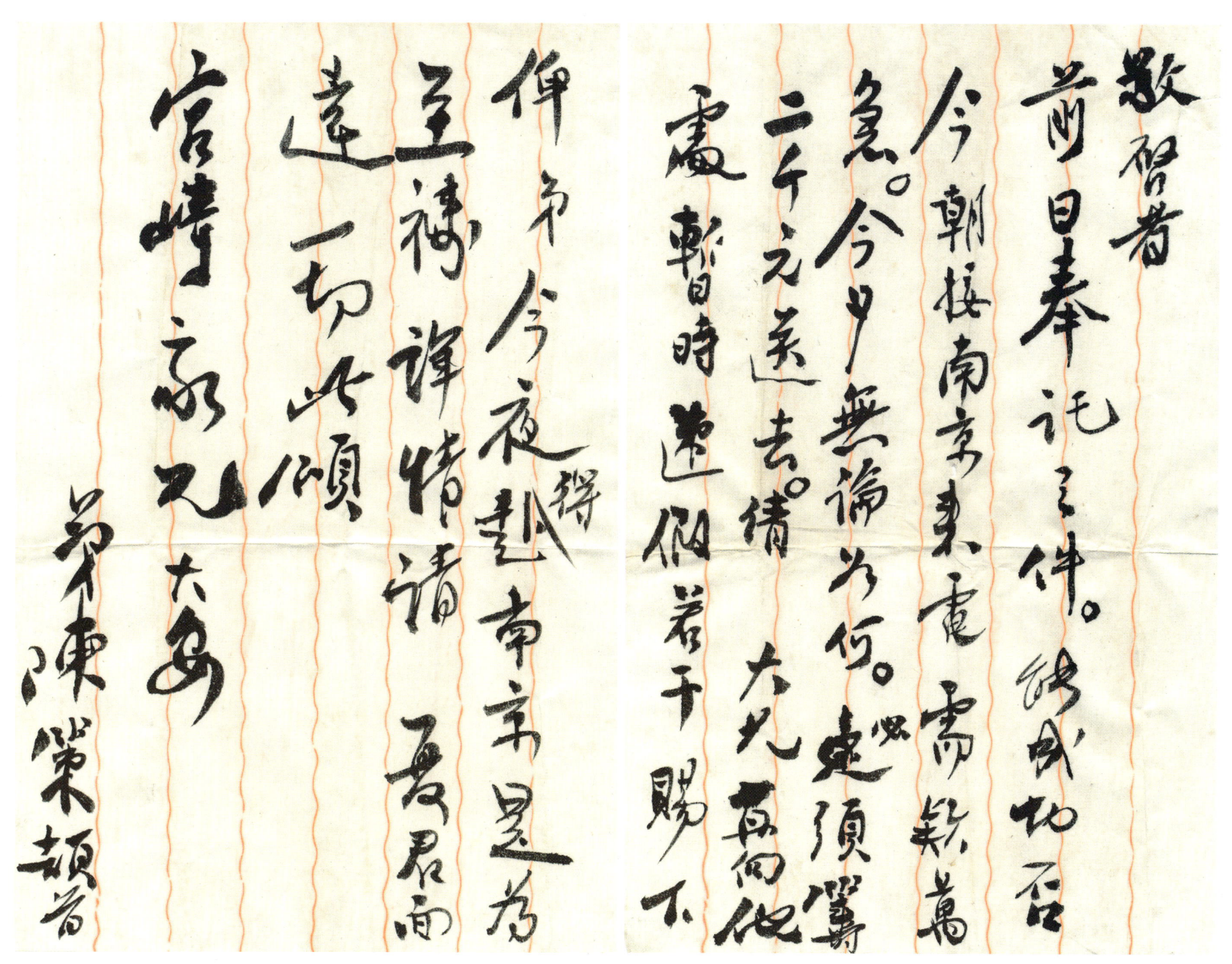

陈策致宫崎滔天函（1918年□月□日）

宫崎滔天家藏民国人物书札手迹（第六卷）

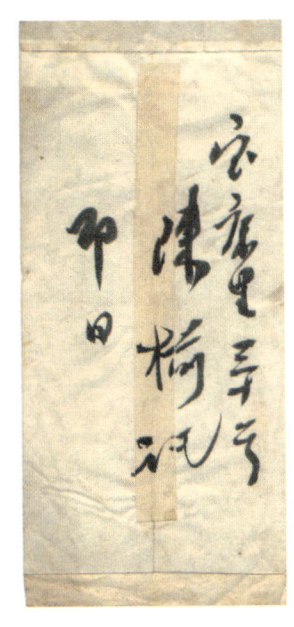 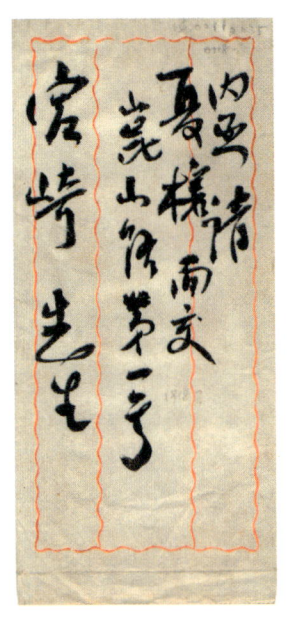

释读

敬启者：

  前日奉托之件，能成功否？今朝接南京来电，需款万急。今夕无论如何，必须筹二千元送去。倩大兄再向他处暂时速假若干赐下，俾弟今夜得赴南京。是为至祷。详情请夏君面达一切。此颂
宫崎我兄大安

弟陈策顿首

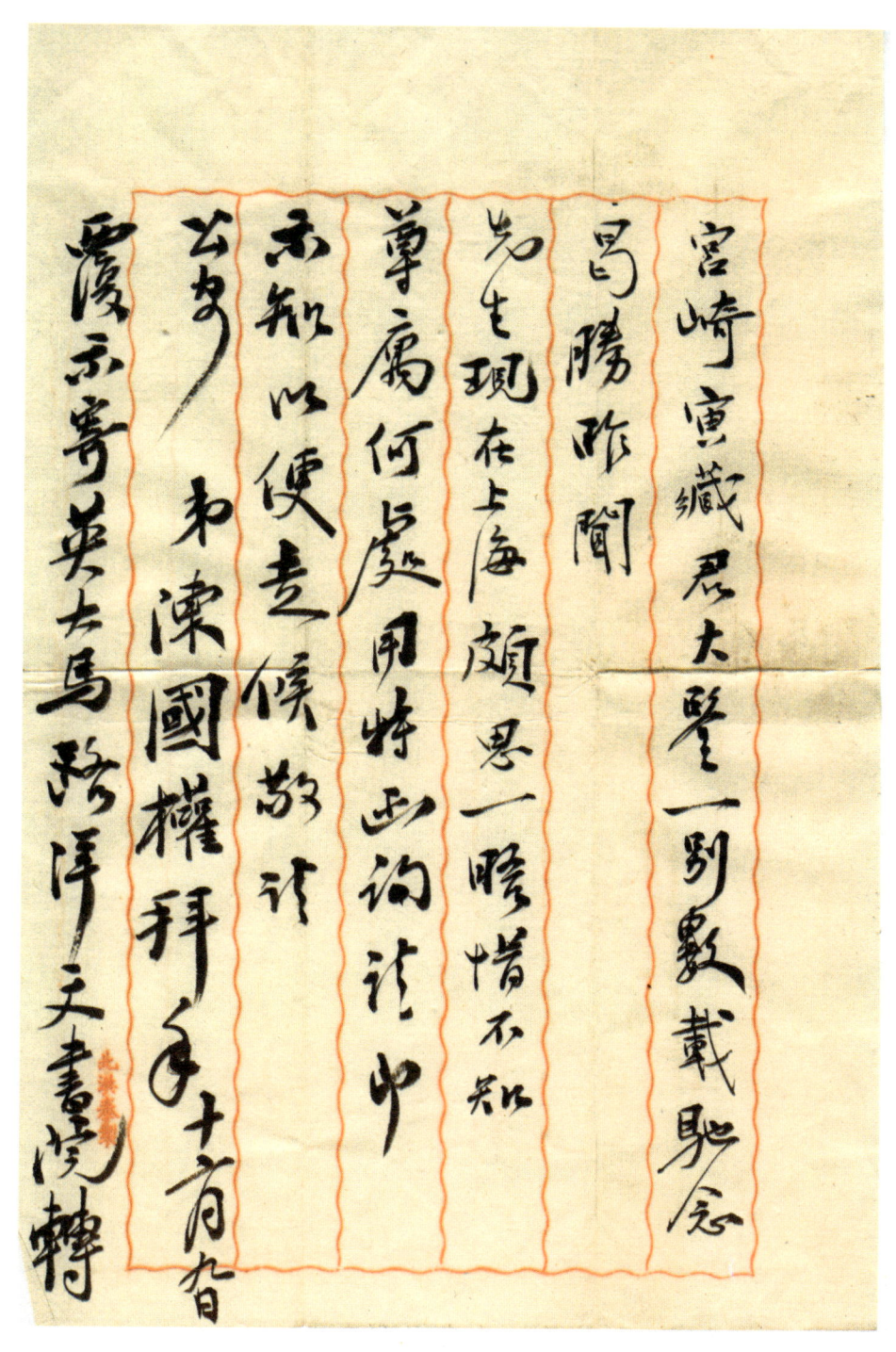

陈国权致宫崎滔天函（□年12月9日）

 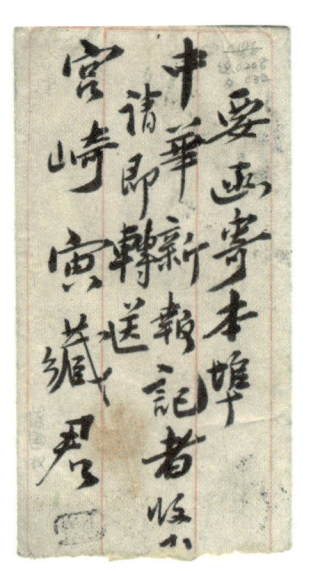

释读

宫崎寅藏君大鉴：

  一别数载，驰念曷胜。昨闻先生现在上海，颇思一晤，惜不知尊寓何处，用特函询，请即示知，以便走候。敬请

公安

复示寄：英大马路洋文书院转

弟陈国权拜手

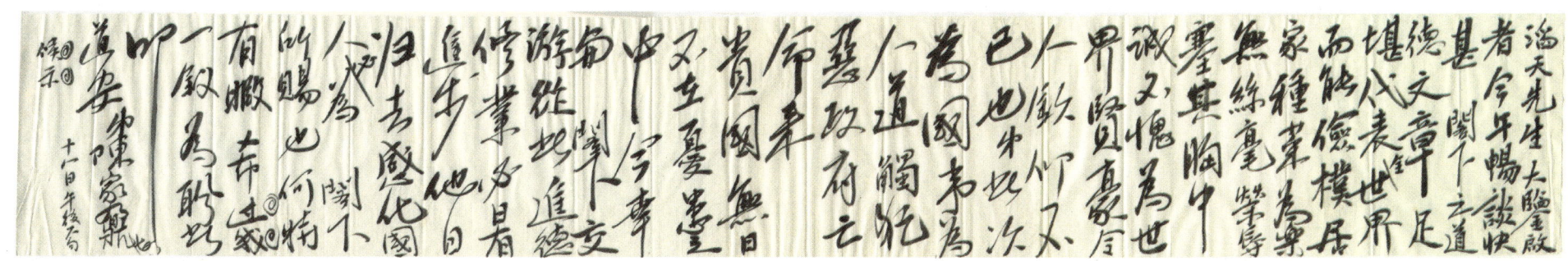

陈家鼐致宫崎滔天函（1914年7月18日）

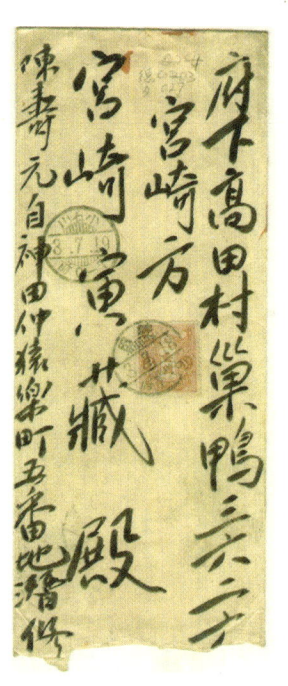

释读

滔天先生大鉴：

  启者：今午畅谈，快甚！阁下之道德文章，足堪代表全世界，而能俭朴居家，种菜为乐，无丝毫荣辱塞其胸中，诚不愧为世界贤豪，令人钦仰不已也。弟此次为国事、为人道，触犯恶政府，亡命来贵国，无日不在忧患之中。今幸与阁下交游，从此进德修业，必日有进步。他日归去，感化国人，必为阁下所赐也。何时有暇，希过我一叙为盼。此叩

道安

候示

弟陈家鼐顿首
十八日午后六句

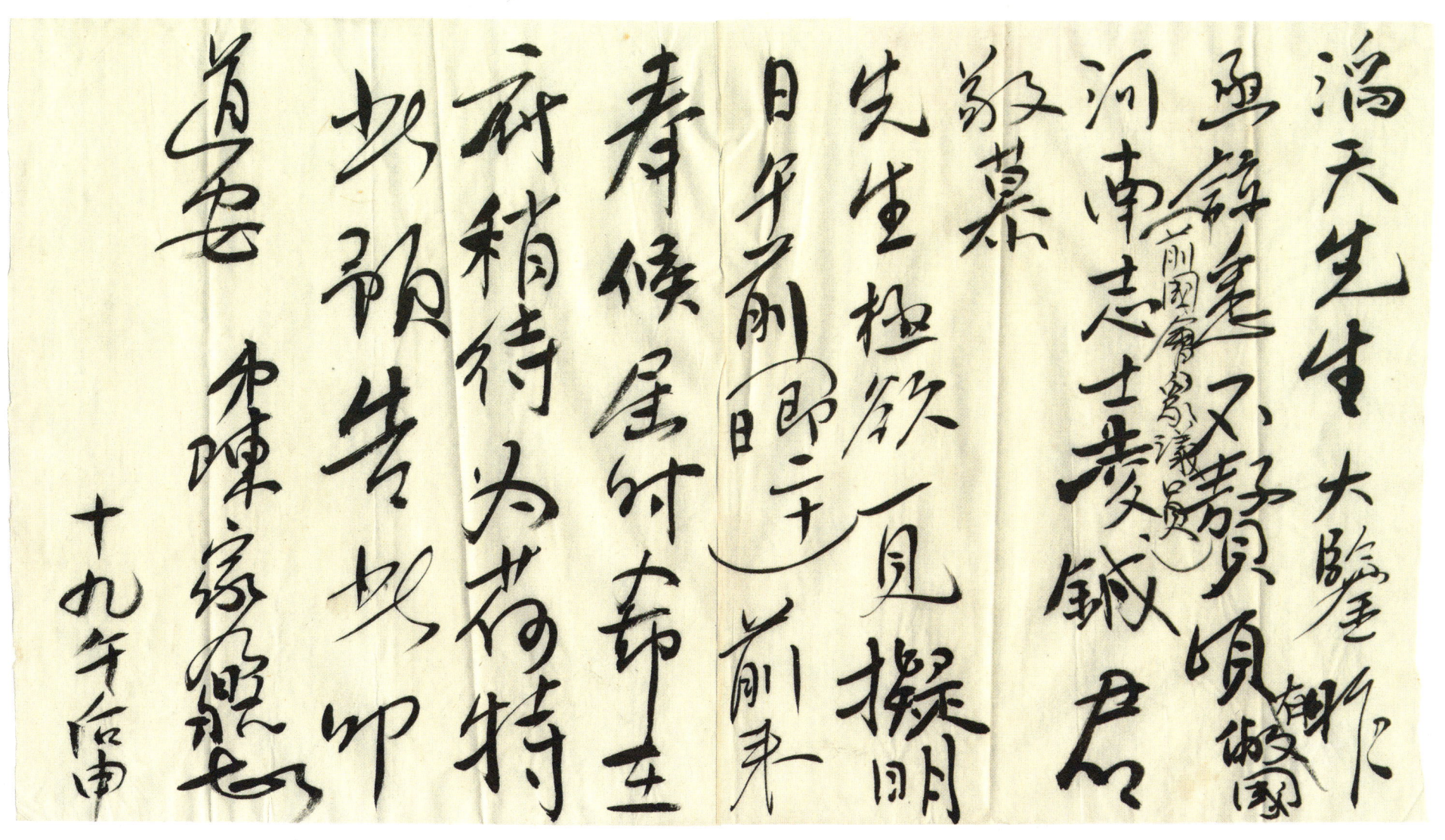

陈家鼐致宫崎滔天函（1914年7月19日）

释读

滔天先生大鉴：

　　昨函谅悉，不赘。顷有敝国河南志士（前国会众议员）凌钺君敬慕先生，极欲一见。拟明日午前（即二十日）前来奉候。届时希在府稍待为荷。特此预告。此叩

道安

弟陈家鼐顿首

十九午后申

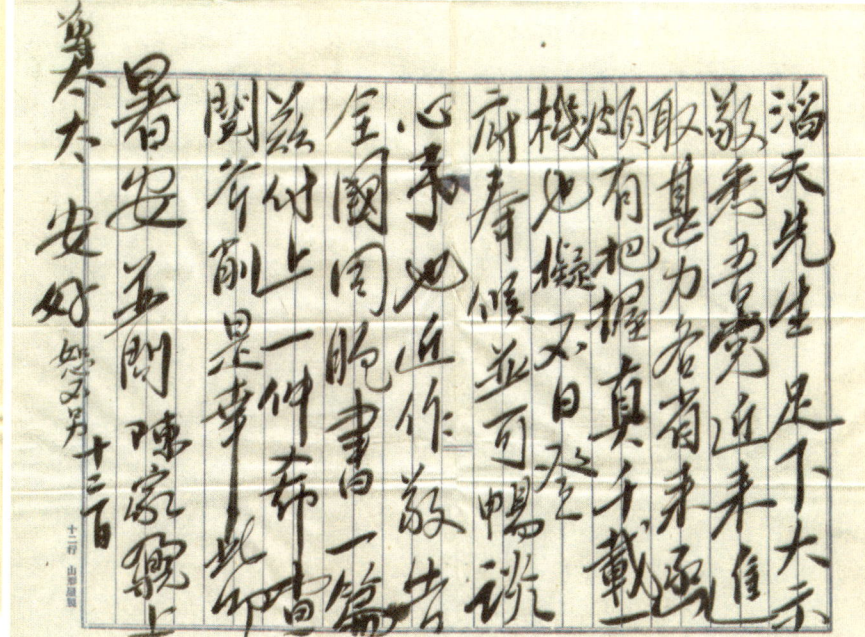

陈家鼎致宫崎滔天函（1914年8月13日）

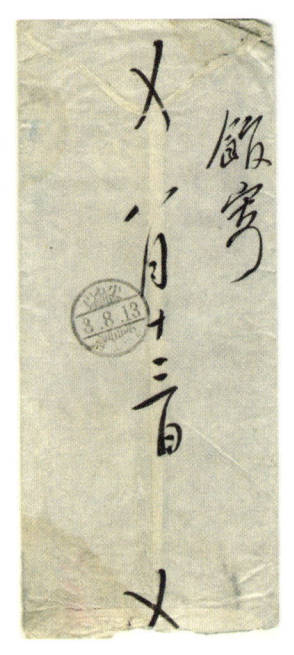
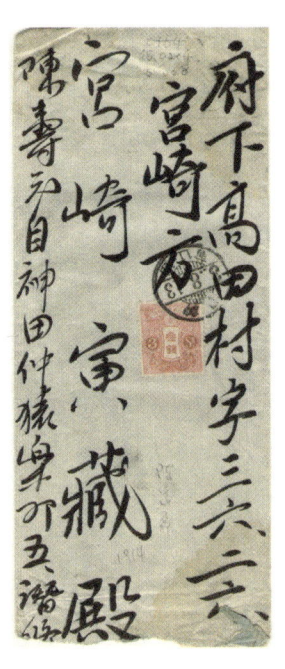

释读

滔天先生足下：

大示敬悉。吾党近来进取甚力，各省来函，颇有把握，真千载一机也。拟不日登府奉候，并可畅谈心事也。近作《敬告全国同胞书》一篇，兹附上一件，希查阅斧削是幸。此叩

暑安。并问

尊太太安好！恕不另。

陈家鼎上

十三日

附：《陈家鼐敬告全国同胞书》（铅印）

慨自袁世凯据临时总统之权，反仆为主，破坏约法，扰乱议会，秘密签约，借债割地，引用宵小，杀戮元勋，举国哗然。袁氏自知不为人民所信任，乃先发制人，遣其死党，统兵南下，为威吓以压制人民，骚扰全国。家鼐身为军人，不忍坐视，出与之抗。原期其有所悔悟，改过自新，不料袁氏恃其死党，发号施令，杀戮无辜，攻城掠地，俨如敌国。家鼐不忍生民涂炭，至于此极，宁牺牲个人之名誉，亡命海外，姑以待袁氏之设施。如果其能内修政治，外讲邦交，为民国立不拔之基，振维新之治，家鼐虽羁身异国，亦且馨香而祷祝之，将扶植之不暇。乃袁氏触人民之愤怒，非但不知改悔，并以公仆战胜主人为无上之尊荣，即藉其兵力以围困国会，压迫议员，要挟举己为正式大总统。从则贿以黄金，不从则饮以白铁。比总统职位既得，即一面解散议院，一面则自称曰受人民托付之重，为此自相矛盾之举动，以欺压我主人，闻者莫不发指。自此以后，数月之间，全国之大铁道，如自兰州至海门、自大同至成都之二线，则卖于俄国；自济南至顺德、自高密至韩庄之二线，则卖于德国；自浦口至信阳、自荆州至兴义之二线，则卖于英国。此列强之所谓势力范围，未得志于前清者，皆断送于袁氏数十分钟之顷。其他如陕西之石油矿，为世界莫大之利源，则卖之于美商，不恤牺牲全国之命脉，以图自肥其身家。最近又以津浦北段之权利，尽让于某国，袁氏受贿一千万磅〔镑〕。身为人民公仆，而惟个人之利益是图，沦全国人民于奴隶牛马而不顾，己则豫备拥巨资而为犹太之富人，其行为比盗跖尤甚，其心志则狗彘不如。如此皆我父老伯叔兄弟姊妹之所共见共闻者，其余罪恶，不胜枚举，兹但举其大者数端而已。忆我民国自武汉起义，南京政府肇造之初，政府以服务为职志，人民脱奴籍而为主人，上下一体，同心同德，共和气象，焕然一新。而袁氏则藉前清之兵力，以与我抗，我政府又以人道主义，易北伐之策，权为南北之调和，人民亦以急望和平，权举袁氏为总统。乃袁氏以不敢至南京授职，而恶无以藉口，暗令北京兵变，以为藉口之资。我中国自前清以来，兵虽腐败，而变溃抢掠之事，则未之闻。自袁氏嗾使之后，同时北方则保定天津、南方则南京苏州之兵相继而变，风气一开，成为习惯，迄今到处无不兵变。袁氏固以个人位置之故，不恤造作此无穷之惨祸，以䵃我全体军人之名誉，毒我恒河沙数之生灵。三载以来，迄无宁岁。袁氏犹不反己自思，而藉专制之余威，效亡秦之暴戾，不责己之为公仆者，畔乱民国，而以人民之身受苦痛，求救国家于千钧一发之间者，反指为乱党，明枪暗箭，杀人如麻，横尸遍野，即前清之扬州十日、嘉定三屠，殆无以过之。于是海内骚然，天怒人怨，有岌岌不可终日之势。家鼐忍之无可再忍，今日之困苦颠连，卧薪尝胆，痛心泣血，奔走呼号于海外，无非为我父老伯叔兄弟姊妹，日在水深火热之中，求免为亡国之奴隶牛马而出此。我父老伯叔兄弟姊妹，谁无身家，谁无性命，谁非中华民国之主人，谁肯坐俟袁氏之宰割，以沦于灭亡？际此存亡在于呼吸，生死决于片时，犹不急起而共诛袁氏，以还我共和，以救我四万万黄帝子孙者，无是理也。乃或者曰：我国国势衰颓，若再革命，势将陷于无政府之地位，而为东西各国所瓜分。殊不知此等无意识之谰言，皆袁氏之官僚党所造作，希图借重外人以愚我人民，而遂其宰割之邪说也。夫政治革命，为人民莫大之天职，无论君主民主之国，欧美之先例甚多。法兰西革命三次，美利坚血战八年，始易得真正之共和，造成今日之幸福。故真正之共和，断无安坐而拥之事。且为推翻恶政府，以改革政治而革命，乃国家之内政，断非外人所能干与。况外人抱文明之思想，秉德义之行为，以保全自国名誉为前提，决不干与他国内政，以招世界之批评，此可深信不疑者。袁氏造此邪说，以恫吓我人民，我辈决不受其欺，畏首畏尾，以待其宰割而至于亡国以灭种。今日者，袁氏之毒计恶谋，已大暴于天下，我神圣同胞，其速起而效法法美，以同诛卖国之

民贼，而造真正之共和，我同胞将来之幸福，必驾法美以齐驱，而未可以限量。否则因循坐误，亡国灭种之惨祸，瞬息即至。已至其时，悔将何及？望我同胞，速破迷梦，速振精神，乘此全国愤怒、倒戈相向之时机，以诛袁氏，如推枯拉朽，易于反掌。家鼐愿秉戈执戟，以从我同胞之后，以复我神州之正气，造我无穷之幸福。是则我光华灿烂之中华民国之大幸也。愿我同胞其鉴诸。

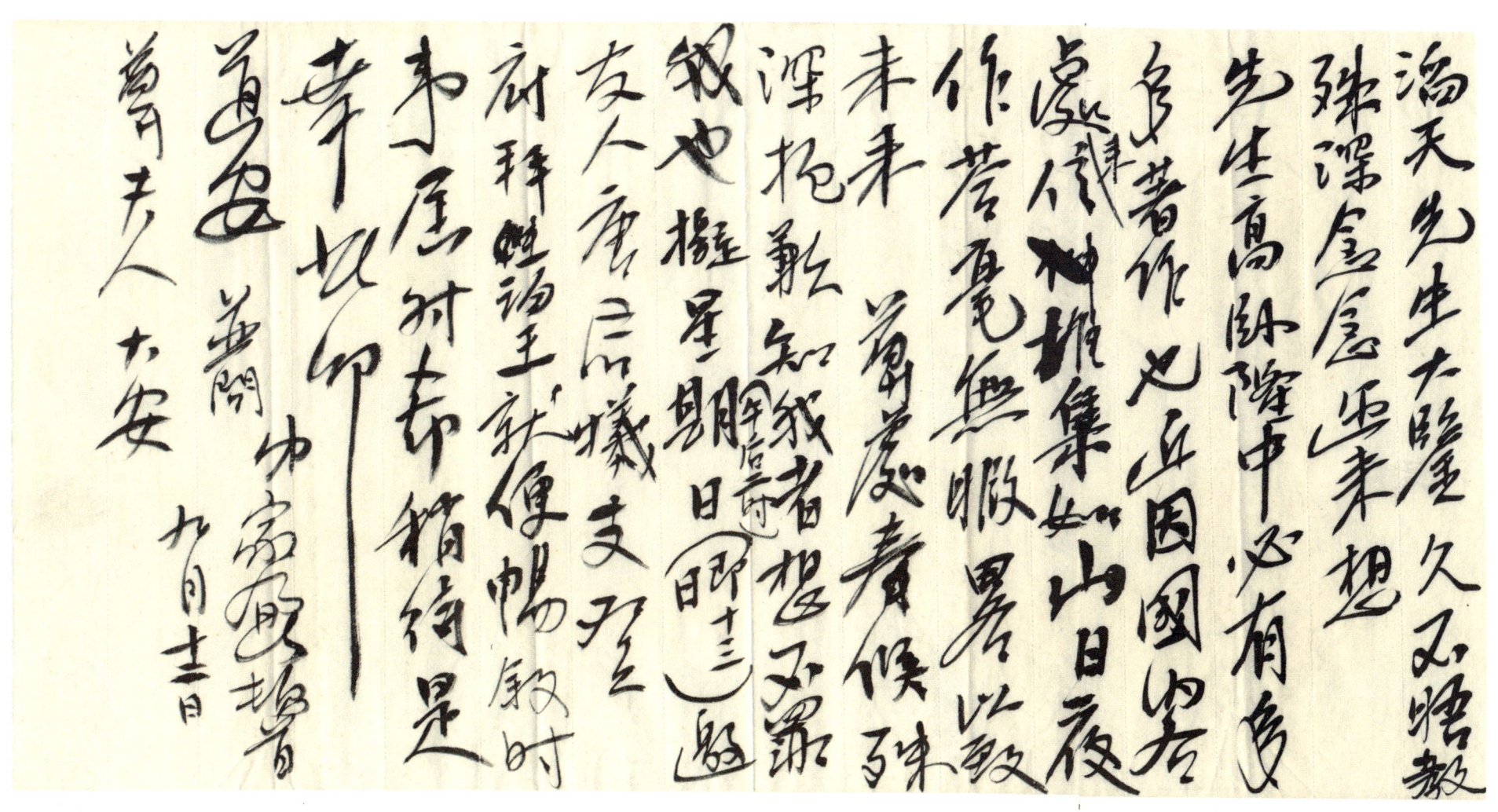

陈家鼎致宫崎滔天函（1914年9月12日）

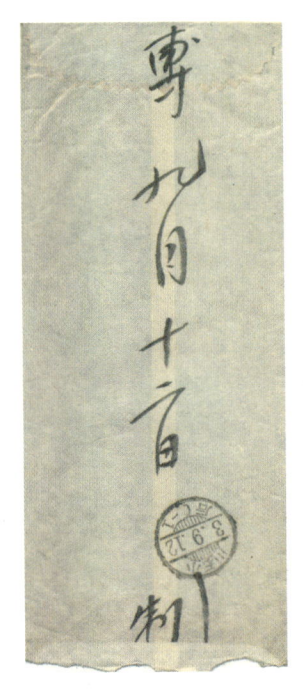 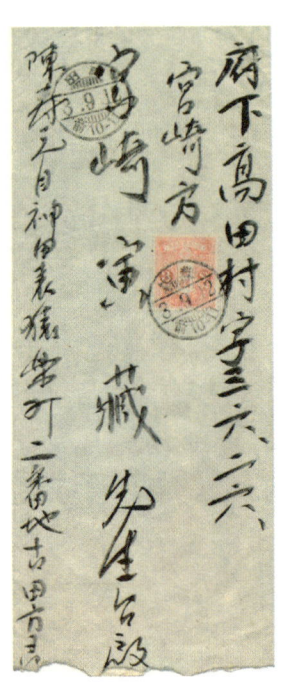

释读

滔天先生大鉴：

久不晤教，殊深念念。迩来想先生高卧隆中，必有多多著作也。近因国内各处来信堆集如山，日夜作答，毫无暇略，以致未来尊处奉候，殊深抱歉，知我者想不罪我也。拟星期日（即十三日）（午后二时）邀友人唐君牺支登府拜望，就便畅叙时事，届时希稍待是幸。此叩

道安。并问

尊夫人大安

                弟家鼐顿首

                九月十二日

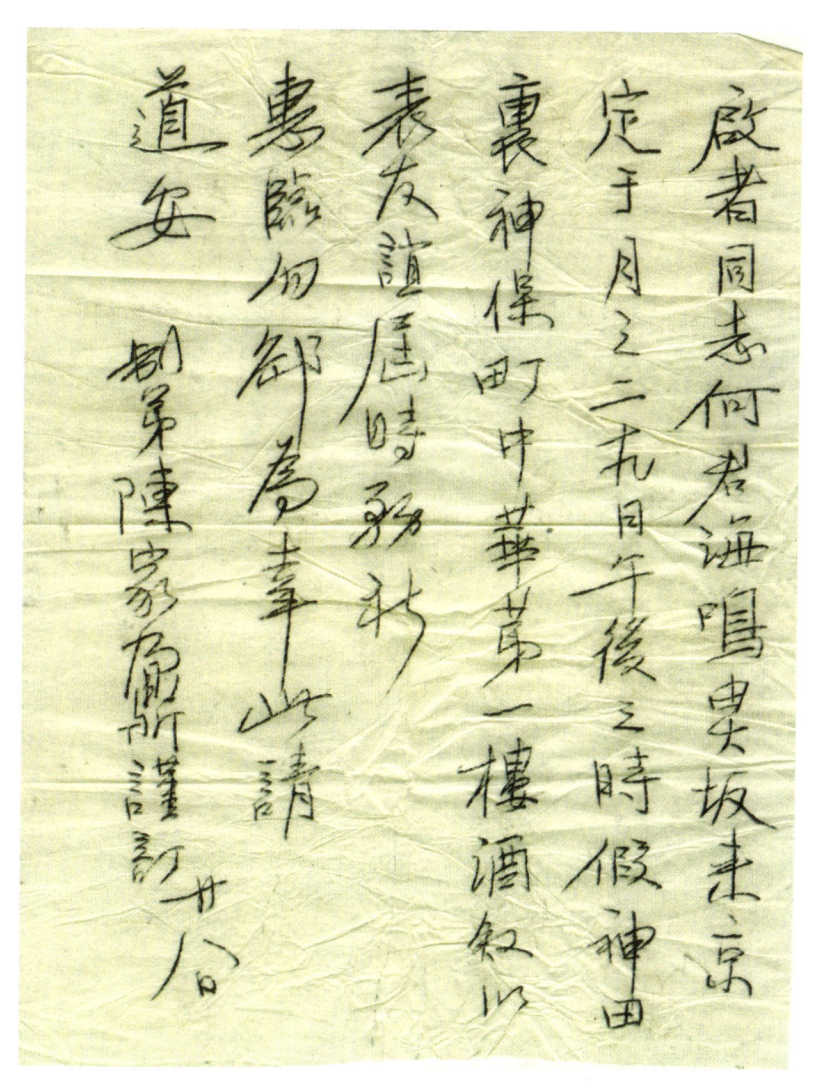

陈家鼎致宫崎滔天函（1914年10月28日）

 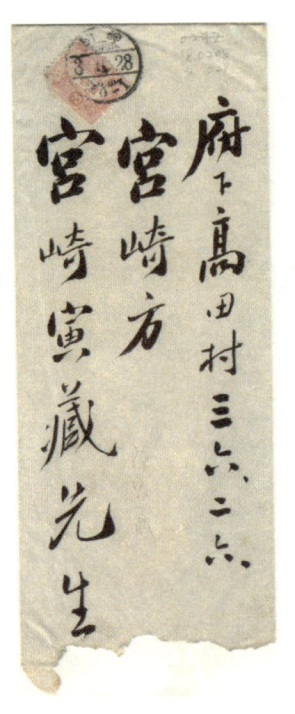

释读

启者：

　　同志何君海鸣由大坂来京，定于月之二十九日午后三时，假神田里神保町中华第一楼酒叙，以表友谊。届时务祈惠临，勿却为幸。

此请

道安

　　　　　　　　　　　　　　　　　　　　　　制弟陈家鼐谨订

　　　　　　　　　　　　　　　　　　　　　　二十八日

滔天先生大鑒，啟者頃聞
駕臨海上，不勝欣幸之至。本擬前來
拜訪，因日來俗務覊身，是以未果。殊深
抱歉，叨在知己，想能原諒。年來弟亡
命貴國，屢承關照，令人感激，而又
慙愧。贊助革命，提攜保全東亞大
局，尤當欽敬。他日特局大定，弟必當邀
先生游覽澈國名山大川，藉此歡酒
狂歌，兩致吉人先憂後樂也。
先生其有同情者于敝埠，有水某一
件，特派內子唐家偉奉上，並問（時定十三日午前到埠處）
先生起居，特務气接見為幸。
當此世界大難，方殷，社會事業
尚未改良，一點吾輩責任且重，
尚祈加意珍重，以為將來救世要甚。
即頌
道安
　　志平陳家鼐　　　　　　　五月十一日

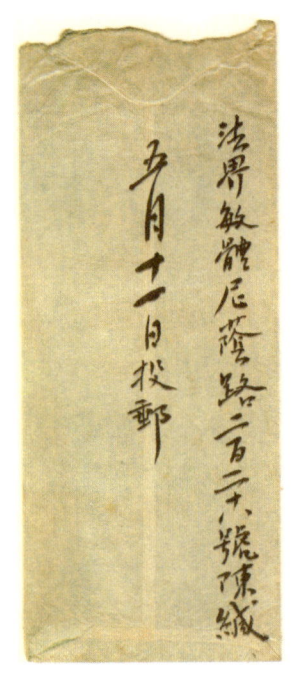 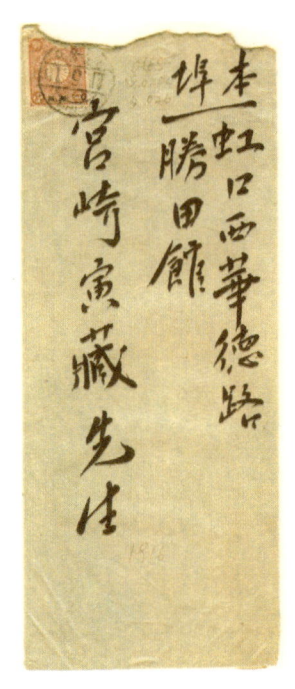

释读

滔天先生大鉴：

　　启者：顷闻驾临海上，不胜欣幸之至。本拟前来拜访，因日来俗务羁身，是以未果，殊深抱歉！叨在知己，想能原谅。年来弟亡命贵国，屡承关照，令人感激。而又蒙赞助革命，提携保全东亚大局，尤当钦敬。他日时局大定，弟必当邀先生游览敝国名山大川，藉此饮酒狂歌，而效古人先忧后乐也。先生其有同情乎？兹备有水果一件，特派内子唐家伟奉上（特定十三日午前到尊处），并问先生起居，届时务乞接见为幸。当此世界，大难方殷，社会事业，尚未改良一点，吾辈责任且重，尚祈加意珍重，以为将来救世。幸甚。即颂
道安

　　　　　　　　　　　　　　　　志弟陈家鼐顿首

　　　　　　　　　　　　　　　　五月十一日

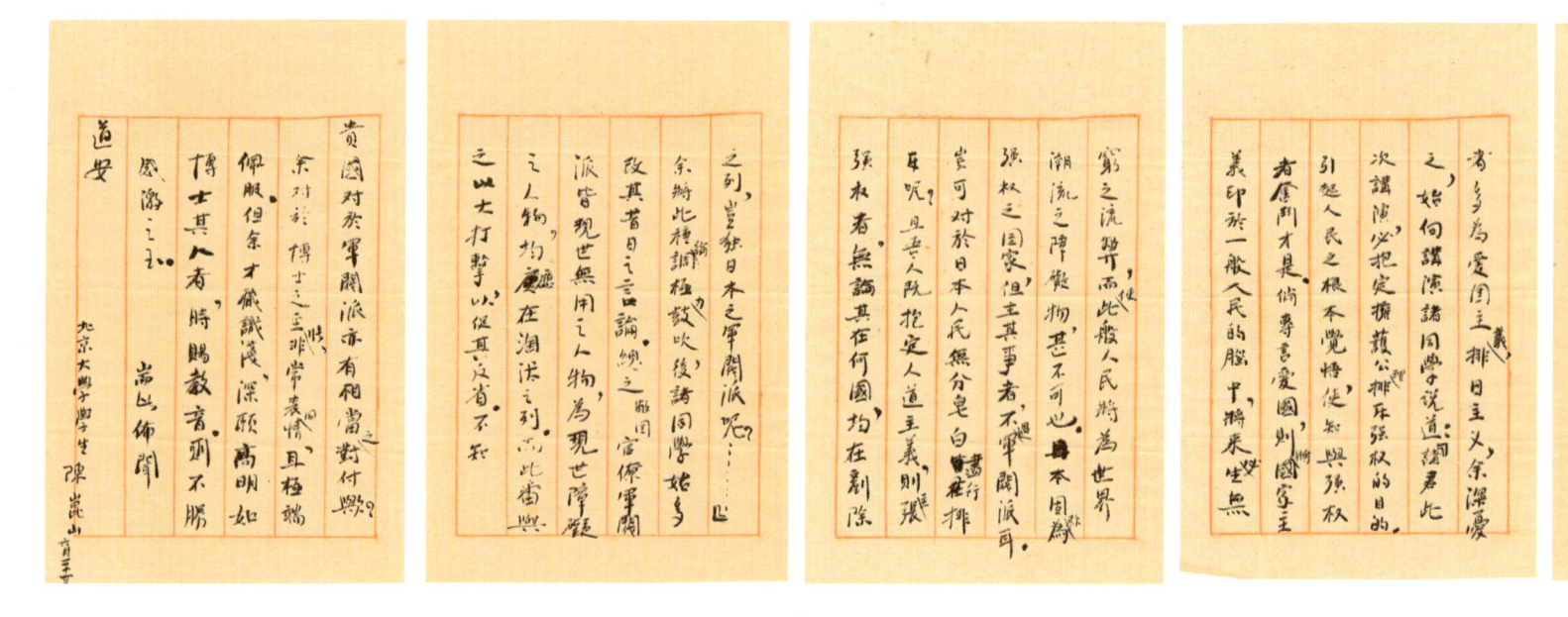

陈崑山致吉野作造函（1919年6月21日）

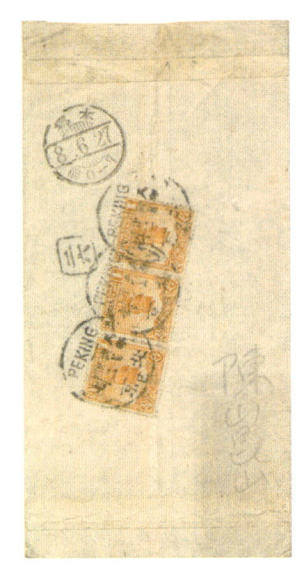 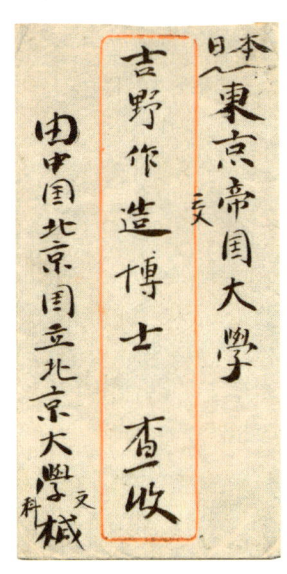

释读

吉野博士足下：

我日昨报纸上看见博士对于敝国此次学潮之批评，实在同情得很，实在欢喜得很，实在与我的心里相合得很。故我不得不把此次对同学常说的话，再对我可爱之博士来说说。盖五四运动以来，各校学生沿街讲演者，多为爱国主义、排日主义，余深忧之，始向讲演诸同学说道："诸君此次讲演，必抱定拥护公理、排斥强权的目的，引起人民之根本觉悟，使知与强权者奋斗才是。倘专言爱国，则将国家主义印于一般人民的脑中，将来必生无穷之流弊，而使此般人民将为世界潮流之障碍物，甚不可也。日本固称为强权之国家，但主其事者，不过军阀派耳，岂可对于日本人民无分皂白，尽行排斥呢？且吾人既抱定人道主义，则主张强权者，无论其在何国，均在铲除之列，岂独日本之军阀派呢？……"余将此种论调极力鼓吹，后诸同学始多改其昔日之言论。总之敝国官僚军阀派皆现世无用之人物，为现世障碍之人物，均应在淘汰之列。而此番与之以大打击，以促其反省，不知贵国对于军阀派亦有相当之对付欤？余对于博士之主张，非常表同情，且极端佩服，但余才疏识浅，深愿高明如博士其人者，时赐教音，则不胜感激之至。专此布闻

道安

北京大学学生 陈崑山

六月二十一日

陈启修致宫崎龙介函（1916年1月28日）

宮崎滔天家藏民国人物书札手迹（第六卷）

释读

拝啓

　昼頃折角御来訪被下候處に恰も食事中にて失敬致し、又御学課多忙なれば遂に立談匆々、清茶一杯の進呈も出来ずして、御立ちになったるは誠に残念に思ふ処にて候どうか失礼の点に付て御寛容被下るる様御願申上候。

　御吩咐の件に関し僕の立場をして是非一つ舊友し或は之を人に頼み或は自ら之を担任せざるべからざりしに、何ぞ（国元）事変起り、到底之を為す能わざるが如き羽目に陷り候、ど云ふは外ならず、高等学校在留期間同窓会幹事二人午後突然来訪し、高等学校同窓生全体総会が在日中日華同学会の存続に賛成せずとの議を出したるを告げ、今後一切此会に関せざるべしと断言したることにて候。僕之を聞き且つ驚き且つ其の理由を詢き、種々説服を努めたるも効なし、誠に弱り申候。其所持の理由は孰れ彼等より直接に日本人側幹事に通知する故、茲に贅及せずと雖も、要するに本会宗旨の不了解と、近来国内外に於ける変局の結果、神経が非常に過敏になり居ることとに由来すと存じ候。故或る意味に於ては、或は之を諒とすべし雖も、吾々過来人即先輩の立場より見れば、本会の為めに実に痛惜すべきことに有る。さりとて一木にては大厦を支え難し、殊に僅の如き既に久し一高を出なる人は外に人望なし、内に感情の融和之なきに於ては殆ど浩蕩する外何等の道も之なる候。少しも当面の問題に対しては束手の外之無候。されど来賓も延請する。今日に於て若し此れに於いて開会したらば只に来賓に対して失礼なるのに大ならず又日華校生間に大なる溝渠を生せざるにも限らず、果して然らば本会本来の目的に大に反すと云はざるべからずと思惟致候。故に速達にて君及他の幹事に懇請申上候。何な何かの方法を設け開会を延期し、早速之を来賓及一般会員に返信し、以て上述の不幸を未然に防ぐ様計謀被下度候。さければ会の為め幸甚し、若夫れ会の根本善後策に至ては後に必ず緩り相談申べく候。其内一時行止れる在留校生の感情も見識も変化増進すべければ本会の為必ずしも悲観せざるべし存じ候。書くべきものまだ多しと雖も、先以て上の如し要点を申上げ候、後は面会の節に譲り候。

　草々不一

陳啓修敬白

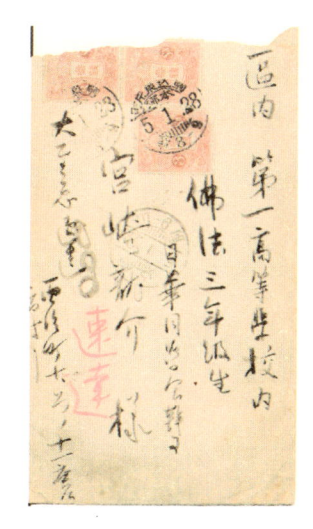

中译文

拜启：

　　午间您特意来访，恰好用餐中，失敬了。学业繁忙，遂至站立匆匆聊几句，甚至连清茶一杯也未及奉上，遗憾之余，诚失礼之极。敬请您宽恕。

　　关于您盼咐之事，以我的立场出发，务必须拜托一旧友抑或相当之人，再或是本人亲自担任。国家兴起此事变，我等只能言陷入此境地，实乃无可奈何。高等学校在留期间同窗会干事二人下午突然来访，告知高等学校同窗生全体总会不赞成日中日华同学会之存续，并断绝今后与此会相关之一切。我等听闻且惊且询其理由，并努力进行种种说服，但无任何效果，诚弱之甚。其所持之理由将由彼等直接通知日本人干事，在此不再赘述。要之，对本会主旨之不了解，近来国内外变局，神经非常过敏，由此之故，在某种意义上或可谅解，我等过来人即前辈之立场观之，为本会实感痛心，但一木不能支撑大厦，尤其是类似之事越多，以后一高出去之人将不受外面待见，内无感情之融和，外无其它合适途径。对眼下之问题竟至束手无策。然来宾已邀，今日若于此开会，对来宾失礼之事倒不大，定会与日华校生产生巨大之沟渠，如此，则不得不云此与本会之目的完全相反。故快递致君及其它干事，恳请想何办法延期会议，并迅速向来宾及一般会员回信，防止上述不幸于未然。如此能避免则幸甚。至于本会之根本善后之策，之后慢慢来商量，在此之间一时间陷入绝境的在留校生之感情及见识若能变化增进，则本会必亦表示不太悲观。应该写的尚有很多，先将如上要点告知，其余容面会时详谈。

草草不一

陈启修敬白

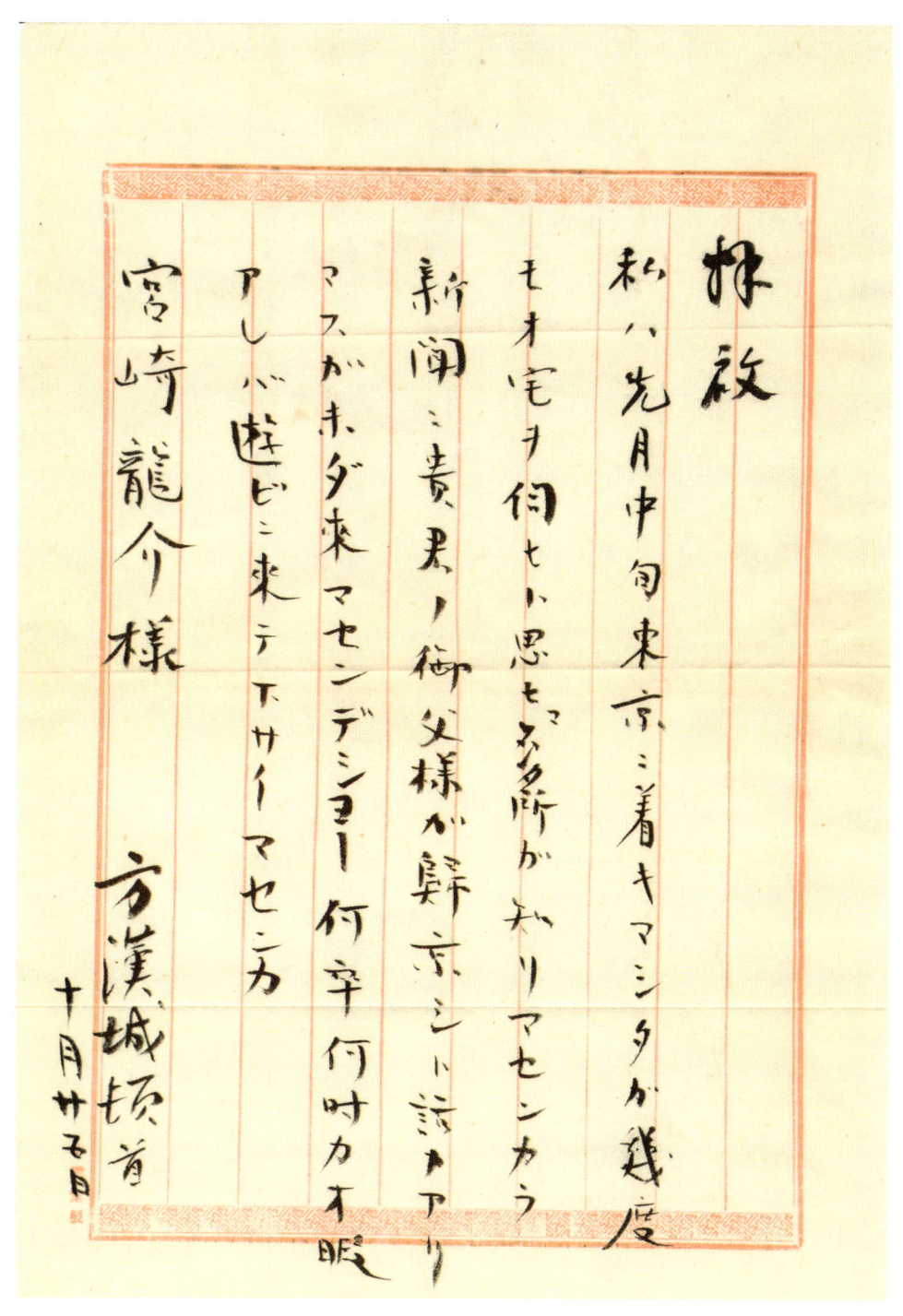

方汉城致宫崎龙介函（□年10月25日）

宫崎滔天家藏民国人物书札手迹（第六卷）

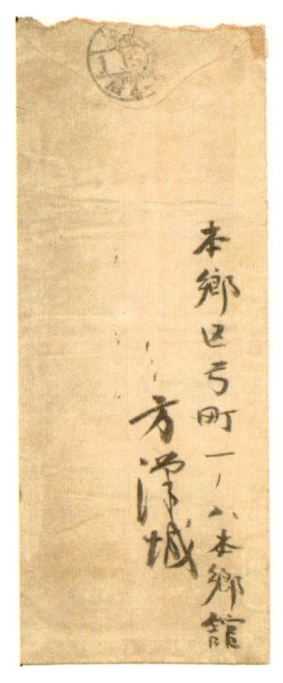
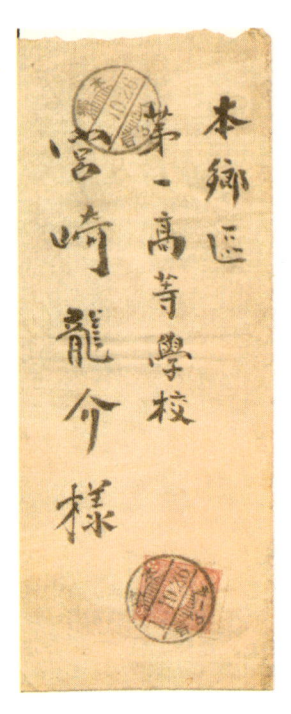

释读

　拜啓
　　私ハ先月中旬東京ニ着キマシタガ、幾度モオ宅ヲ伺ヒト思ヒマシタ所ガ知リマセンカラ、新聞ニ貴君ノ御父様が帰京シト話ガアリマスガ、未ダ来マセンデショー。何卒何時カオ暇アレバ遊ビニ来テ下サイマセンカ。
　宮崎龍介様

方漢城頓首
十月廿五日

中译文

拜启：

  我上月中旬抵达东京，几次想到贵宅拜访，不知详细地址。新闻报道称，令堂大人已经归京，尚未到此，未知您何时若有余暇，敬请到此一游。

宫崎龙介先生

方汉城顿首
十月二十五日

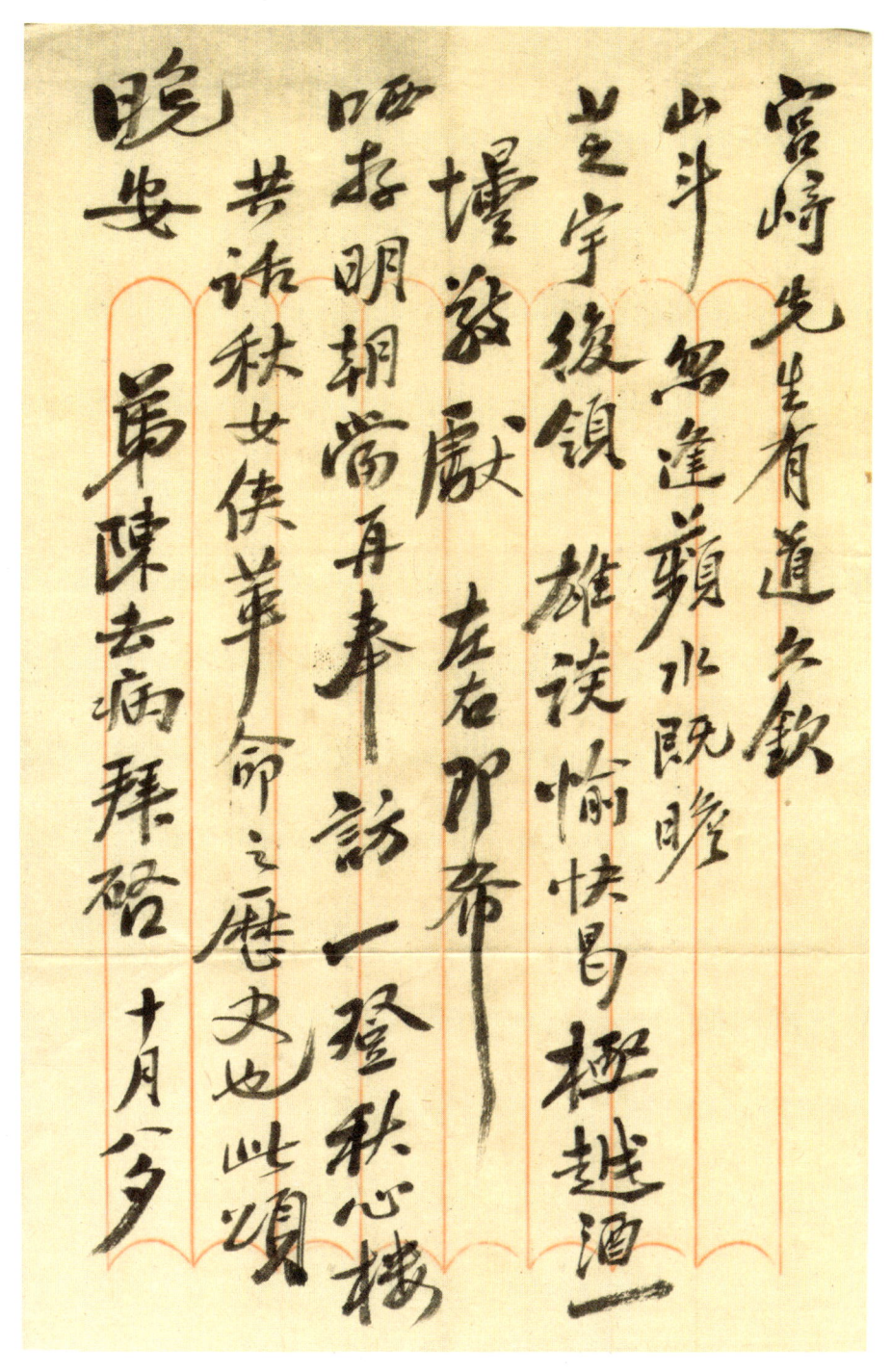

陈去病致宫崎滔天函（1916年10月8日）

宫崎滔天家藏民国人物书札手迹（第六卷）

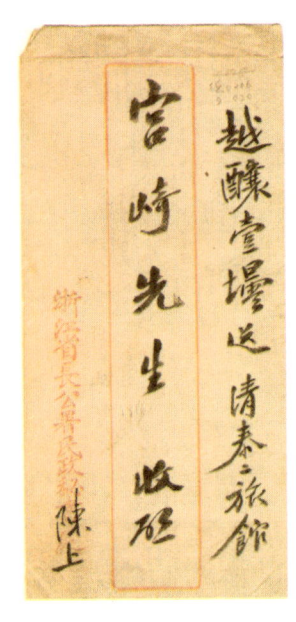

释读

宫崎先生有道：

久钦山斗，忽逢萍水，既瞻芝宇，复领雄谈，愉快曷极。越酒一坛，敬献左右，即希哂存。明朝当再奉访，一登秋心楼，共话秋女侠革命之历史也。此颂

晚安

　　　　　　　　　　　　　　　　　　　　　弟陈去病拜启

　　　　　　　　　　　　　　　　　　　　　十月八夕

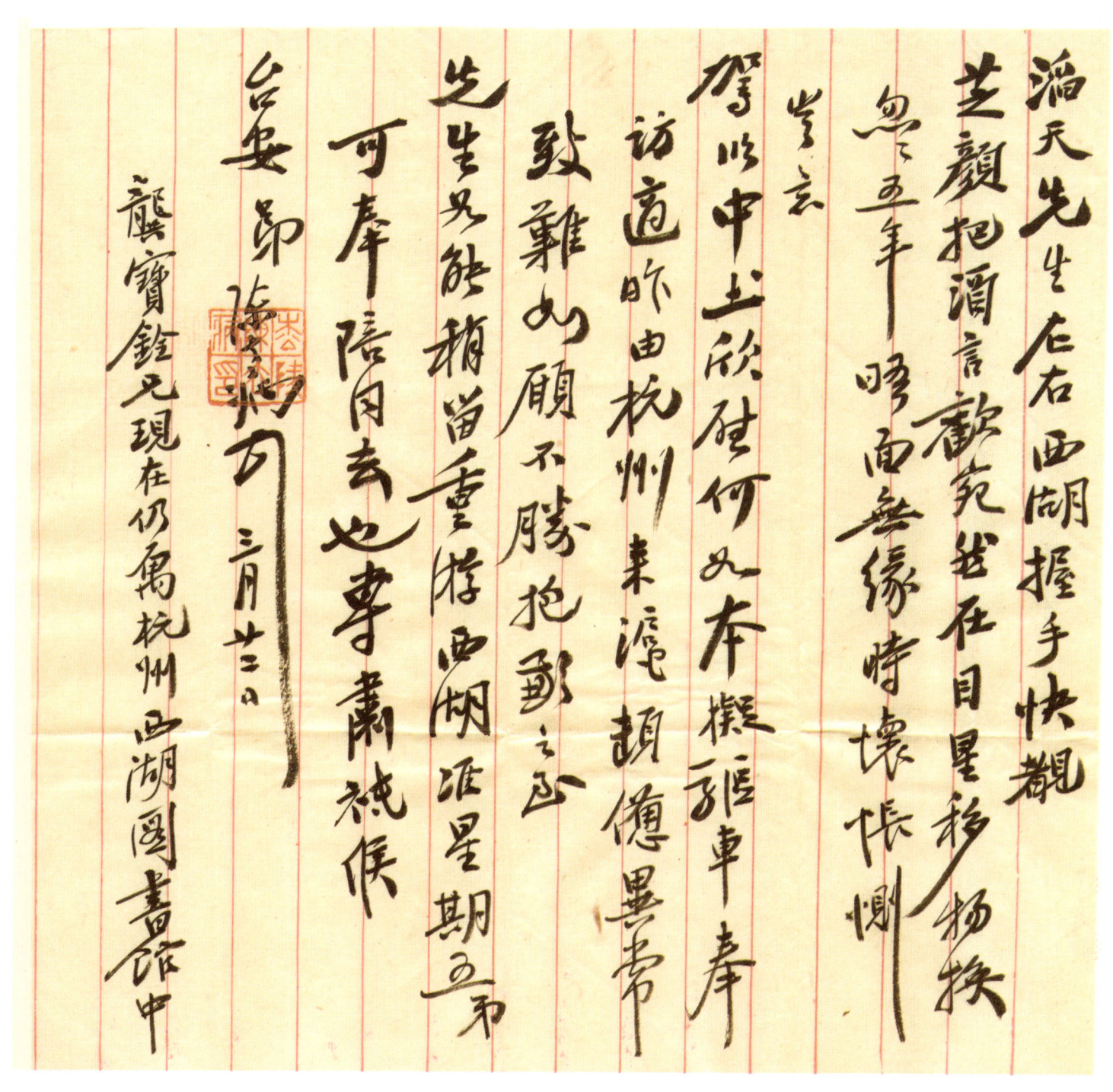

陈去病致宫崎滔天函（1921年3月22日）

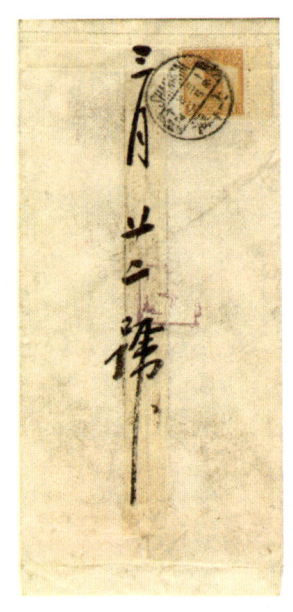 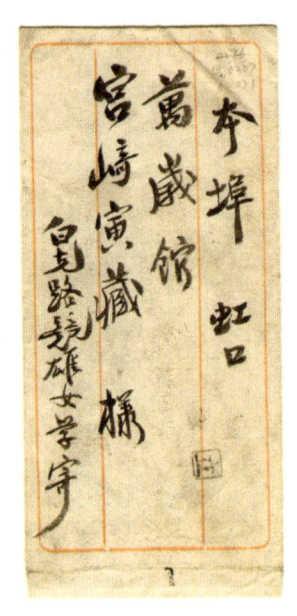

释读

滔天先生左右：

　　西湖握手，快觌芝颜，把酒言欢，宛然在目。星移物换，忽忽五年，晤面无缘，时怀怅惘。岂意驾临中土，欣慰何如。本拟驱车奉访，适昨由杭州来沪，顿惫异常，致难以如愿，不胜抱歉之至！先生如能稍留，重游西湖，准星期五弟可奉陪同去也。专肃。祗候

台安

弟陈去病顿首
三月二十二日

龚宝铨兄现在仍寓杭州西湖图书馆中

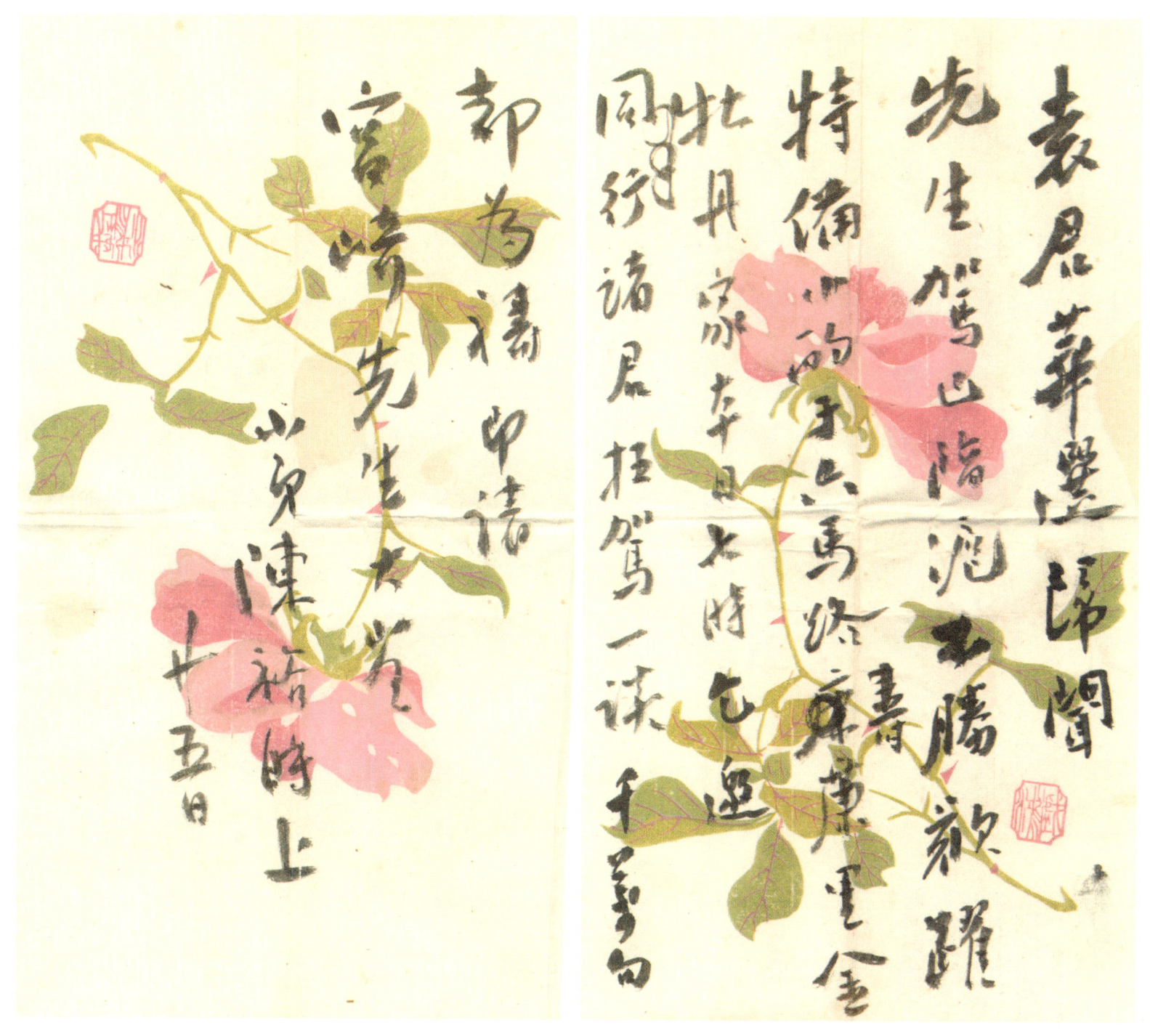

陈裕时致宫崎滔天函（1913年□月25日）

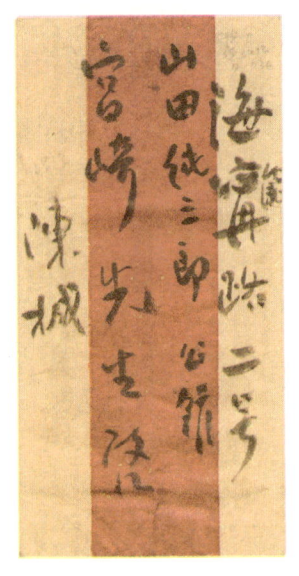

释读

　　袁君华选归,闻先生驾已临沪,不胜欢跃!特备小酌于六马路寿康里金牡丹家,本日七时,乞邀同行诸君,枉驾一谈。千万勿却为祷。
即请
宫崎先生大鉴

小弟陈裕时上
二十五日

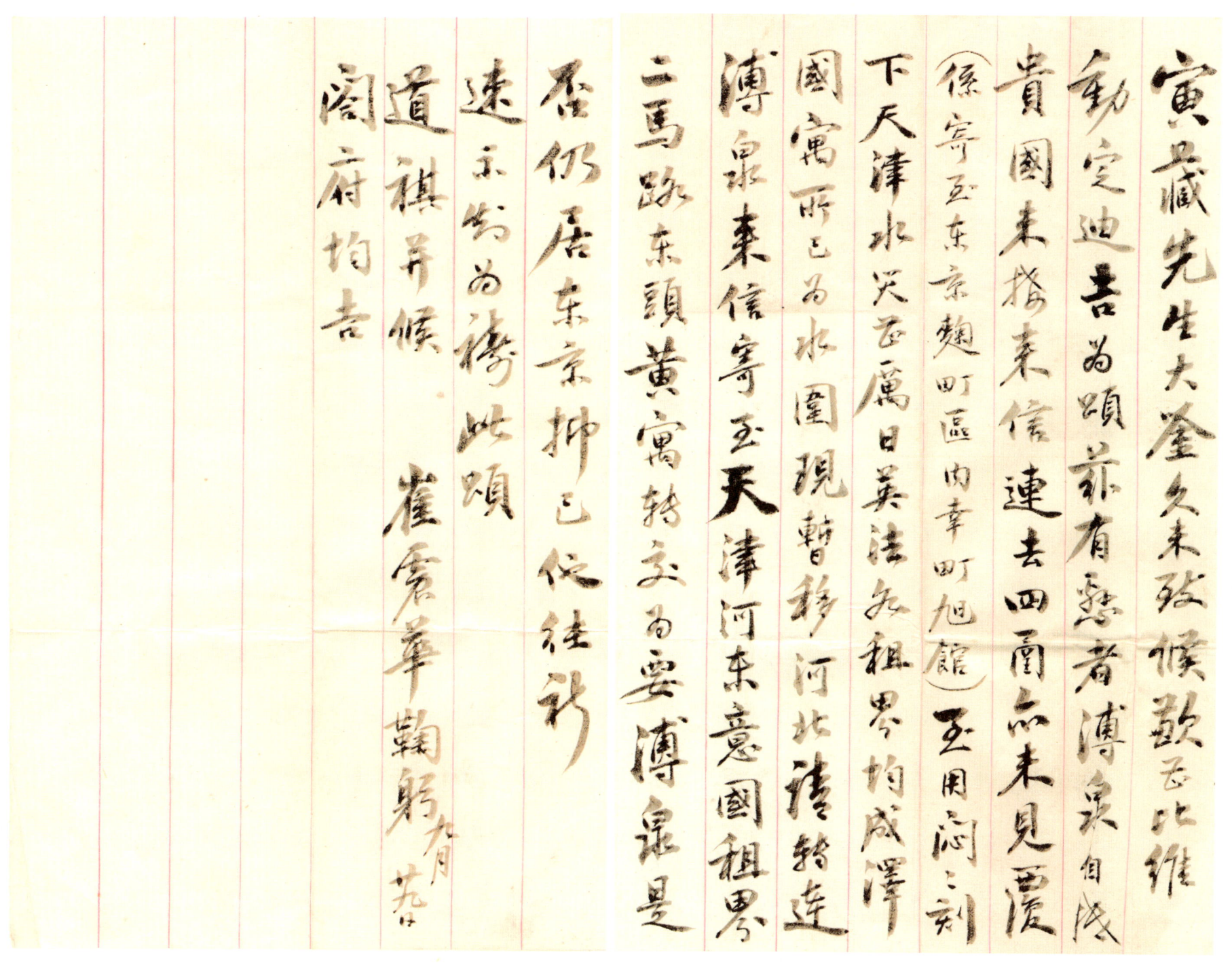

崔震华致宫崎滔天函（1917年9月29日）

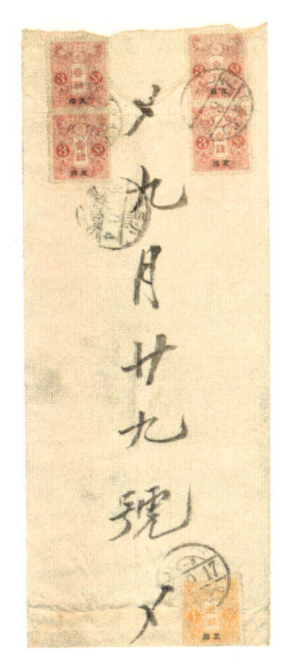
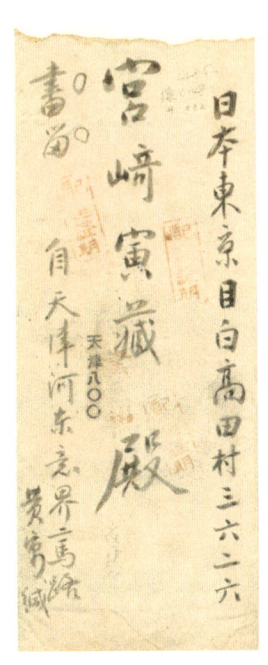

释读

寅藏先生大鉴：

　　久未致候，歉甚！比维动定迪吉为颂！兹有恳者：溥泉自抵贵国，未接来信，连去四函，亦未见复（系寄至东京麹町区内幸町旭馆），至用闷闷。刻下天津水灾甚厉，日英法各租界均成泽国，寓所已为水围，现暂移河北，请转达溥泉，来信寄至天津河东意国租界二马路东头黄寓转交为要。溥泉是否仍居东京，抑已他往？祈速示知为祷。此颂

道祺！并候

阖府均吉！

崔震华鞠躬
九月二十九日

滔天先生惠鑒 奉示敬悉 示日已同玉友邀多人往訪床次 君彼此均以誠意交換 所見玉友滿足讙賞 曁同人等均枉駕設宴歡迎 知匪特陳玉傑事厚荷 囱廷無任感謝 硯已屆限束見 餽送證物想可無事矣 專此敬頌
大安

弟 仁傑謹啟 五月八日

丁仁杰致宫崎滔天函（1918年5月8日）

宫崎滔天家藏民国人物书札手迹（第六卷）

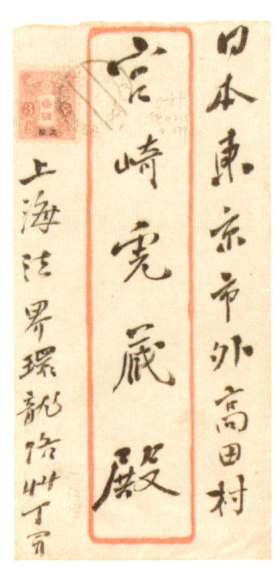

释读

滔天先生惠鉴：

　　奉示敬悉。本日已同至友多人往访床次君，彼此均以诚意交换所见，至为满足。议员暨同人等均拟设宴欢迎，知注特陈。至杰事辱荷关注，无任感谢。现已届限，未见移送证物，想可无事矣。专此。敬颂

大安

　　　　　　　　　　　　　　　　　　　　　　　　　　弟仁杰谨启

　　　　　　　　　　　　　　　　　　　　　　　　　　　五月八日

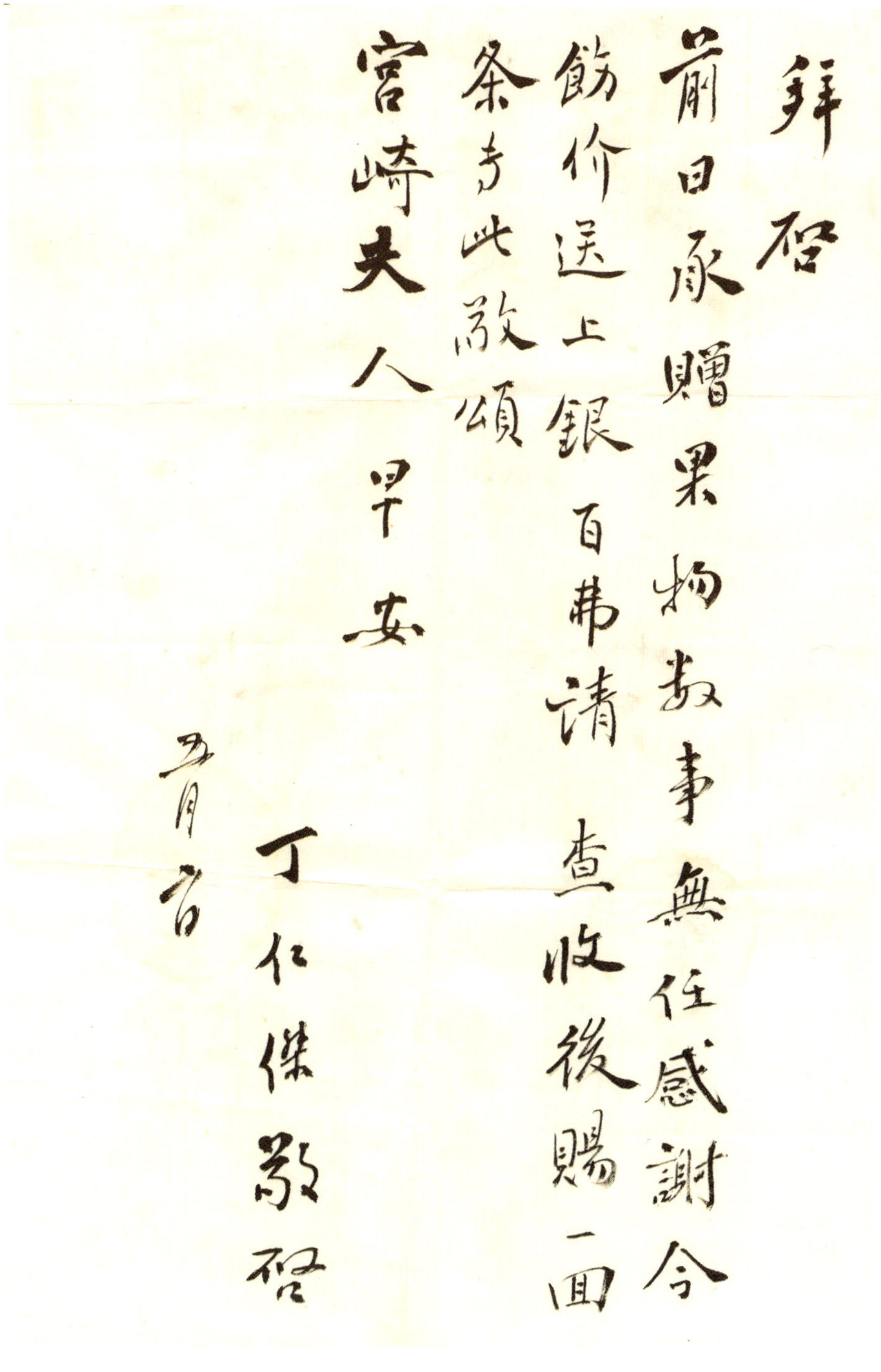

拜啟

前日承贈菓物諸事無任感謝今飭价送上銀百弗請查收後賜一函奉寄此敬頌

宮崎夫人早安

五月二日

丁仁傑敬啟

丁仁杰致宮崎槌子函（□年5月2日）

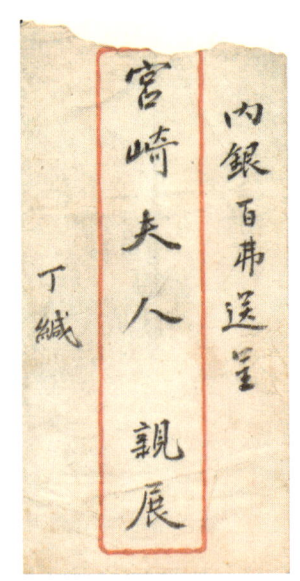

释读

拜启：

    前日承赠果物数事，无任感谢。今饬价送上银百弗，请查收后赐一回条。专此。敬颂

宫崎夫人早安

                           丁仁杰敬启

                              五月二日

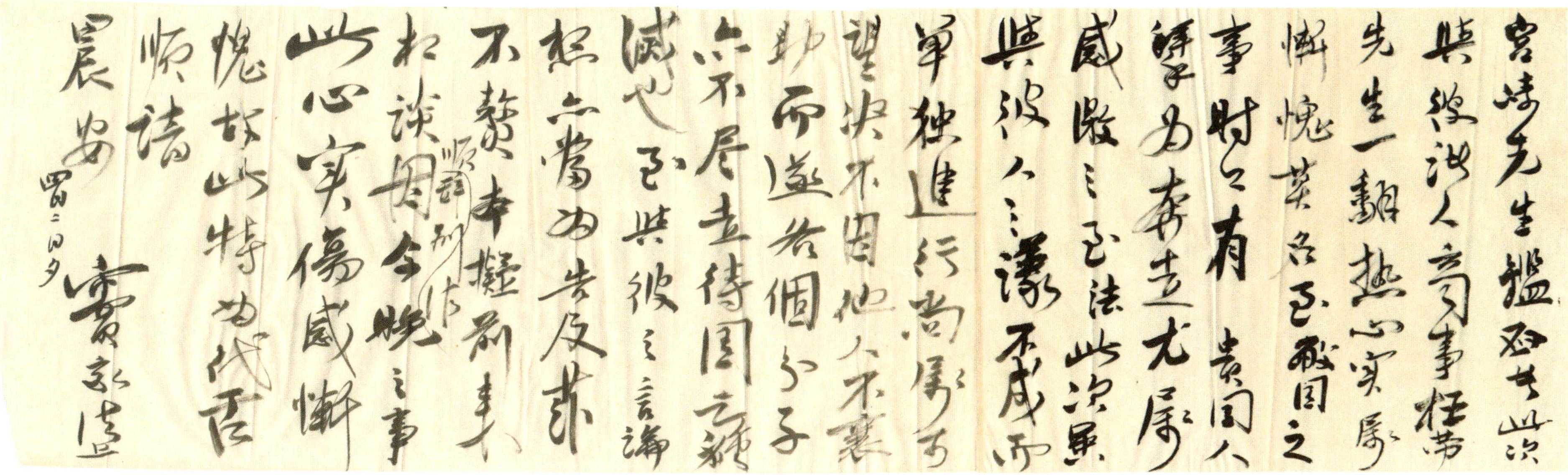

宮崎先生鑒：昨此次
與彼諸人商議事狂帶
先生一翻熱心實厚
慚愧某名已敢冒之
事時々有 貴閒人
縱為奔走尤厚
感激之至法此次無
與彼人之言譁不成而
單獨進行尚屬可
望決不因他人不衷
勛而遂各個分子
六不尽去待圖之雖
感也至其彼之言論
起之當力告及弟
不贅本擬到來
和談因今晚之事
此心實傷感慚
愧故此特為代告
順請
晨安
　　四月二日　竇永壺

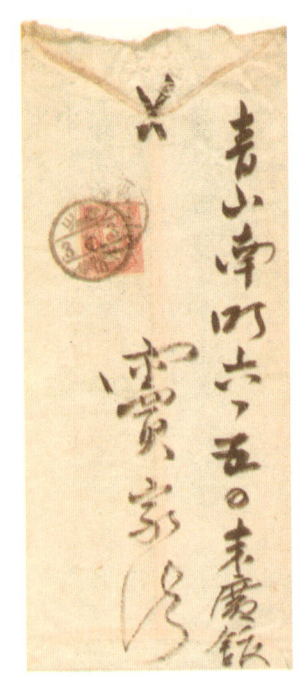 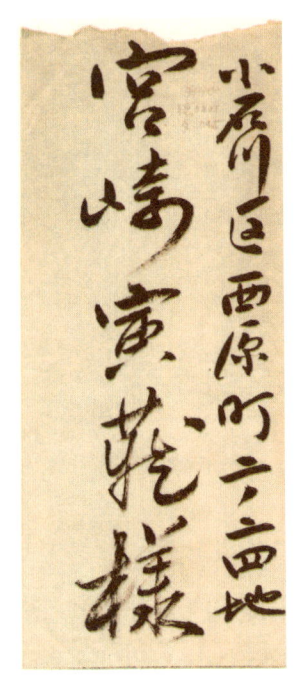

释读

宫崎先生鉴：

　　启者：此次与彼诸人商事，枉劳先生一翻〔番〕热心，实属惭愧莫名。至敝国之事，时时有贵国人挈为奔走，尤属感激之至。法此次虽与彼人之议不成而单独进行，尚属可望，决不因他人不襄助而遂，各个分子亦不尽走待国亡种灭也。至与彼之言论，想亦当为告及，兹不赘。本拟前来相谈，顺作辞别，因今晚之事，此心实伤感惭愧，故此特为代舌。顺请

晨安

窦家法上

四月二日夕

窦家法致宫崎滔天函（1914年5月22日）

释读

敬启者：

前抵东京，数承绍介，得与贵邦名人接洽，使茅塞顿开。区区之情，已感之不胜矣。更又数次馈赐，助资归国，虽先生爱屋及乌，法何人斯，何幸而得先生之厚爱至于如是也！途中每欲上函，又以前进之情况未定，故复中心懒慢稽生，尚希原谅。至于法此次来东，所抱主义之正大，实堪自信得过，如斯而返，令人殊愤愤不已。然彼所谓大伟人之大计画，则略见一般。事虽等于子虚乌有，己志之坚以不拔，则因此而益固。非作大言，知先生爱我实深，故一言为及之。今定于明日由此启程，前途之如何，固难以逆料，然尽心力而为之，他非所计也。至中野先生绍介在此之某君，闻已返国矣，未得晤面，心实戚戚。而自今以往，天各一方，音问亦必罕通，惟有望风怀想耳。至若敝国之不靖，东亚黄种所攸关，先生□为尽力于我邦之事，凡属有知，无不感谢。来日方长，而事仍未已，愿先生更为力任后日之难。幸甚！肃此上

宫崎滔天先生阁下

令兄民藏先生统此不另

本庄、头山、中野、山本诸先希为叱名候好

宪民窦家法启
五月二十二日于汉口旅次

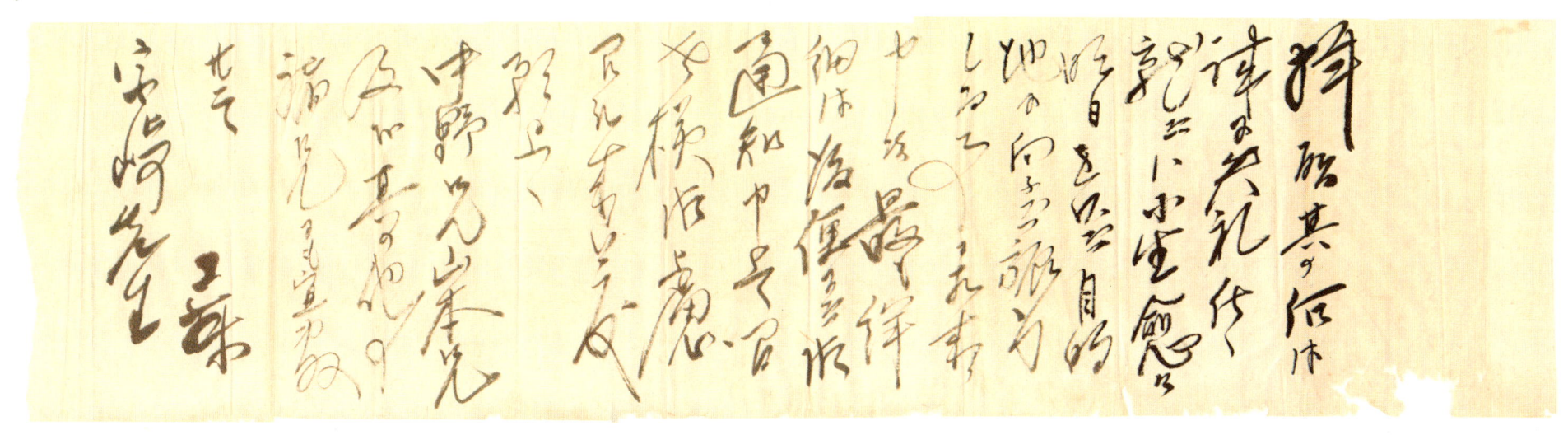

窦家法致宫崎滔天函（1914年5月22日）

宫崎滔天家藏民国人物书札手迹（第六卷）

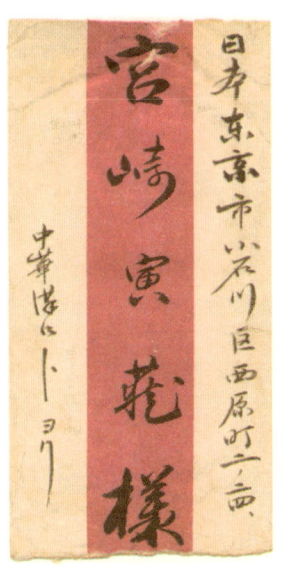

释读

拝啓

　其の后は誠に失礼仕候。就てハ小生愈々明日を以て目的地に向ふ為旅行した事に相成申候故最も詳細は後便にて御通知申上候間、左様御慮間に被成下度願上候。

　中野兄山本兄及び其の他の諸兄にも宜敷く。

　　　　　　　　　　　　　　　　　　　　　　　　　廿二日
　　　　　　　　　　　　　　　　　　　　　　　　　工藤

宮崎先生

中译文

拜启：

其后非常失礼，小生明日即出发向目的地旅行，详细容下次邮件详述，特此告知，敬请勿忧。

拜托向中野兄、山本兄及其它诸兄问好。

二十二日
工藤

宫崎先生

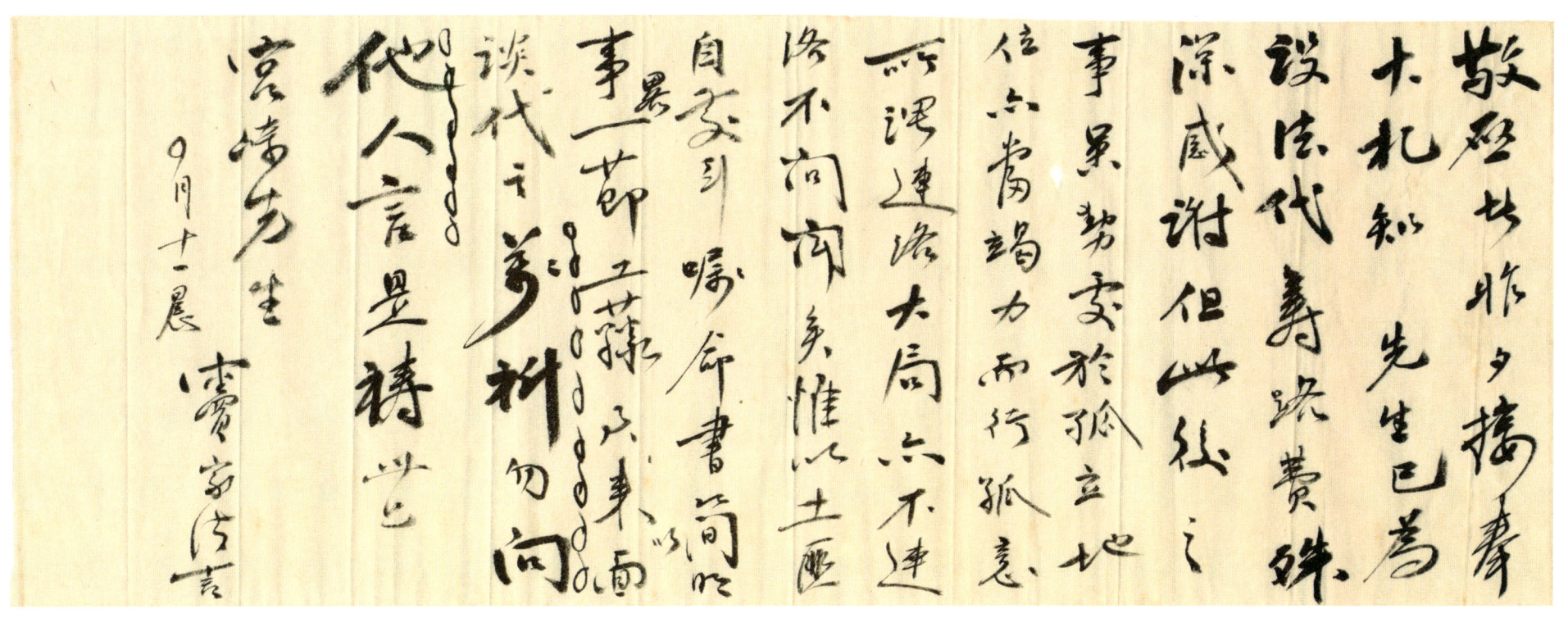

窦家法致宫崎滔天函（□年4月11日）

宫崎滔天家藏民国人物书札手迹（第六卷）

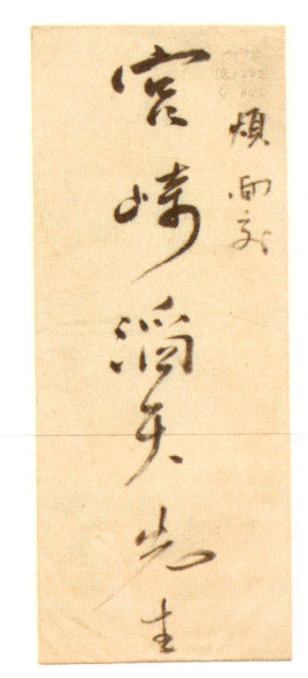

释读

敬启者：

  昨夕接奉大札，知先生已为设法代筹路费，殊深感谢！但此后之事，虽势处于孤立地位，亦当竭力而行孤意。所谓连络大局，亦不连络、不问闻矣，惟以土匪自处耳。嘱命书《简明事略》一节，工藤君来，以面谈代之。万祈勿向他人言。是祷。此上

宫崎先生

                 窦家法

                 四月十一晨

杜次珊致宫崎滔天函（1917年6月8日）

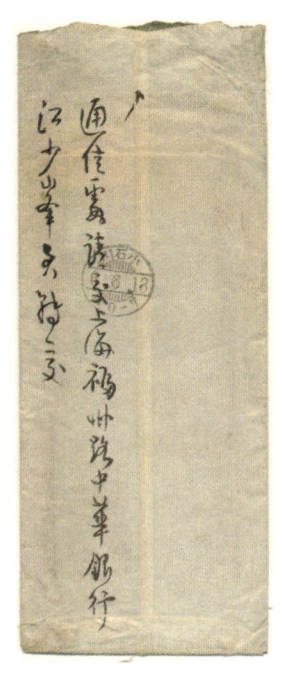

释读

拜启：

　　神州不幸，变乱辄作。驱政客为争名夺利之事，陷国民于水深火烈〔热〕之中。黑幕重重，惨不忍述。彼恶官僚与伪民党借黑幕未揭之庇，闻得盗名欺世，构衅寻仇，而爱国之士，遵直道以不苟，惟死所之是求者，反无用武之余地矣。近复以卫国之干城，为叛逆之藩镇。干宪法，废国会，斥总统，倡复辟，似此种种，罪大恶极，非张挞伐之师，必有沦胥之祸。我辈以身许国，以诚待人，以止于至善为期，以事无不理为鹄，鼓勇往直前之精神，为自强不息之奋斗，驱除恶官僚于前，斥逐伪民党于后，鞭挞袖手旁观之人，使知亡国绝种之痛。御外侮，平内乱，惟义是从，誓不反顾。惟是道路传闻，恐生误会，故略草数语，以布愚臆。我辈对于国事，主张根本改革者也。以不苟之精神，为务本之事业。自非国基巩固，断不止于中道。息争何日，其谁知之？然中国虽有阋墙之争，决不愿贵国有缨冠之救，此愿为友邦人士告者一也。贵国对华问题，甚为贵国政党所注意，政争胜败，往往系焉。而考其所标揭者，为一时之政情，而非一定之政理。陈迹具在，可以覆按。质而言之，皆贵国政客之作用也。然贵国国民之有远识者，莫不主根本亲善，此愿为友邦人士告者二也。我辈所以自期者，为根本改革；期于友邦者，为根本亲善。苟贵国政府无违不干涉之言，贵国国民复能举根本亲善之实，固所愿也。否则东方之平和，成泡影矣。夫东方之平和，必中国之不扰；欲中国之不扰，必爱国之士建救国之业，尽恶官僚与伪民党而驱逐之，政治乃有改善之望。须知中国政治而不改善，则中日携手之言，乃为虚无缥缈之事。而神州陆沉，贵国亦有不利。此愿为友邦人士告者三也。此致

宫崎寅藏先生

杜次珊

六月八日

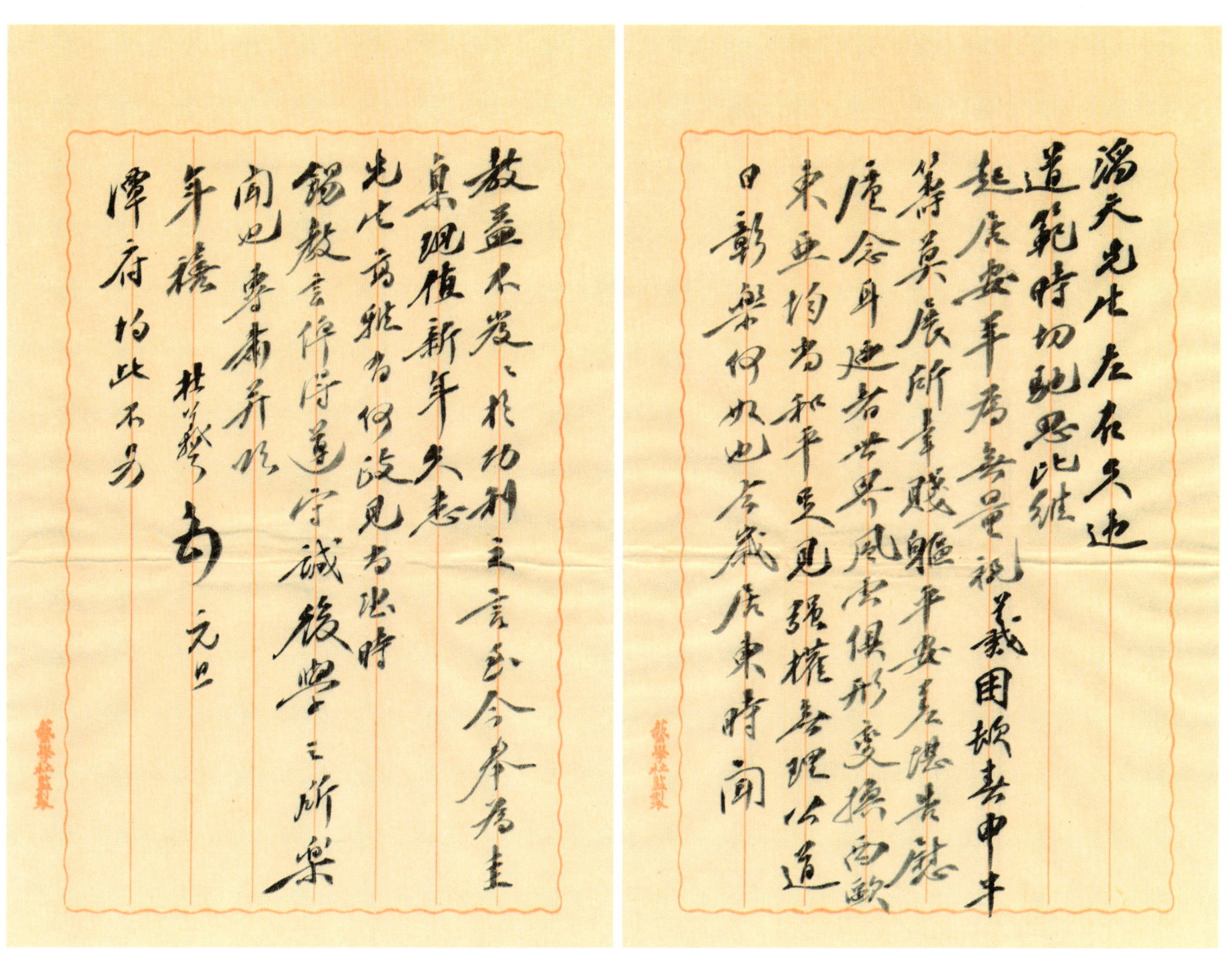

杜羲致宮崎滔天函（1919年1月1日）

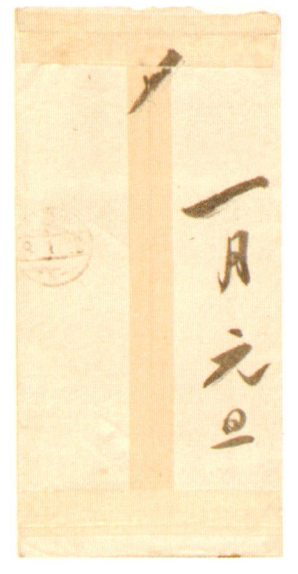
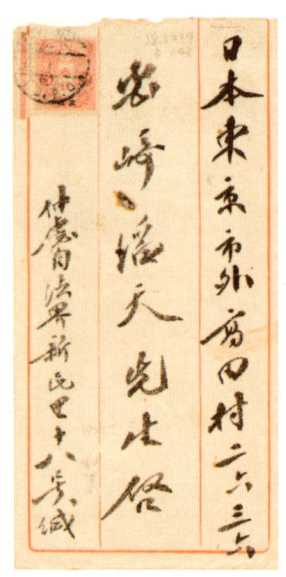

释读

滔天先生左右：

久违道范，时切驰思。比维起居安羊为无量祝！羲困顿春申，半筹莫展。所幸贱躯平安，差堪告慰厪念耳。乃者世界风云，俱形变换，西欧东亚，均尚和平。足见强权无理，公道日彰，乐何如也！今岁居东，时闻教益，不岌岌〔汲汲〕于功利之言，至今奉为圭臬。现值新年，久悉先生高雅，有何政见，尚望时赐教言，俾得遵守，诚后学之所乐闻也。专肃，并颂

年禧

潭府均此不另

杜羲顿首
元旦

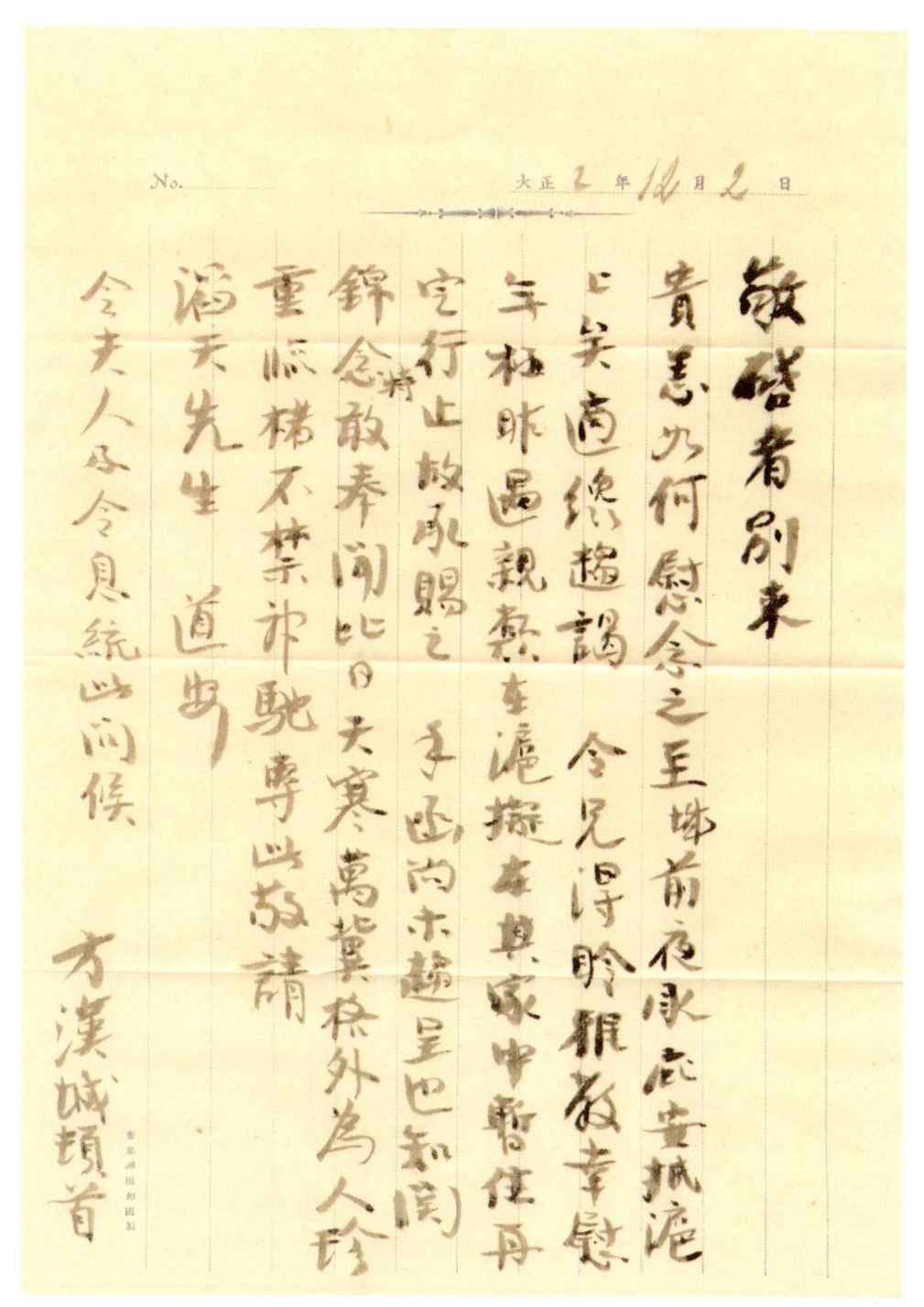

方汉城致宫崎滔天函（1913年12月2日）

宫崎滔天家藏民国人物书札手迹（第六卷）

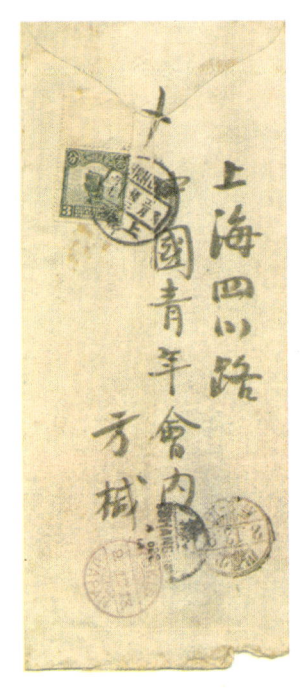 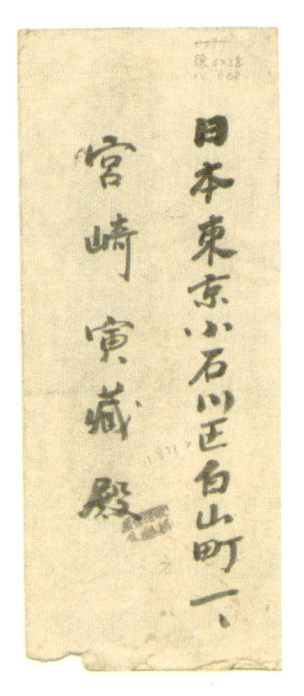

释读

敬启者：

　　别来贵恙如何，慰念之至。城前夜承庇，安抵沪上矣。适才趋谒令兄，得聆雅教，幸慰无极。昨遇亲类在沪，拟在其家中暂住，再定行止，故承赐之手函，尚未趋呈也。知关锦念，特敢奉闻。比日天寒，万冀格外为人珍重。临楮不禁神驰。专此。敬请

滔天先生道安

令夫人及令息统此问候！

方汉城顿首

大正2年12月2日

滔天先生道鑒：瀟別清顏忽爲久矣，未嘗音問懷仰日深。伏維起居佳勝爲慰。前在江戶過承照料，感激莫能忘也。歸星而後日事經營，已稍具頭緒。兹關錦念，用敢奉聞。春初寒重，千乞爲人珍練，臨楮悵惘，書不盡懷。專此敬請

道安不一

弟 方漢城
張永福 仝上言 二月十日

方汉城张永福致宫崎滔天函（1919年2月10日）

宫崎滔天家藏民国人物书札手迹（第六卷）

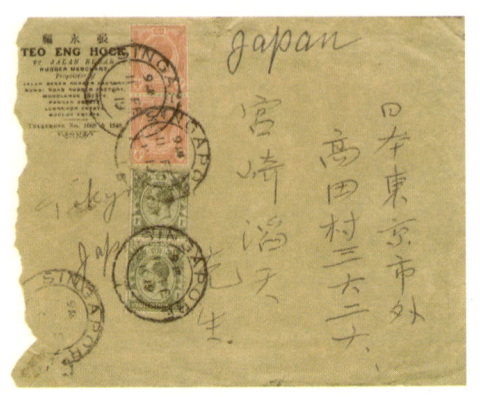

释读

滔天先生道鉴：

　　阔别清颜，忽焉久矣，未尝音问，怀仰日深。伏维起居佳胜为慰。前在江户，过承照料，感激莫能忘也。归星而后，日事经营，已稍具头绪。知关锦念，用敢奉闻。春初寒重，千乞为人珍练。临楮怅惘，书不尽怀。专此，敬请

道安不一

弟方汉城、张永福上言
二月十日

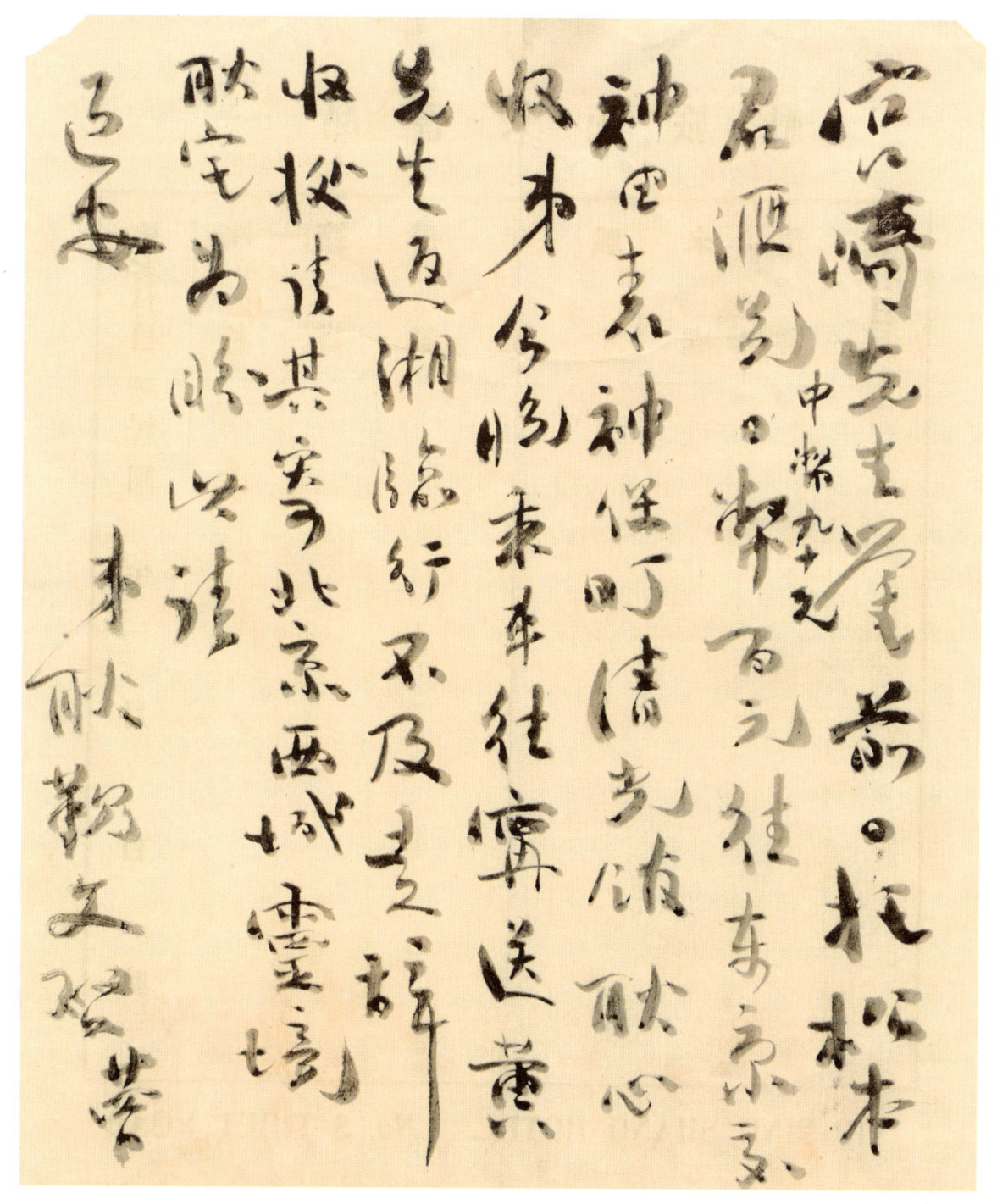

耿覲文致宮崎滔天函（□年□月 24 日）

宫崎滔天家藏民国人物书札手迹（第六卷）

 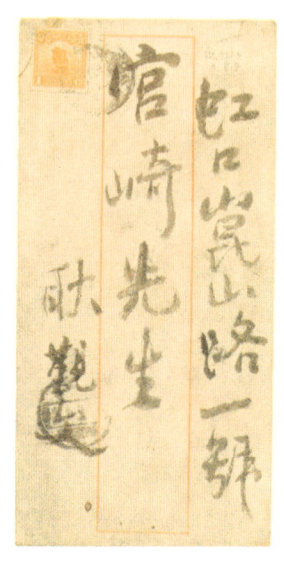

释读

宫崎先生鉴：

  前日托松本君汇兑日币百元（中币九十元）往东京交神田表神保町清光馆耿心收。弟今晚乘车往宁送黄先生返湘，临行不及走辞。收据请其寄北京西城灵境耿宅为盼。此请

近安

              弟耿觐文启

                二十四日

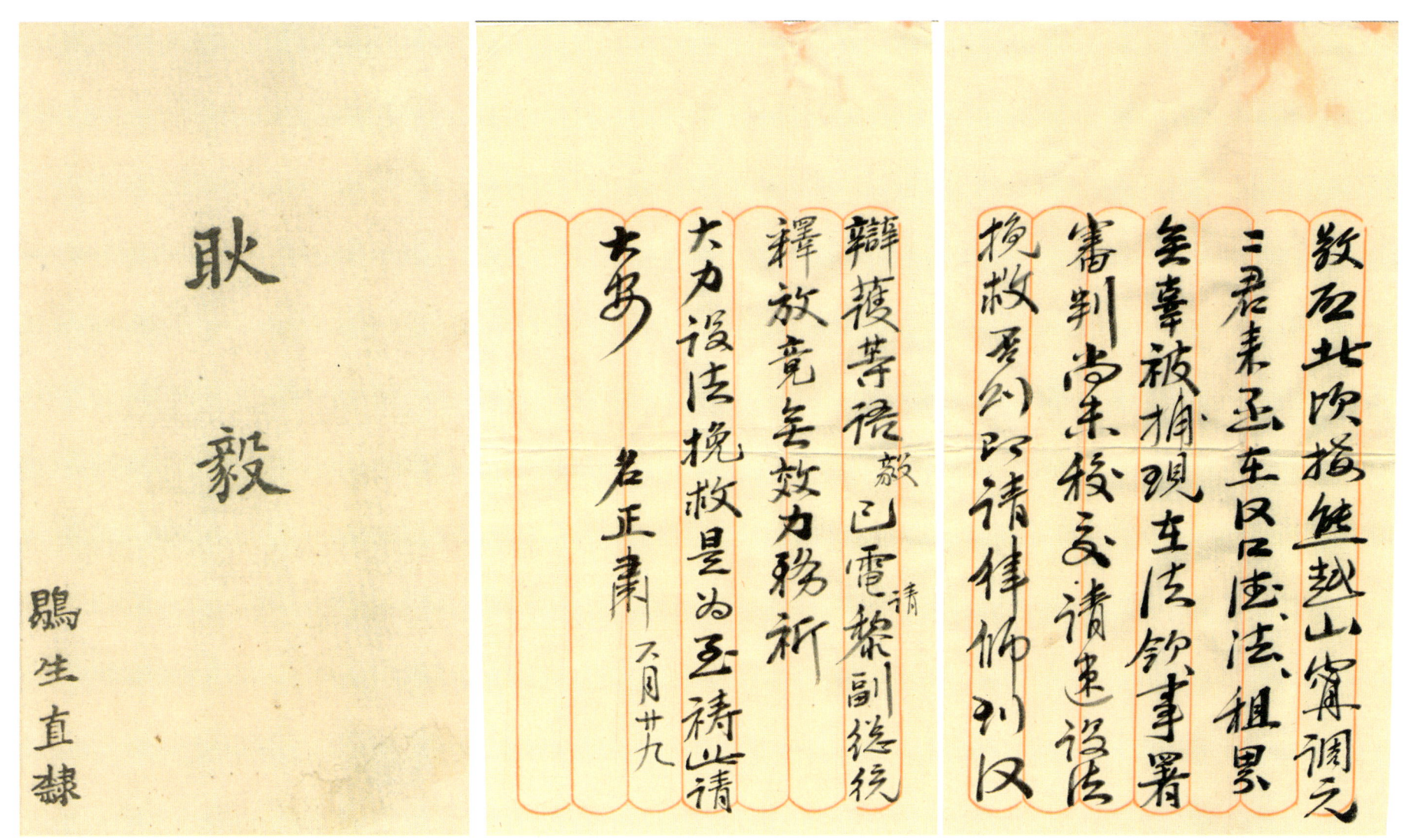

耿毅致宫崎滔天函（1913年6月29日）

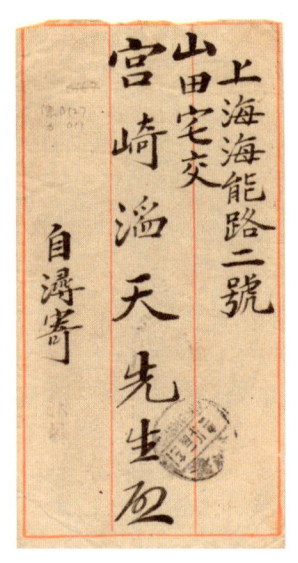

释读

敬启者：

　　顷接熊越山、宁调元二君来函，在汉口德、法租界无辜被捕，现在法领事署审判，尚未移交，请速设法挽救，否则即请律师到汉辩护等语。毅已电请黎副总统释放，竟无效力。务祈大力设法挽救，是为至祷。此请

大安

名正肃

六月二十九

名片：耿毅

鹓生直隶

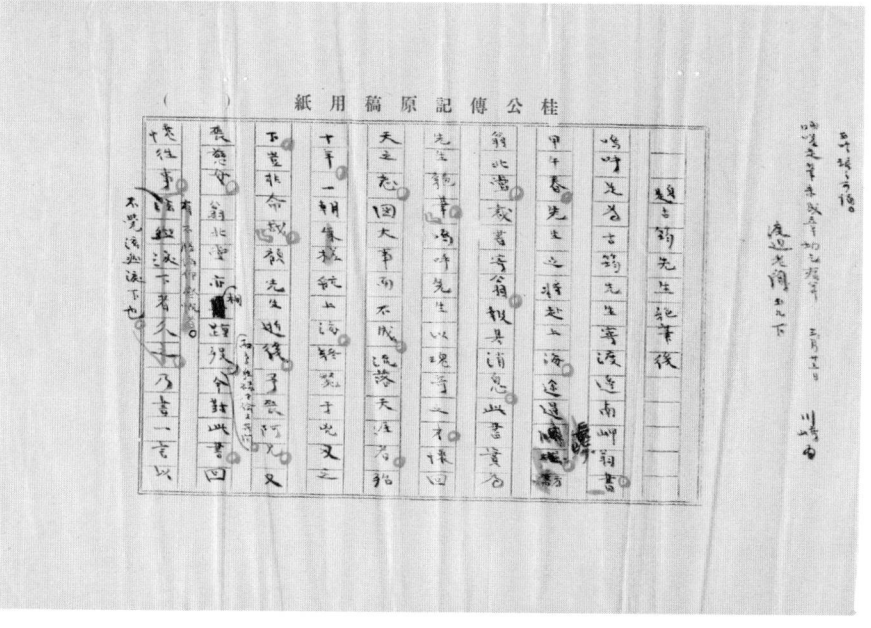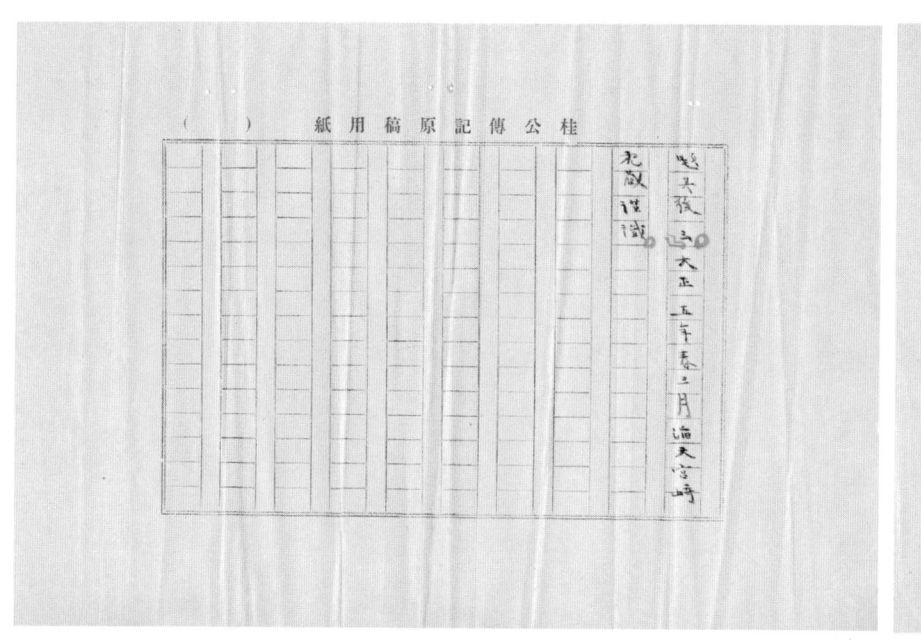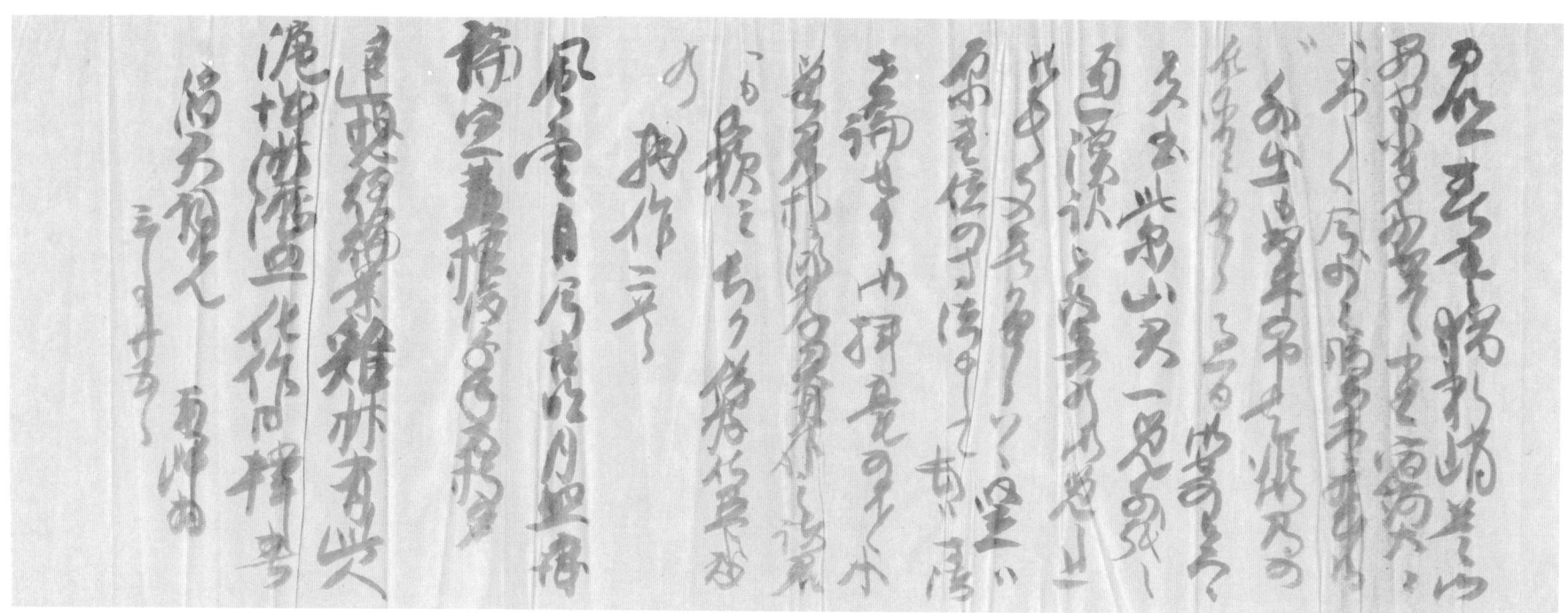

宫崎滔天《题古筠先生均绝笔后》（1916年3月）

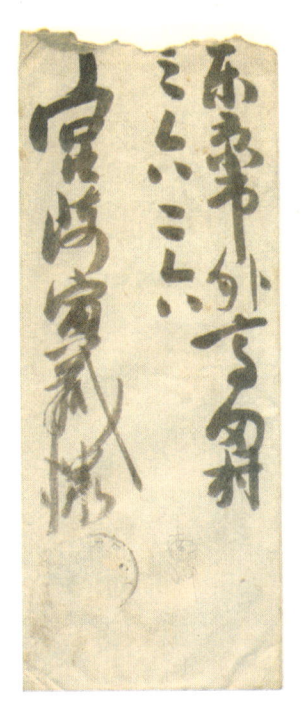 

释读

题古筠先生绝笔后

呜呼！是为古筠先生寄渡边南岬翁书。甲午春，先生之将游上海，途过长崎，访翁北堂。裁书寄翁，报其消息。此书实为先生绝笔。呜呼！先生以瑰奇之才，怀回天之志，图大事而不成，流落天涯者殆十年。一朝乘槎航上海，终毙于凶刃之下，岂非命哉？顾先生逝后，予丧阿兄，又丧慈母，翁北堂亦相踵殁，而予独碌碌偷生其间。今对此书，回忆往事，不觉泫然泪下也。乃书一言以题其后云。

大正五年春三月滔天宫崎虎藏谨识。

宮崎滔天致何樹齡函底稿

释读

何树龄先生大人足下：

曩者辱赐书，当速奉答，而因循不果，幸勿为罪。拜别以来，仅阅数月，此间事局之变，实使人惊叹。大清瓜分之形势已露，而亚洲之危机甚迫。呜呼！青天迅雷，人多掩耳，暗夜光明，夫谁认之？转祸成福，唯有此一机，亚洲之华盛顿，今隐何处？

先生曾谕弟曰：举宇内为一大学堂，是人世之目的也。弟实服其见识，而私喜暗合弟四海一家、人类同胞之持论。呜呼！岂是非人世之大道、宇内之真理乎？谁能得拒之？反之，有难达此目的之道，如何而已？夫舟子举帆出湾，必非无目的之地也，惟时有大风、有怒涛、有深雾、有暗〈礁〉，故使舟子歌航路难。夫唯有此难关，故舟子之任重且大也矣。现今之世，人文渐开，个个之间，有道德，有法律，保护人之利权，政权之道具矣。独悲国家与国家之间，有道而不通，有法而不行，强者合弱，大者吞小，白昼为盗，屠人而不怪。呜呼！是岂可曰人类世界之情态哉？人或将言，是世界统一之象也。弟以为不然。压弱者而强者独擅权，岂可言真之统一哉？人之保全其权利自由而结合宇内之人类，始可言真之统一也。……（下缺）

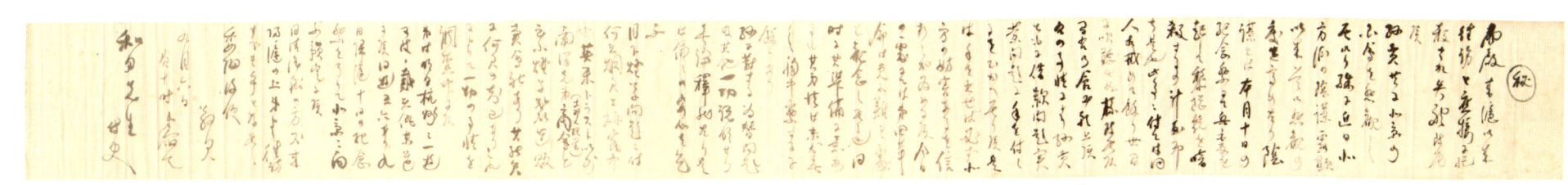

宮崎滔天致和田三郎函（1916年6月9日）

宮崎滔天家藏民国人物书札手迹（第六卷）

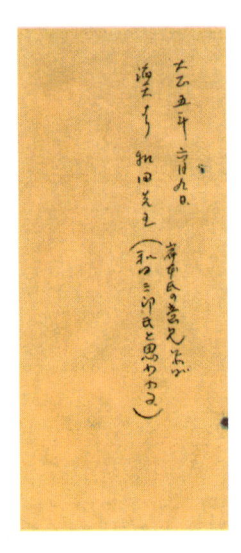

释读

敬啓

来滬以来往訪と応接に忙殺され失礼致仕候。

孫貢等に北京の家属を怨観し居れ候。殊に近日北方派の陰謀露顕以来、益々怨観の度を高めた候。陰謀とは本月十日の記念祭にて兵変を起して、黎総統を暗殺するの計画、即ち是也。此事に付いては同人相戒めて、余り世間に吹聴せぬ様致度候間□□御含み願上候。右の事情により孫貢ともに借款問題、実業問題に手を付く事をひかえ居り候。是は手を出せば必ず北方の妨害有るを信じ、相和為めに候。今日の所にては第四革命は敗れ難き處と顧念し、其事也同時に其の準備に意あると其分情は未だ戻し、胸中察する事餘りある。

孫に対する為替問題及其他一切説明せり、専論釋解たり。是は偏に御安心を乞う。

目下煙草問題に付、何天炯君と研究中也。英米トラスト以外南洋兄弟（支那人経営）商会と云ふ煙草製造販売会社あり、其社員に何君の知己あり、これによりて一切の事情を調査中に候

弟は明日杭州に一遊には、戴天仇東道に候、同遊五六あり、九日帰滬。

十日の記念祭を了りて北京に向かふ予定に候。

日清汽船の方早速帰滬の上弟より往訪すべき乎とな候。

委細後便

敬具

和田先生侍史

九月六日
昼十時
弟滔天

中译文

敬启：

　　来沪后一直忙于回访和应酬，失礼了。

　　孙贡等一直怨恨小弟的家属，特别是近日北方派的阴谋暴露后愈发仇视。所谓阴谋，即在本月十日纪念祭之时发动兵变刺杀黎总统的计划。希望我等同人能引以为戒，不在社会上到处传播。由于此等事情，孙贡目前没有插手借款问题实业问题。可以肯定的是，如果他插手的话肯定会妨碍北方。为保彼此相安，目前我非常担心第四次革命的失败，也在为其失败做准备，虽然感情上还非常难以接受。

　　当然，对于孙的汇率问题及其它相关事情我们会做说明，做出专门解释，恳请您放心。关于烟草问题，正与何天炯商讨中，英美托拉斯，南洋兄弟商会烟草制造贩卖公司，其职员是何之知己，正在通过此途径进行调查。

　　弟明日将去杭州一游，由戴天仇做东，同游有五六人，九日返沪，十日的纪念祭结束后，计划赴北京。

　　日清汽船归沪之后，小弟定来拜访。

　　详情再叙

　　敬具

和田先生侍史

弟滔天
九月六日
上午十点

去秋京中一晤未及暢談郎爾
今秩不勝悵々邇來天氣酷
寒々竝較去歲稍覺溫和北京方
面落雪頗少不知東京若何
令尊堂均安康否念々僕身體幸
亦頑健如常前囑致千崖之
信刻已有後音千崖方之意
仍擬令保四歸國学習華
語俟後再送往 貴國留学不
久即當匯欵來京至時僕亦同
時到 貴國迎保四先峀俄间即頌公頌
宮崎震作兄近好 龔政頓

龔政致宮崎震作函（1920 年 2 月 15 日）

宫崎滔天家藏民国人物书札手迹（第六卷）

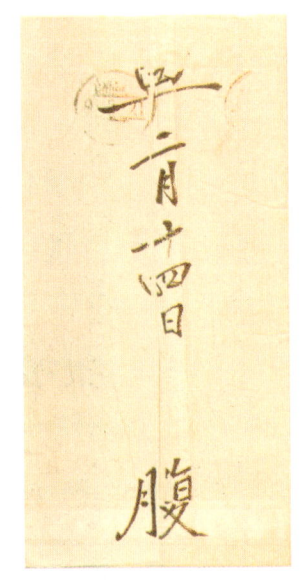
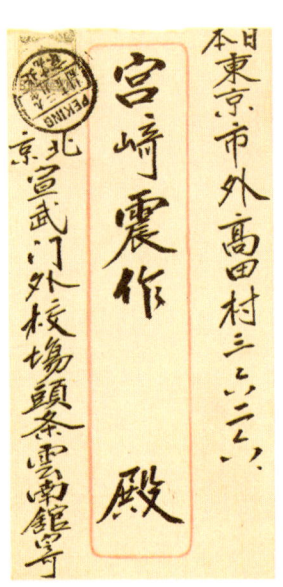

释读

　　去秋京中一晤，未及畅谈，即尔分袂，不胜怅怅。迩来天气酷寒，然较去岁稍觉温和。北京方面，落雪颇少，不知东京若何？令尊、令堂均安康否？念念。仆身体幸亦顽健如常。前嘱致干崖之信，刻已有复音。干崖方面之意，仍拟令保四归国学习华语，俟后再送往贵国留学，不久即当汇款来京，至时仆亦同时到贵国迎保四。先此布闻。即颂
宫崎震作兄近好

龚政顿

拝啓 炎暑堪え難く候へど
益々御清福に渡ら
せられ候や御伺
申上候　扨て私事
八月中頃迄可申間博
り拙者に御体神下
され候　私事和事
俗事　貴園常左
中に御懇篤なる御
指導を蒙り候の
みならず萬端御
世話様に相成り本
当に失礼致し候
は誠に失礼致し候
御諒解の上御許
し下され度候
照国は頃事山積
致して居り候毎日為
忙にて安着の御報
知を遅く上げ不申事
左の由や得ず御礼
物を考試院に渡し
れ御女心下され度候
皆様よろしく御
傳聲下され度候
尚時局柄折角御
攝生専要と祈上候
右御礼方々近況
御報知遣斯くの
如くに御彦候　草々

一九三三年七月一日
何建鼎敬具

宮崎老夫人
宴作様
綾野様　　座下

塩田和様から
皆様に宜しく

宮崎滔天家藏民国人物书札手迹（第六巻）

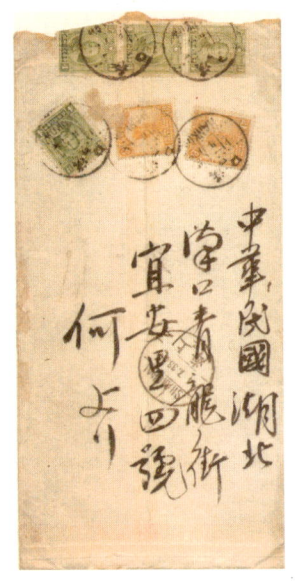

释读

拝啓

炎暑堪へ難く候ども益々御清福に渡せられ候や御伺申上候。

降て私事も無事に暮し居り候間、憚りながら御休神下され度候。

偖、私は貴国常在中に御懇篤なる御指導を蒙り候のみならず、万端御世話様に相成り忝く存じ奉り候。

帰国後、瑣事山積致して居り候。毎日多忙にて安着の御報知を遅々上げなく事は誠に失礼致し候、御諒解の上御許し下され度候。

戴様は南京に不在の由やむ得ず御禮物を考試院に渡した。御安心下され度候。

末筆ながら御宅皆様へよろしく御伝声下され度候。

尚時節柄折角御攝生ま要に祈上候

右御礼傍近況御報知迄斯くの如くに御座候。草々

一九三三年七月一日

何建鼎敬具

宮崎老夫人
震作様
綾野様
座下
張国和様から
皆様に宜しく

中译文

拜启：

　　炎暑难堪，敬拜清福。归国之后私事皆顺遂，敬请勿为我劳神。我常居贵国期间，不仅蒙受殷切指导，生活诸般也多有照顾，感激不尽。

　　归国后，琐事如山堆积，每日多忙，平安抵达之信迟迟未曾奉上，诚失礼之至。敬请谅解。

　　戴（季陶）不在南京，不得已将礼物送至考试院，敬请安心。

　　搁笔之际，请代向贵宅诸位问好。

　　时下敬请保重

以上谨表问候并报近况

宫崎老夫人、震作、绫野座下

　　张国和也向诸位问好

何建鼎敬具

一九三三年七月一日

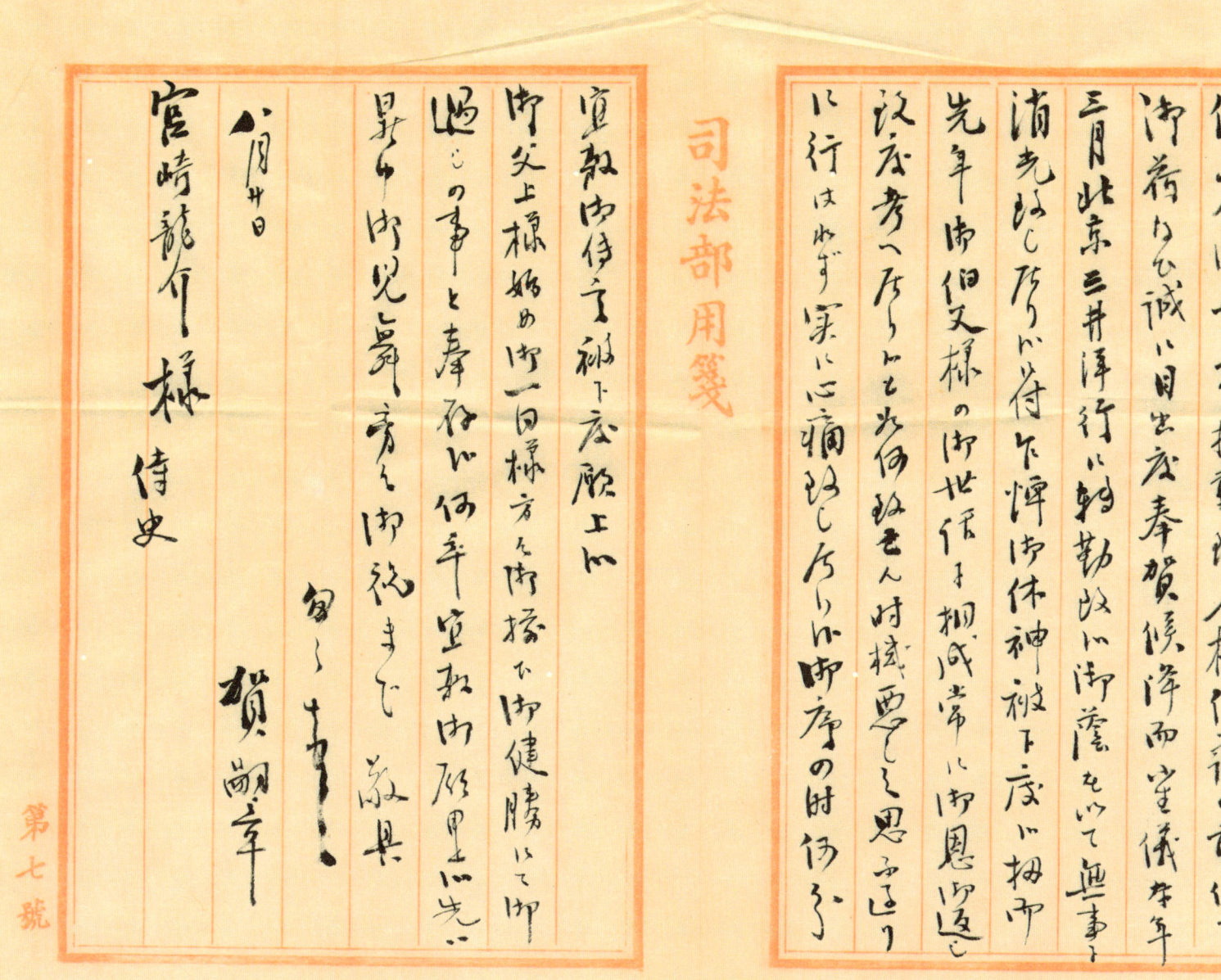

贺嗣章致宫崎龙介函（1920年8月20日）

宮崎滔天家藏民国人物书札手迹（第六卷）

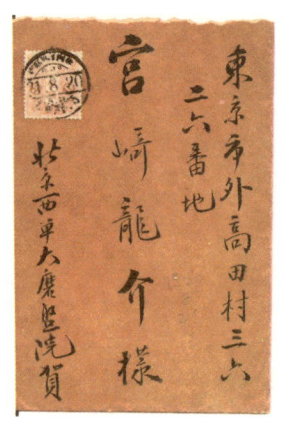

释读

拝啓
　爾後御無沙汰に打過ぎ何共申訳無之候。只今御葉書拝戴致し、人権保護の重任を御荷なひ、誠に目出度奉賀候。降而小生儀な年三月北京三井洋行に転勤致候。御蔭を以て無事に消光致し居り候に付乍、憚御休神被下度候。却而先年御伯父様のお世話を相成常に御恩返し致し度考へ居り候、と如何致そん時機悪し之思ふ通りに行はれず、實に心痛致し居り候。御序の時何卒宜敷御伝言被下度願上候。
　御父上様始め御一同様方を御揃え御健勝にて御過しの事と奉存候。何分宜敷御願申上候。先づ昇御見舞旁に御礼まで。
　匆々
　敬具

賀嗣章
八月廿日

宮崎龍介　様

中译文

拜启：

自那之后，久未问候，实失礼之至。近日拜收您寄来之明信片，得悉您肩负人权保护之重任，诚乃可喜可贺之事。小生本年度三月调换工作至北京三井洋行，托您之福，得以平安度日，敬请您安心。前些年受伯父照顾很多，常怀感激之心，欲报此恩，然时机不得，一直未能实现，深感遗憾。您在拜请序之时还望转达问候。

祝令堂及阖家康泰平安。

先将此奉告，谨致谢意。

草草

宫崎龙介侍史

贺嗣章

八月二十日

敬啓者小生此旬日中困難ノ極ニ達シ居候只和田君處ニ一縷ノ生機ノミ若シ一日モ早ク同君ノ慷慨ヲ得ラレバ誠ニ大幸ナリ元ヨリ先生ガ貧素ニシテ豪俠ナルコトヲ知リナガラ屢〻此物ヲコトリ先生ニ頼ルハ實ニ本心ニ欲セザル所ナリトモ先生ニ知ル若ヲ衷リ諒セシコトリ

九月六日
　　　胡飛ㄙ

宮崎先生道鑒

胡飞致宫崎滔天函（1915年9月6日）

宫崎滔天家藏民国人物书札手迹（第六卷）

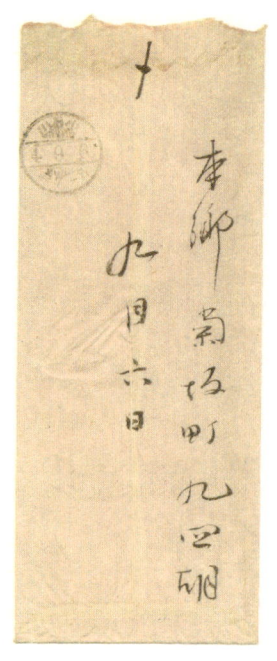
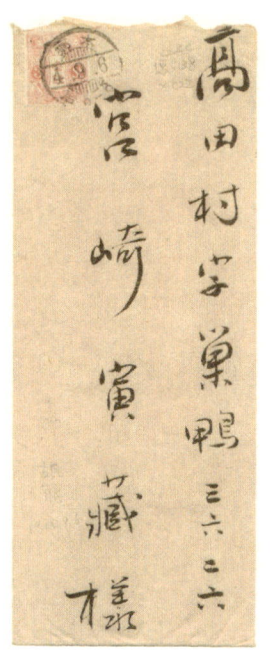

释读

敬啓者

　小生此数日中困難ノ極ニ達シタリ、今只和田君處ノ一線ノ生機ノミ、若シ一日モ早ク同君ノ慷慨ヲ得ラレバ、誠ニ大幸ナリ。元ヨリ先生ガ貧素ニシテ豪侠ナルコトヲ知リナガラ、屢ニ此拝ノコトヲ先生ニ頼ムノハ、實ニ本心ニ欲セザル処ナリ。乞フ先生私ノ苦衷ヲ諒セシコトヲ。

　宮崎先生道鑑

胡飛上

九月六日

中译文

敬启者：

　　小生此数日中困难之极，如今只剩和田君处一线生机，若早一日得该君之慷慨，诚乃大幸。虽然早知道先生贫素、豪侠，此事拜托先生，实非本心，乞先生体谅我之苦衷。

宫崎先生道鉴

胡飞上
九月六日

滔天先生足下 敬啓
者昨日再ビ郵便ニ
電信ヲちラレタリ 和田ノ語
ニヨレバ金ヲ助ケザルニモ
非ラザレトモ 先生ニ二度
出会ハガレバ只本紙出ス
咲實スルノ滔ダト先生
多恃ノ隙不得已再
生ニ懇請シテ今
明日中和田君ニ度
電信ニみハ寳語こう
相談スルノ願ツ当今日
著名ナル華佛営貴
ニ非ラザレトモ 今回ノ困
難ノ原因ハ第二年分
ノ失敗ニ伴フ来ル影
郷ニ外ナラズ 著と今度
和田君ニ助ケラレタレバ
十一月中確ニ返納セ
信用ヲ失ハザラン則ス
明早晨ニ非湘匹更ラ
そつ

九月十一日
　　　　胡飛拝具
滔天先生道登

宫崎滔天家藏民国人物书札手迹（第六卷）

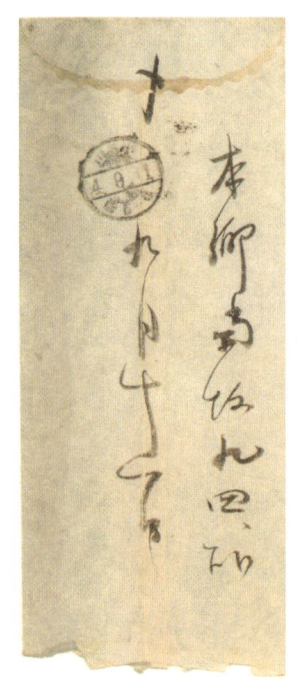
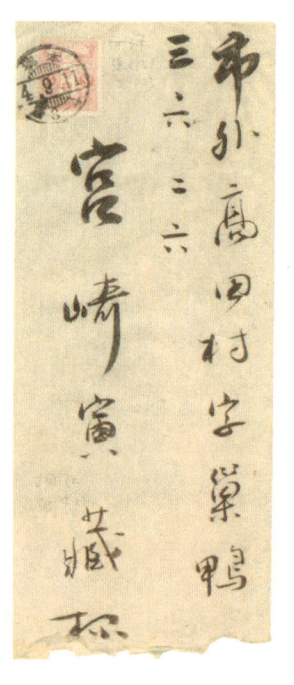

释读

滔天先生足下

敬启者

　　今日再ビ和田君ニ面会セラレタリ。和田ノ話ニヨレバ、全ク助ケザルニモ非ラザレトモ、先生ニ一度出会ハザレバ、只手紙丈デハ決定スルヲ得ズト、先生多忙ノ際、不得已再先生ニ懇請シテ、今明日中和田君ニ一度面会シ、又ハ電話ニテ相談スルヲ願フ。小生今日著名ナル革命党員ニ非ラザレトモ、今回ノ困難ノ原因ハ第二革命ノ失敗ニ伴テ来タル影響ニ外ナラズ。若シ今度和田君ニ助ケラレタレバ、十一月中確ニ返納シ信用ヲ失ハザランヲ期ス。明日中是非御返事ヲ乞ウ。

　　滔天先生道鑑

胡飛敬具

九月十一日

中译文

滔天先生足下：

敬启者：

今日再次面会和田，据和田讲，并非完全不帮，若一次都未见过，只凭信函恐难做决定。先生百忙之际，不得已再次恳请先生，今日或明日见一下和田君，或通过电话也可。小生今日虽非著名的革命党员，但此次困难之原因，实乃第二次革命失败所带来之影响。若此次能得和田君之帮助，十一月中定不失信用归还。乞明日中回函。

滔天先生道鉴

                胡飞敬具

                九月十一日

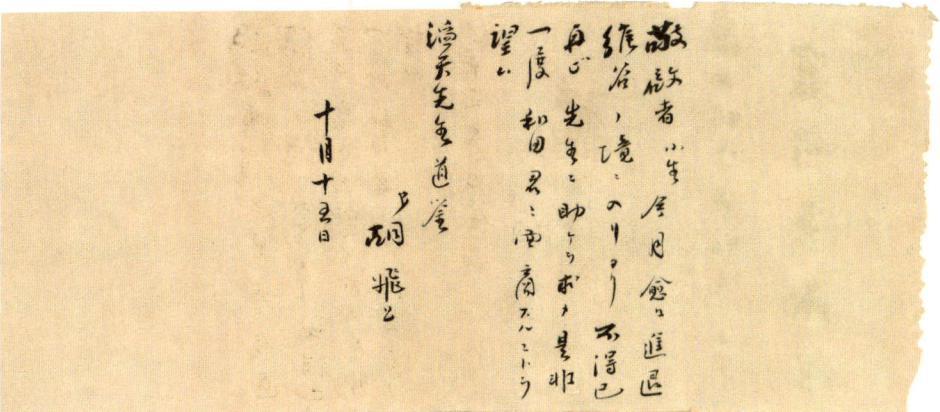
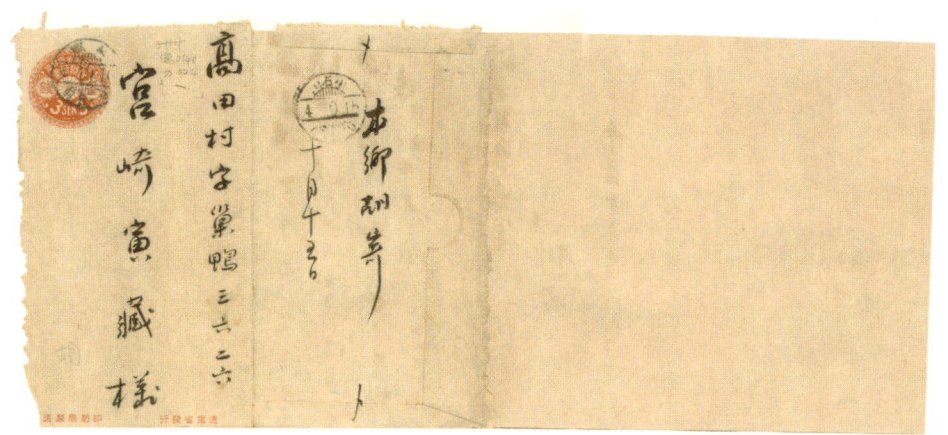

胡飞致宫崎滔天函（1915年10月15日）

宮崎滔天家藏民国人物书札手迹（第六卷）

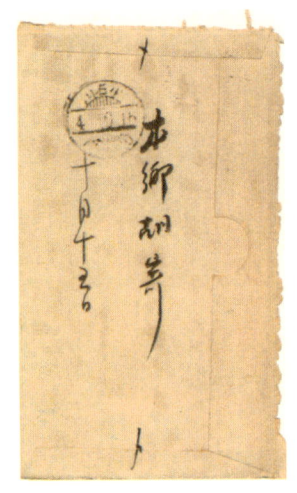
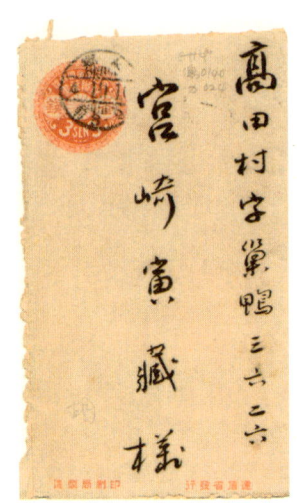

释读

敬启者

小生今月愈々進退維谷ノ境ニ入リヨリ、不得已再ビ先生ニ助ケヲ求メ、是非一度和田君ニ面商スルコトヲ望ム。

滔天先生道鑑

　　　　　　　　　　　　　　　　　　　　胡飛
　　　　　　　　　　　　　　　　　　　　十月十五日

中译文

敬启者：
　　小生本月深陷进退维谷之境，不得已再次请求先生帮助，甚望务必与和田君面商。
滔天先生道鉴

　　　　　　　　　　　　　　　　　胡飞
　　　　　　　　　　　　　　　　　十月十五日

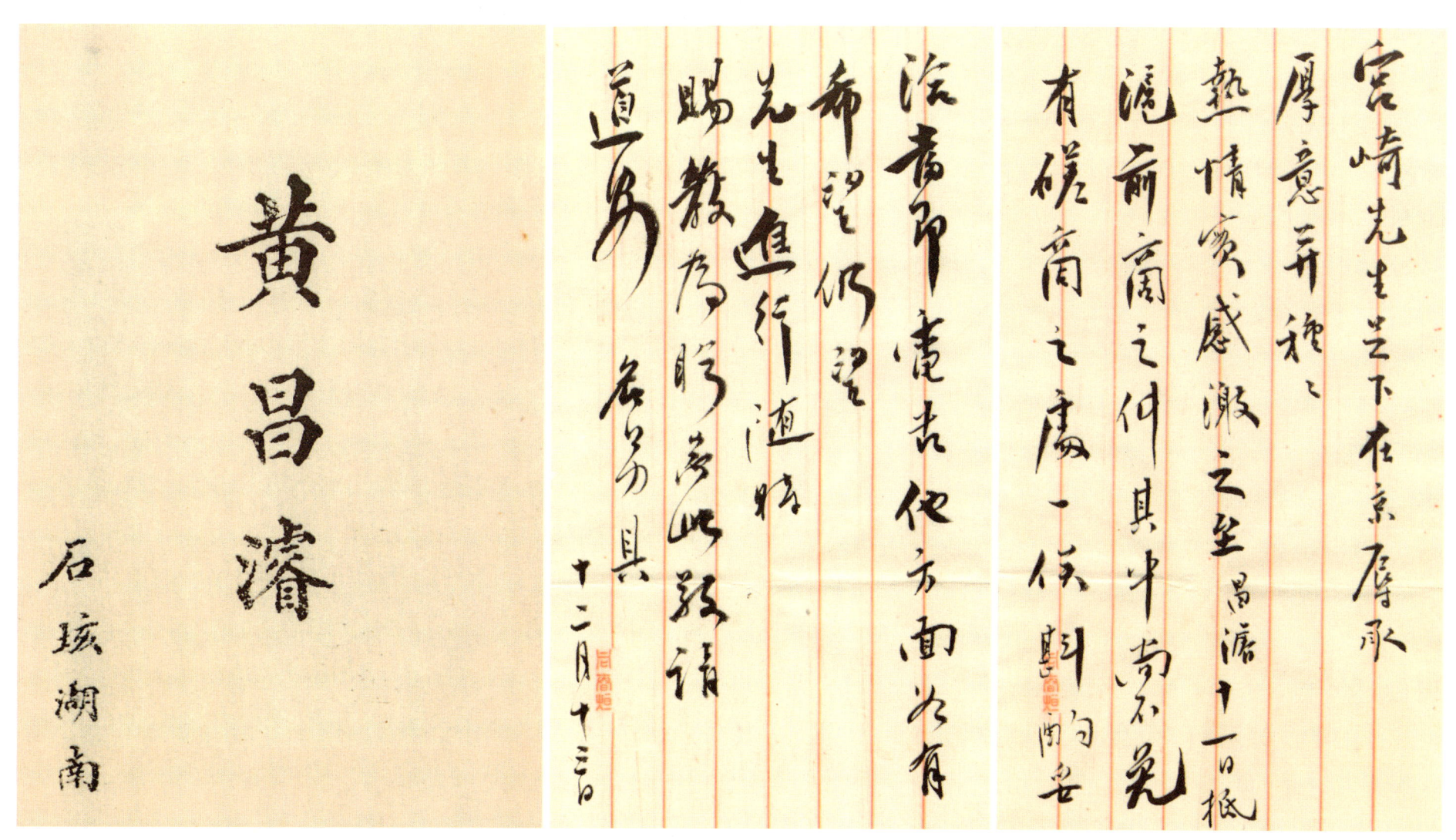

黄昌濬致宮崎滔天函（1917年12月13日）

释读

宫崎先生足下：

在京辱承厚意，并种种热情，实感谢之至！昌濬十一日抵沪。前商之件，其中尚不免有磋商之处，一俟斟酌妥洽，当即电告。他方面如有希望，仍望先生进行，随时赐教为盼。专此，敬请

道安

名另具

十二月十三日

名片：黄昌濬

石垴湖南

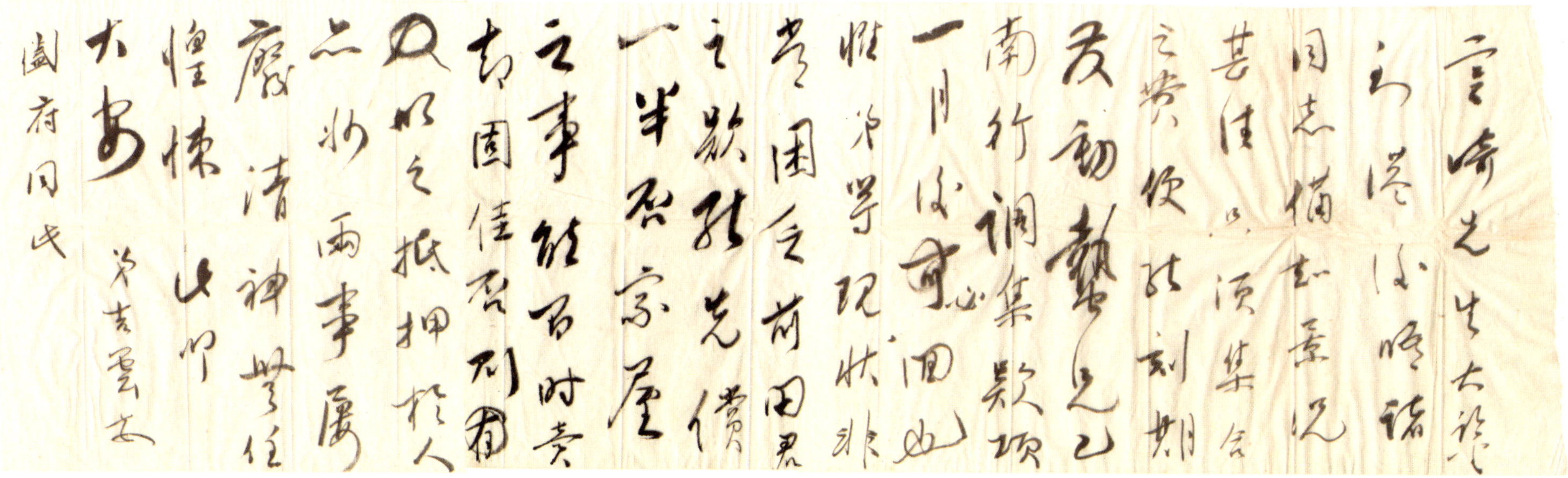

宫崎先生大鉴：

香港风顺诸
同志准备出差巴
黎佳此须集合
之资便社刻期
发动颇觉之己
南行调集款项
一月以可回也
惟尔学现状非
苦因无前田君
之欢难先偿
一半名家屋
之事难百时责
由固佳否列用
以之抵押於人
以物两事属
腐清神妙任
惶悚此叩
大安
　　弟吉云白
阖府同此

吉云致宫崎滔天函（1914年10月8日）

释读

宫崎先生大鉴：

到港后晤诸同志，备知景况甚佳，只须集合之费，便能刻期发动。蛰兄已南行调集款项，一月后必回也。惟弟等现状非常困乏，前田君之款，能先偿一半否？家屋之事，能即时卖却固佳，否则以之抵押于人亦妙。两事屡费清神，无任惶悚。此叩

大安

阖府同此

弟吉云顿首

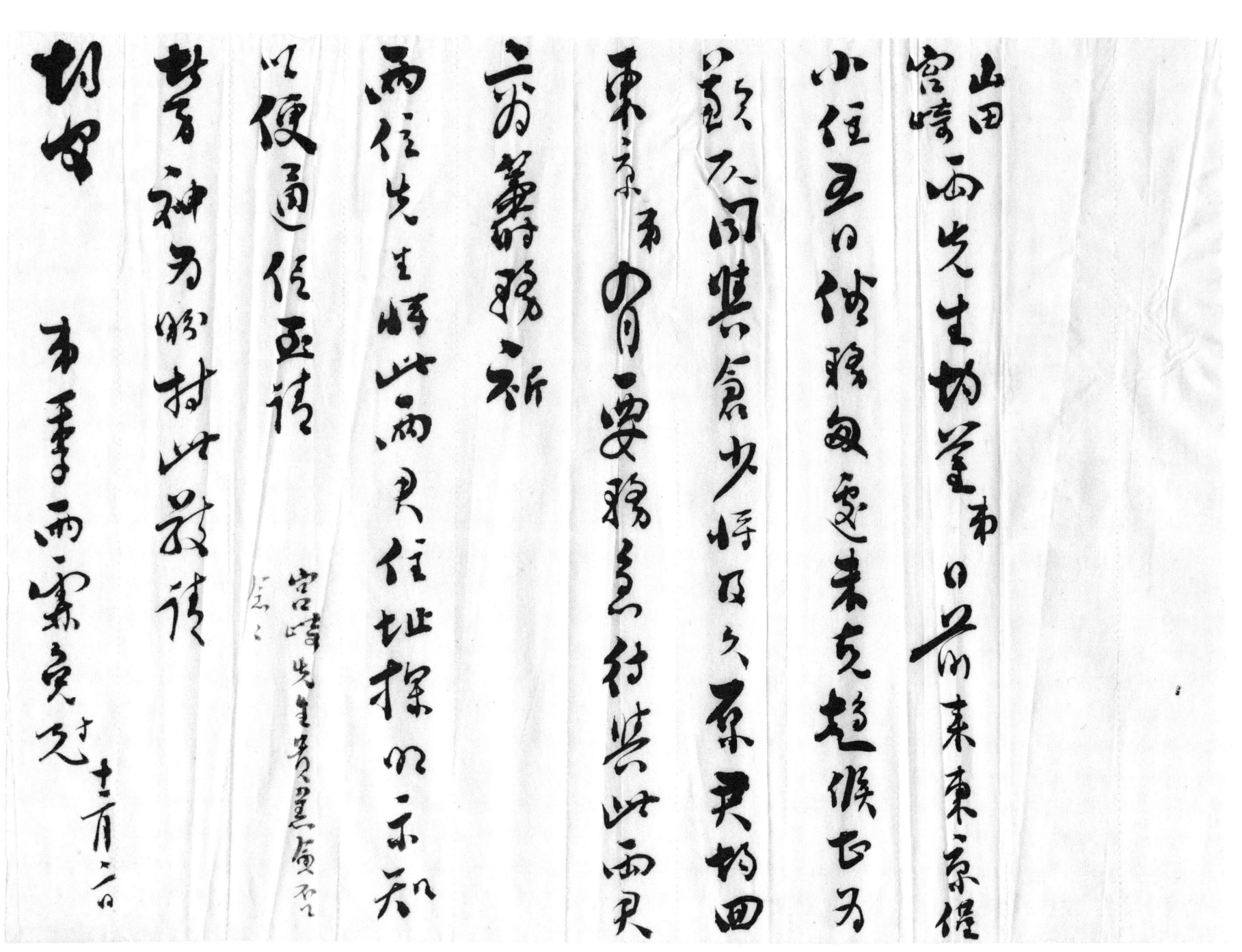

季雨霖致宫崎滔天函（1913年12月2日）

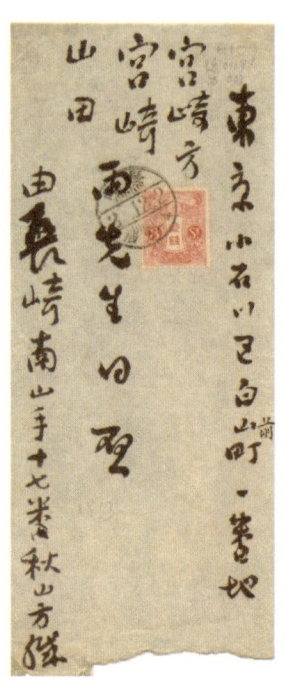

释读

山田、宫崎两先生均鉴：

  弟日前来东京，仅小住五日，俗务匆遽，未克趋候，甚为歉仄。闻与仓少将及久原君均回东京，弟有要务急待与此两君商筹，务祈两位先生将此两君住址探明示知，以便通信。至请劳神为盼。特此。敬请

均安

  宫崎先生贵恙愈否？念念。

弟季雨霖免冠
十二月二日

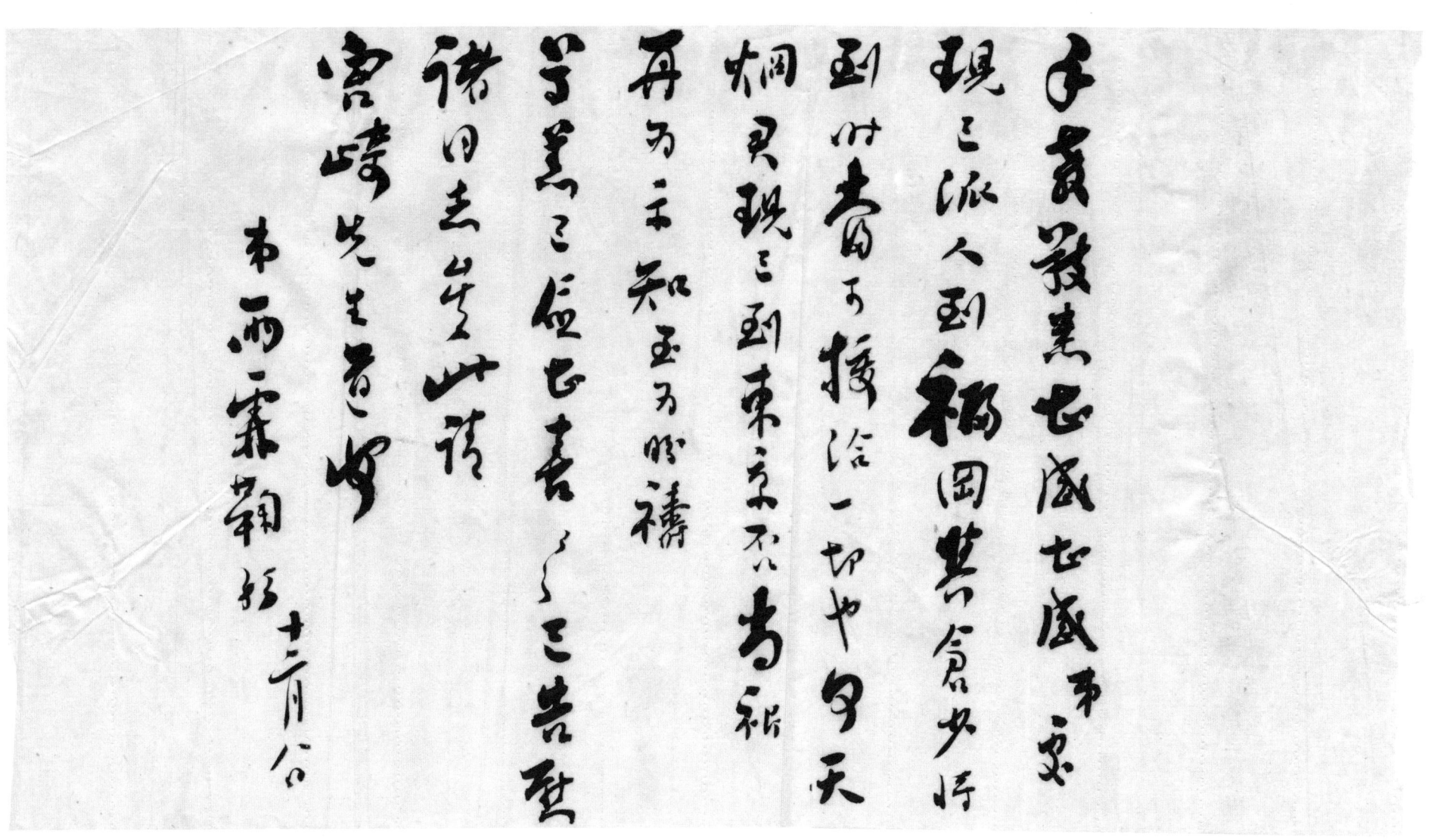

季雨霖致宮崎滔天函（1913年12月8日）

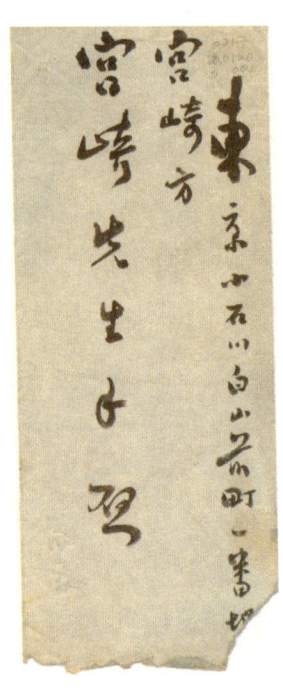

释读

  手教敬悉，甚感甚感。弟处现已派人到福冈，与仓少将到时，当可接洽一切也。何天炯君现已到东京否？当祈再为示知，至为盼祷。尊恙已愈，甚喜甚喜。已告慰诸同志。专此。请
宫崎先生道安

                弟雨霖鞠躬
                十二月八日

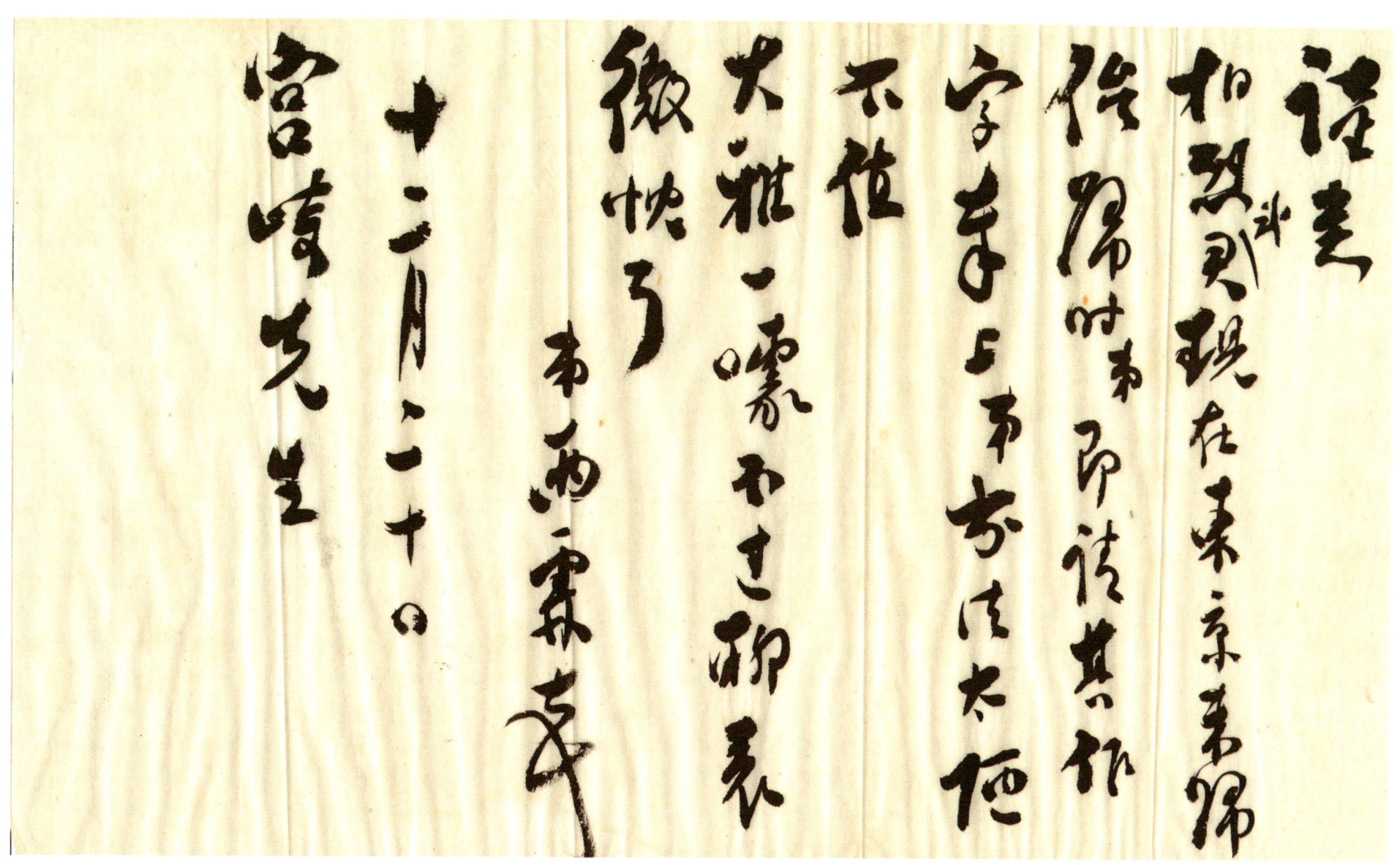

季雨霖致宫崎滔天函（1913年12月20日）

 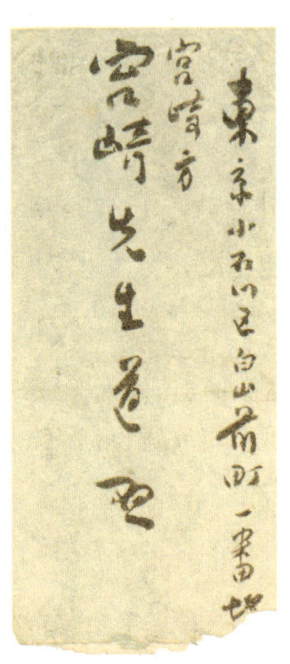

释读

谨呈：

　　柏烈武君现在东京未归，俟归时弟即请其作字奉上。弟书法太陋，不值大雅一噱，不过聊表微忱了。

宫崎先生

弟雨霖顿首
十二月二十日

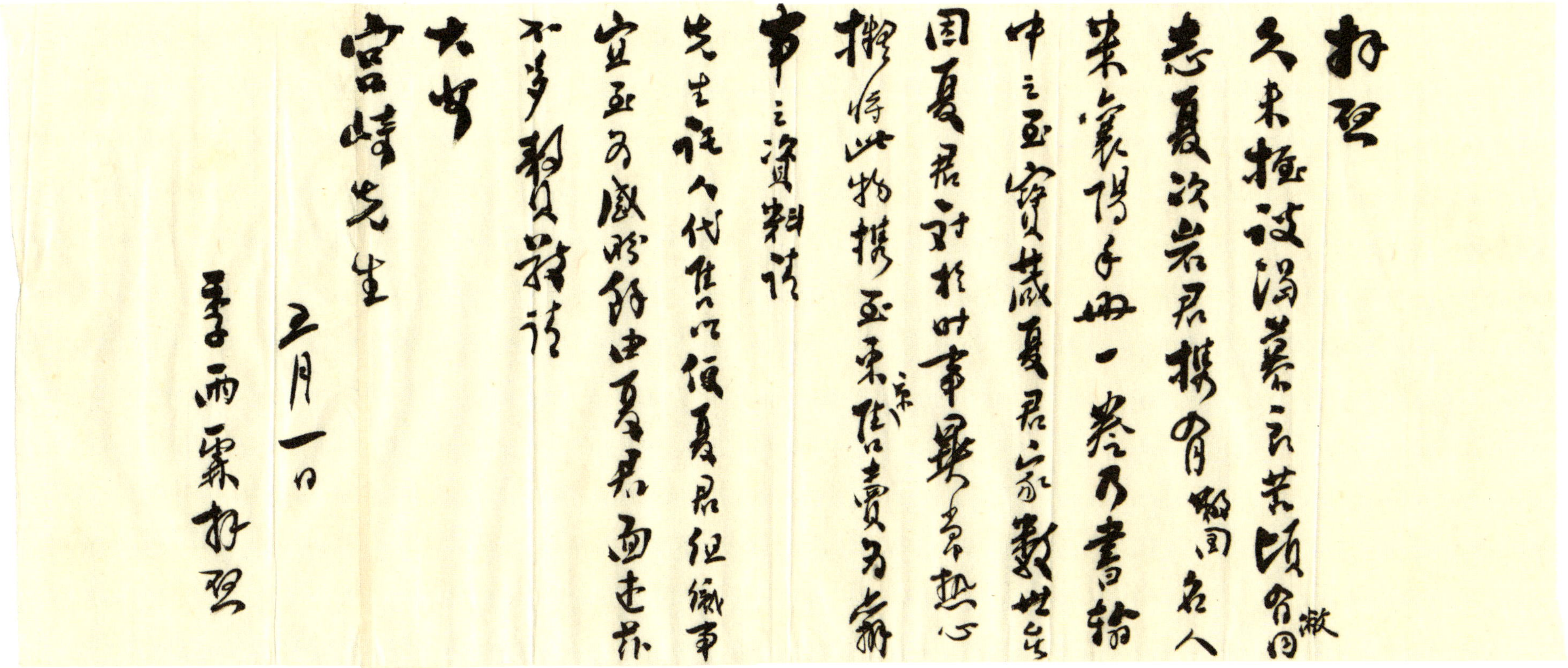

拜呈
久未極致濶甚茲者頃向
志夏次岩君攜有敝國名人
茱襄得卅一卷乃書繪
中之至實歲夏君擬數世家
周夏君對於此事異喜熱心
擬将此物攜至東陸售為籌
辦三資料請
先生從入代售以便夏君組織事
宜至為威盼餘由夏君面述并
不多賛矣耑請
大安
宮崎先生
　　　　　二月一日
　　　　季雨霖拜啟

季雨霖致宮崎滔天函（1914年5月1日）

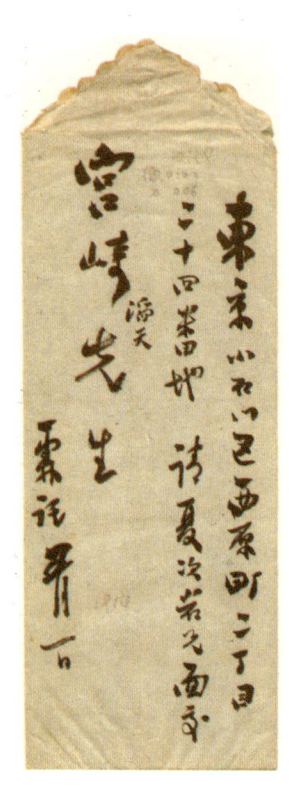

释读

拜启:

  久未握谈,渴慕良苦。顷有敝同志夏次岩君,携有敝国名人米襄阳手册一卷,乃书翰中之至宝,藏夏君家数世矣。因夏君对于时事异常热心,拟将此物携至东京售卖,为办事之资料。请先生讬人代售,以便夏君组织事宜。至为感盼。余由夏君面述,兹不多赘。
敬请
大安
宫崎先生

季雨霖拜启
五月一日

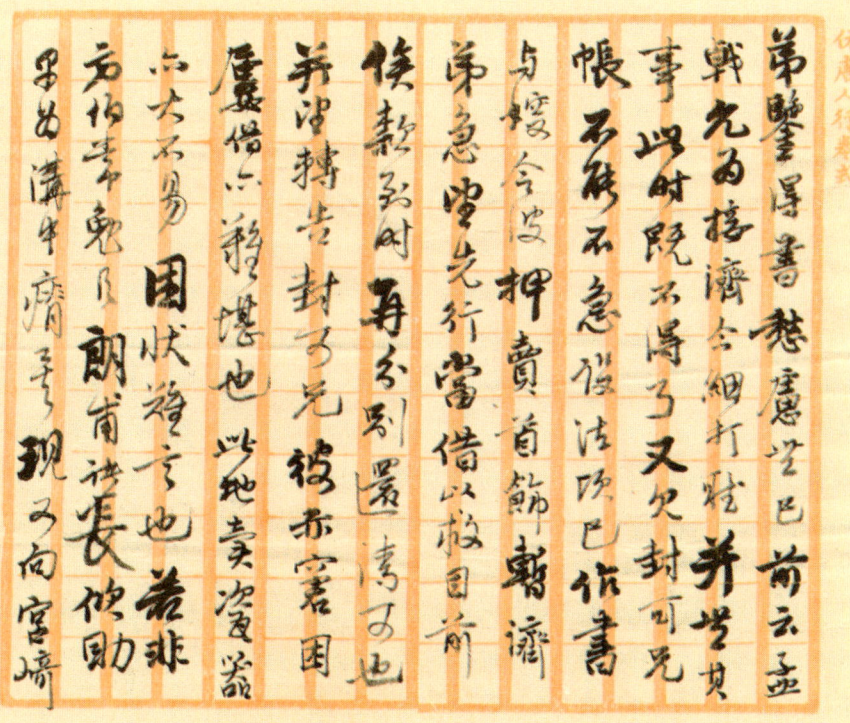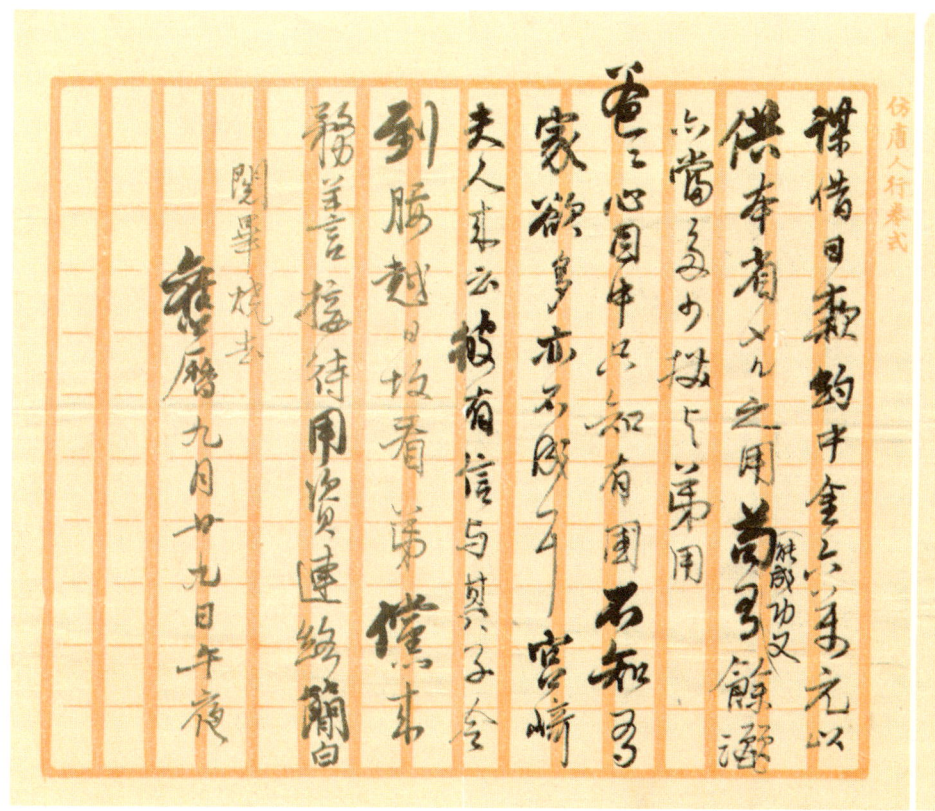

简邨一郎致孫澂函（1917年11月13日）

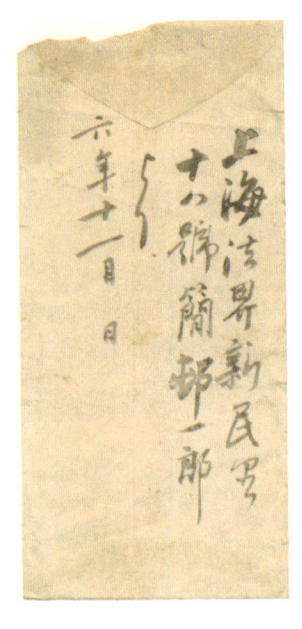 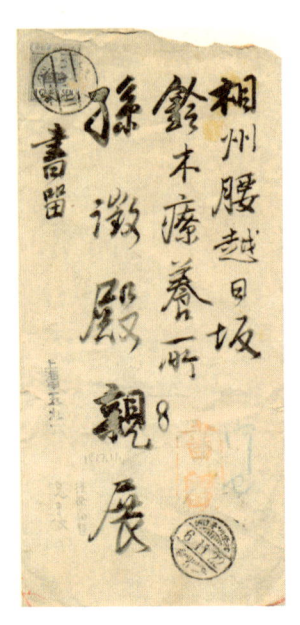

释读

弟鉴：

    得书愁虑无已。前云孟戟允为接济，今细打听，并无其事。此时既不得了，又欠封可兄帐，不能不急设法。顷已作书与嫂，令彼押卖首饰，暂济弟急，望先行当借，以救目前，俟款到时再分别还清可也。并望转告封可兄，彼亦窘困，屡借亦难堪也。此地卖瓷器亦大不易，困状难言也。若非方伯常勉及朗甫诸长欤助，早为沟中瘠矣。现又向宫崎谋借日款约中金六万元，以供本省□□之用，苟能成功，又有余沥，亦当多少拨与弟用。

    爸爸心目中只知有国，不知有家，欲多亦不成耳。宫崎夫人来云，彼有信与其子，令到腰越日坂看弟。倘来，务善接待，用资连络。简白。

    阅毕烧去。

旧历九月二十九日午夜

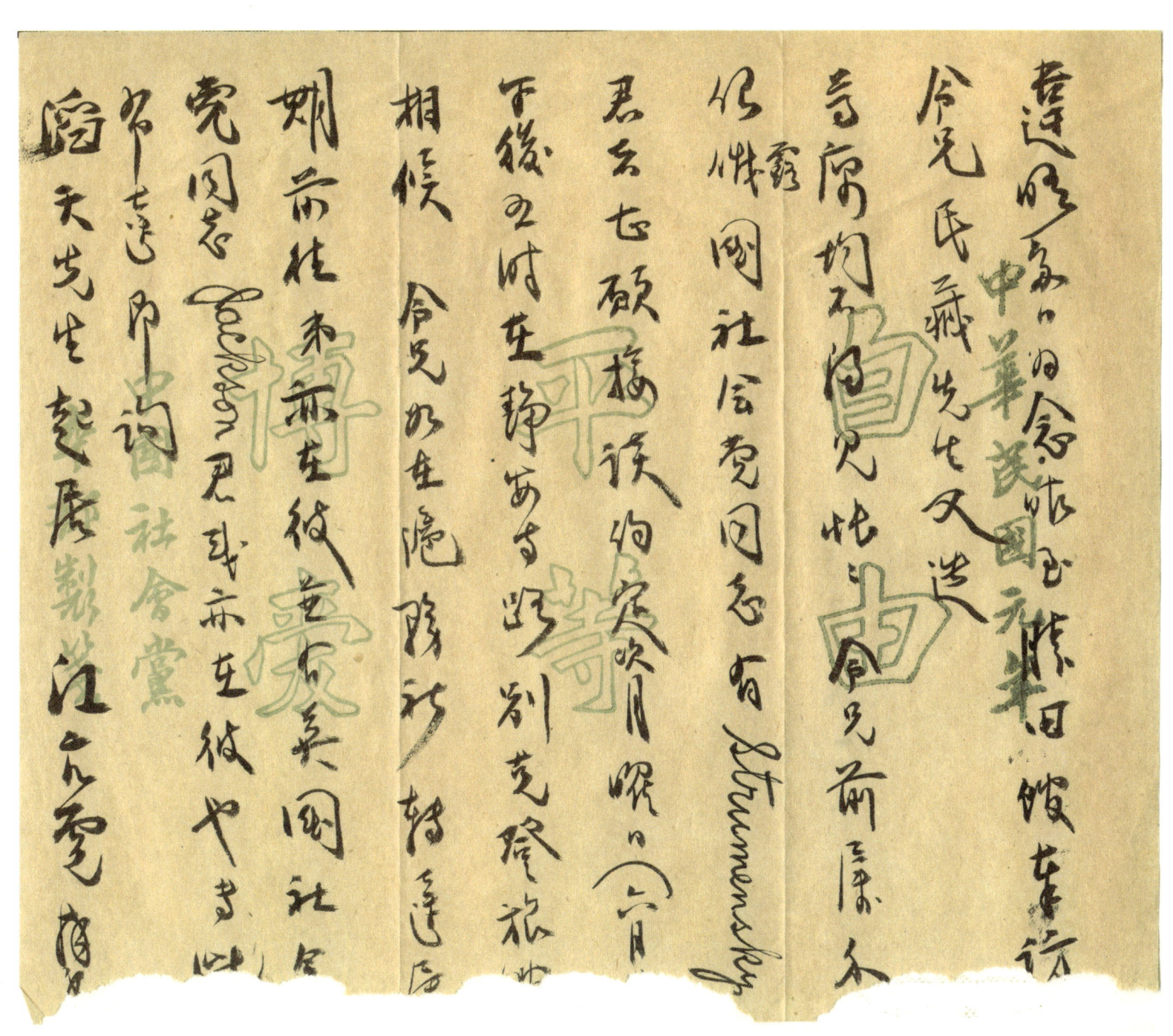

江亢虎致宫崎滔天函（1913年6月13日）

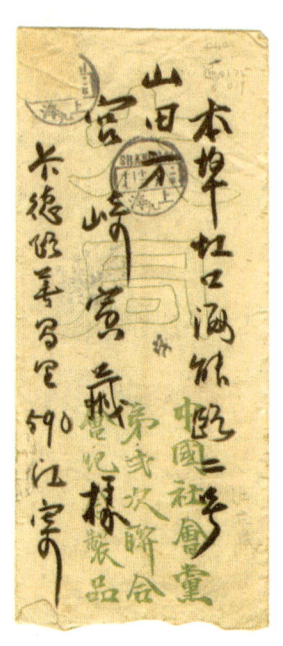

释读

违晤多日为念。昨至胜田馆,奉访令兄民藏先生,又造尊寓,均不得见,怅怅。令兄前属介绍俄(露)国社会党同志有 Strumensky 君,亦甚愿接谈,约定次月曜日(六月□)午后五时在静安寺路别克登旅馆相候。令兄如在沪,务乞转达,届期前往。弟亦在彼,并有美国社会党同志 Jackson 君,或亦在彼也。专此布达,即询

滔天先生起居

江亢虎拜□

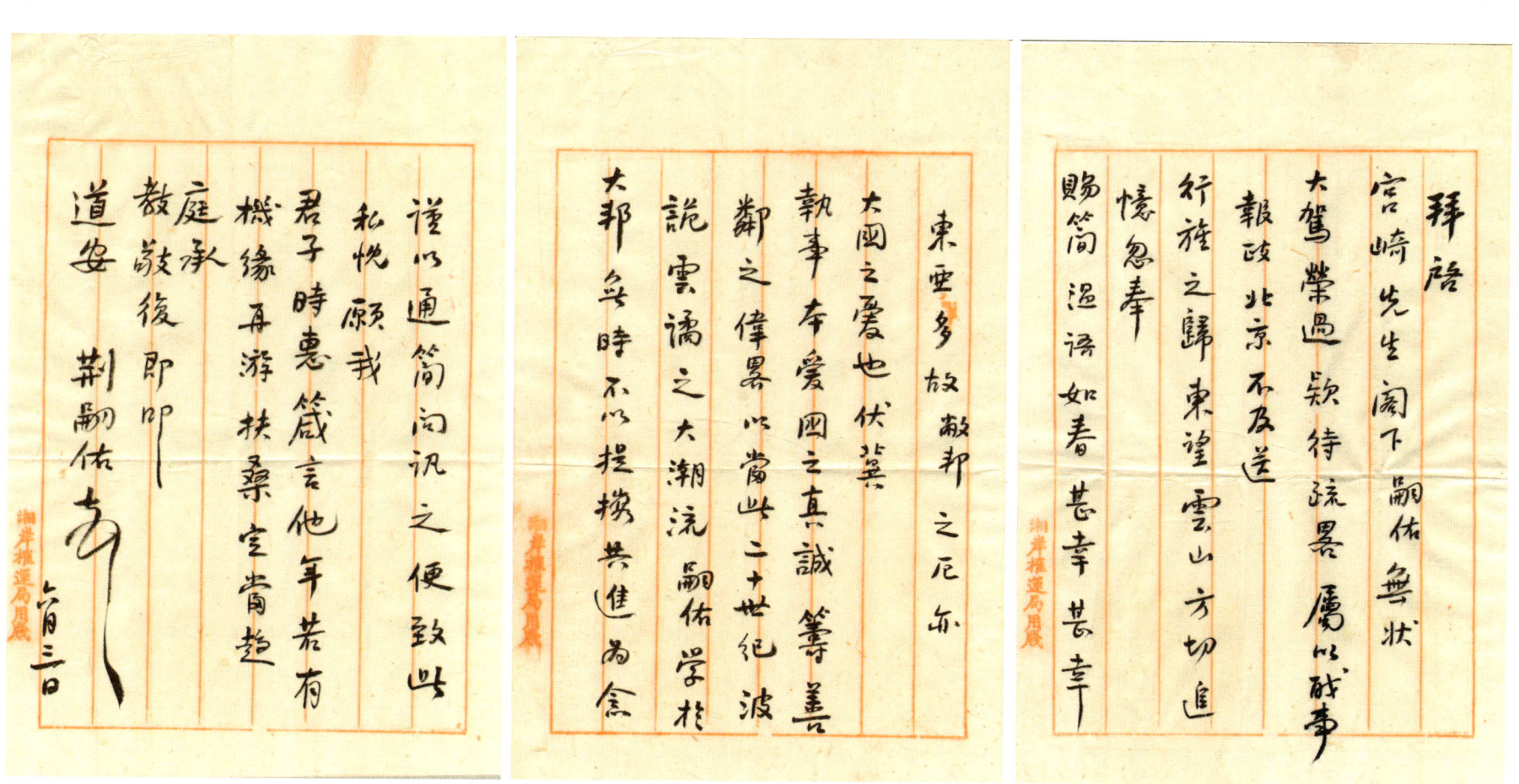

拜啓

宮崎先生閣下 嗣佑無狀
大駕榮過 欠待疏慢 屬以瑣事
報政北京 不及送
行旌之歸 東望雲山 方切追
憶 忽奉
賜簡 溫語如春 甚幸甚幸

東亞多故 敝邦之厄尤
大岡之憂也 伏望
執事本愛國之真誠 篤善
鄰之偉畧 以當此二十世紀波
詭雲譎之大潮流 嗣佑學植
大邦 必時不以提撕共進爲念

謹以通簡問訊之便致此
私悃 願我
君子時惠箴言 他年若有
機緣 再游扶桑 定嘗趨
庭承
敎 敬候卽頌
道安
　　　　　　荊嗣佑
　　　　　六月三日

荊嗣佑致宮崎滔天函（1917年6月3日）

释读

拜启：

宫崎先生阁下：

嗣佑无状，大驾荣过，款待疏略。属以职事报政北京，不及送旌之归。东望云山，方切追忆。忽奉赐简，温语如春。甚幸！甚幸！东亚多故，敝邦之厄，亦大国之忧也。伏冀执事本爱国之真诚，筹善邻之伟略，以当此二十世纪波诡云谲之大潮流。嗣佑学于大邦，无时不以提携共进为念，谨以通简问讯之便，致此私忱。愿我君子时惠箴言，他年若有机缘，再游扶桑，定当趋庭承教。敬复。即颂
道安

荆嗣佑顿首
六月三日

滔天夫人：

吾丈真师眼照人也，令人欲作文饰语而无从也！不敬作谢语矣，恕之也！然有一语不以告吾丈，即今晨离此去矣，致瑰花一钵，幸为忙者赴之，勿教园林笑人矣！夫人手调之羹汤，何日可以待客而飨也？俩

滔天翁，尝教养鹙鹀于白秋之后，

寒门肉羽鬓长过耳，居剡以饰囊护之。尝向贵有争损益？一呼之为美鹙公。敬帝秋风顶落三致根云：土之美繫而豪，拟鬻羽惟不知秋风顶落三致根否？一笑！
(二)秋风情赴剡，拟便道过婺，故云。

一九二○年五月廿七日晨手刻东京。
康白情。

康白情致宫崎滔天函（1920年5月27日）

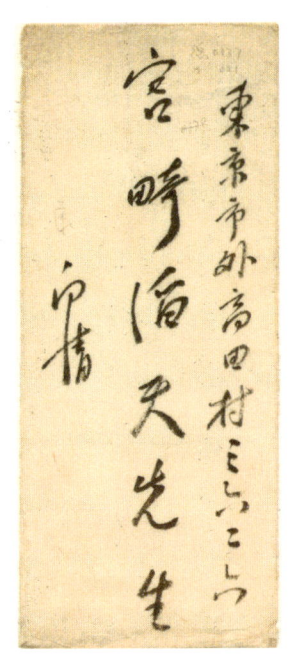

释读

滔天丈人：

  吾丈真肝胆照人者也，令人欲作文饰语而无从也！即欲做谢语亦无从也！然有一语可以告吾丈，即今晨离此去矣！

  玫瑰花之约，卒以百忙未赴，将教园林笑人矣！夫人手调之羹汤，得勿以待客而酸也？假我天缘，当为数落髯（一）于白秋之后（二）！

康白情
一九二〇年五月二十七日晨于东京

  案：（一）关羽髯长过腹，居则以锦囊护之，献帝呼之为美髯公。尝问其有无损益？对曰：秋后须落三数根云云。丈之美髯而豪，均拟关羽；惟不知秋后亦须落三数根否？一笑！

  （二）秋后将赴美，拟便道过此。故云。

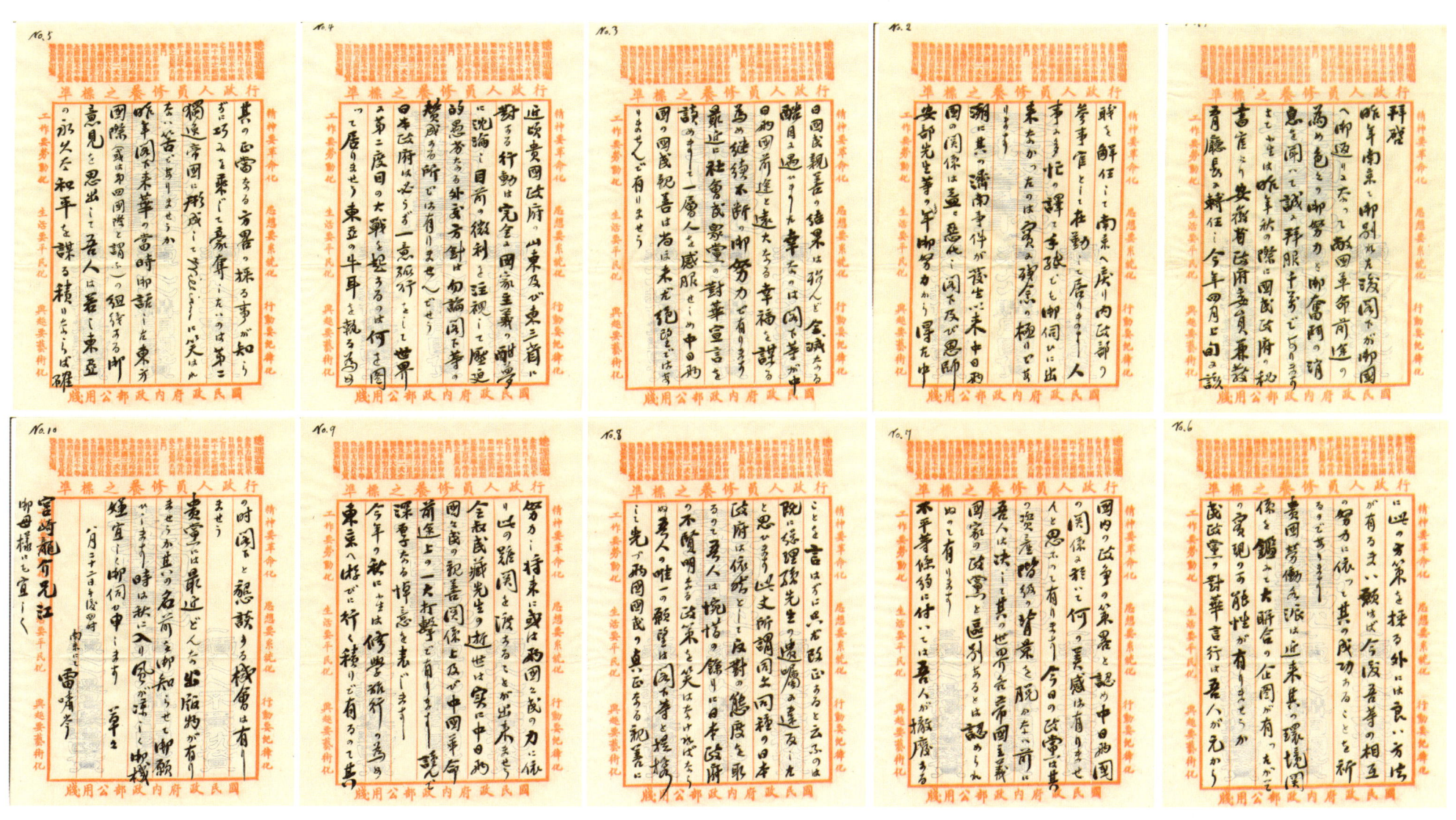

雷啸岑致宫崎龙介函（1928年8月22日）

释读

拝啓

　昨年南京て御別れ左浚閣下が御国へ御返りになって、敝国革命前途の為色々の御努力と御奮闘の消息を聞いて、誠に拝服千万であります。さて、小生は昨年秋の際に国民政府の秘書官より安徽省政府委員兼教育廳長に転任し、今年四月上旬に該職を解任して、南京へ戻り内政部の参事官として在勤して居ります。人事に多忙の譯て、手紙ても御伺ひに出来なかったのは実に残念の極りであります。

　遡に其の済南事件が発生以来、中日両国の関係は益々悪化し、閣下及び恩師安部先生等の多年の御努力から得た中日国民親善の結果は殆ど全滅なる酷目に遇ひました。幸なのは閣下等が中日両国前途と遠大なる幸福を謀るため、継続不断の御努力で有ります。最近に社会民衆堂の対華宣言を読めまして、一層人を感服せしめ、中日両国の国民親善は尚ほ未だ絶望ではありませんで有ります。

　近頃貴国政府の山東及びと東三省に対する行動は完全の国家主義の酣夢に沈淪し、目前の微利を注視して、圧迫的愚劣なる外交方針は無論閣下等の賛成する所では有りませんでせう。

　日本政府は必ず一意孤行をして世界に第二度目の大戦を起するのは何を図って居りませう。東亜の牛耳を執る為めに、其の正当なる方略の採る事が知らずに、巧みを乗じて豪奪したいのは第二獨逸帝国に形成してamericanに笑はれない筈でありませうか。

　昨年、閣下来華の当時御話した東方国際（或は第四国際と謂う）の組織する御意見を思出して、吾人は若し東亜の永久な和平を謀る積りならば、確に此の方策を採る外には良い方法が有るまい、願はば今後吾等の相互の努力に依って、其の成功することを祈るのであります。

　貴国労働各派は近来其の環境関係を鑑みて大聯合の企図が有ったが、その実現の可能性がありませうか。

　民政党の対華言行は吾人が元から国内の政争の策略を認め、中日両国の関係に於いて、何の美感は有りませんと思ふのてあります。

今日の政党は其の資産階級の背景を脱かない前に、吾人は決して其の世界各帝国主義国家の政党と区別あるとは認められぬのてあります。

不平等条約に付いては吾人が撤廃することを言はずに、只だ改正すると云ふのは既に総理孫先生の遺嘱に違反したと思います。此文所謂同文同種の日本政府は依然として反対の態度を恥るのて、吾人は惋惜の餘りに日本政府の不賢明なる政策を笑はなければならぬ。吾人の唯一の願望は閣下等と提携して先ず両国国民の真正なる親善に努力し、将来に或は両国国民の力に依り、此の難関を渡することが出来ませう。令叔民蔵先生の逝世は実に中日両国国民の親善関係上に及び中国革命前途上の一大打撃で有ります。謹んで深厚なる悼意を表じます。

今年の秋に、小生は修学旅行の為め東京へ遊びに行く積りであるのて、其の時閣下と懇談する機会はありませう。貴党には最近どんな出版物が有りませうか、其の名前を御知らせて御願ひします。時は秋に入り風が涼しい御機嫌宜しく御伺い申します。草々。

八月二十二日午後四時
南京にて雷嘯岑

宮崎龍介兄江
御母様にも宜しく

中译文

拜启：

去年南京分别，听闻左浚阁下归国后，为敝国革命前途所付出的种种努力及奋斗的消息，诚拜服万千。小生去年秋从国民政府秘书官转任安徽省政府委员兼教育厅长，今年4月上旬解任该职，回南京在内政部作为参事官在勤。人事多忙之故，未能及时寄送信函，遗憾至极。回想起自济南事件发生以来，中日两国关系愈加恶化，阁下及恩师安部先生等多年的努力所得之中日国民亲善的成果，几近全失。幸阁下等为谋中日两国前途之远大幸福，持续不断的努力，最近读社会民主党等的对华宣言，更加感服，中日两国国民的亲善尚未绝望。

近来贵国政府对山东及东三省的行动乃沉醉于完全的国家主义酣梦，着眼于眼前的微利，采取压迫的愚劣的外交方针，这无疑并非阁下等所赞成的。日本政府必一意孤行，或谋挑起第二次世界大战。为执东亚之牛耳，不知采取正当的方略，巧取豪夺，如形成第二德意志帝国，不担心被美国嘲笑吗？

去年阁下来华之际，所讲之组织东方国际（或谓第四国际）之意，想起来吾人若欲谋东亚之永久和平，确实除此方策外，别无其他良方。唯祈愿今后依吾等之相互努力获得成功。贵国劳动各派近来鉴于其环境关系，企图实现大联合，未知是否有可能？民政党的对华言行，吾人深知乃国内政争之策略，于中日两国关系无任何美感。今日之政党在不能离开其资产阶级的背景之前，吾人决不承认其与世界各帝国主义国家之政党有任何区别。

关于不平等条约，吾人不能言其撤废，即言改正也与总理孙先生之遗嘱不合。此文以所谓同文同种之日本政府依然持反对的态度为耻，吾人惋惜之余，不得不笑日本政府之不贤明政策。吾人唯一愿望即与阁下等合作，首先为两国国民之真正亲善努力，将来或依两国国民之力度过此难关。令叔民藏先生逝世，实乃中日两国国民亲善关系上及中国革命前途上之一大打击。谨表示深厚悼意。

今年秋，小生修学旅行欲往东京游玩。其时期待有与阁下恳谈之机会。贵党最近有无出版物，请告知其名称。时令已入秋，风亦渐凉，敬请多多保重。

草草

雷啸岑

八月二十二日午后四时

宫崎龙介兄江
伯母大人

宮崎先生 史席
七年前桂先生が
神戸を経て此処へ行く時私も手伝に
オリエンホテルに参りました そこで先
生とお知り様のことをした それから
東京で度々お南舎をこたことがあり又
覚えて居ります 今日の新聞で先生
が南京に来られたことを知りました
私達の幸拝に
嬉しいかぎりありませ

嘗て橋先生の玉或ちより立って 新に
聞の首都へ移先生の半命事業の
為々御盡力して呉れた 孫先生の友人が
海を渡るといふったたとふことを先に
その孫先生が神戸で演説に
行く時女子学校の前で日本の此邦が
萬歳くと帽子を飛ばして至頂天に
なって踊口で来た時のそれと同じです

嘗そその時の印象は永遠と忘れられる
せ 東洋一の政治家だと演説を聽一
減の先生の評言もあ た 奨上で居ります
新聞を見て直に南京へ行って御面会を
しようと思ますが 孫橋上の向信も
あるし 先生が何忙しく居ることも
なりませ から手紙で私の感懷と
喜びを申します
私は大さ十四年の者に

東大をゐて 岡へ帰りありさ 今に決勢備
司令部の軍需處長こと居りますが
歐米巡視で客は外の事をており
先生が上海へいらった時御住所を知ら
せて下されば御向ひ致ように思ります
載先生も一度も御面会に居てこと
がちりませ 行年宜しく御傳ひ致し下角
奥様で宮しと
李德釗
上海注相亭綠窓後
敬十強
五月九日

李德钊致宫崎龙介函（1931年5月9日）

释读

宮崎先生

史席

　七年前孫先生が神戸を経て北京へ行く時、私も手伝ひてオリエンホテルに居りまして、そこで先生と知る様になりました。それから、東京で度々御面会をしたことがあると覚えて居ります。今日の新聞で先生が南京で居ることを知りましてどちらて嬉しいか知りません。私達の崇拝して居た孫先生の主義により立てた新しい国の首都へ孫先生の革命事業の為に御尽力して呉れた孫先生の友人が海を渡っていらっしたと云うことを知りましてその嬉さは丁度孫先生が神戸で演説に行く時女子学校の前で日本の民衆が万歳万歳と帽子を飛ばして無頂天におりて躍一て居た時のそれと同じです。實にその時の印象は永遠に忘れられません。東洋一の政治科だと演説を聴いた。後の先生の評言もまた覚えて居ります。新聞を見て直ぐ南京へ行って御面会をしようと思って居りますが、職務上の関係もあるし先生が何時迄南京て居ることも分りませんから、手紙で私の感想と喜びを申します。私は大正十四年の春に東大を出て国へ帰りました。今淞沪警備司令部の軍需処長をして居りますが、厭な職務で實は外の事をして居ります。先生が上海へいらっした時御住所を知らせて下されば御伺い致しようと思って居ります。戴先生も神戸の時から一度も御面に懸った事がありません。何卒宜しく御願い致します。草々。

　敬具

　奥様に宜しく

李德釗

上海法租界辣斐德路十號　五月九日

中译文

宫崎先生史席：

　　七年前孙先生经神户赴北京之际，我曾帮忙预定酒店，由此与先生相识。自那之后，记忆中在东京也曾屡屡拜会过先生。今日之报纸得知先生居住南京，喜不自禁。在依我等崇拜的孙先生的主义建立的新国都，愿意为孙先生革命事业竭尽全力的孙先生之友人渡海而来，这高兴恰与孙先生在神户演说之时，女子学校前日本民众抛起帽子，高呼"万岁、万岁"之狂热场景完全相同，其时之印象实永远难忘，诚乃东洋第一之政治科演说，先生之讲演内容至今尤刻在脑海中。看到报道后，想立即前往南京拜会先生，然工作之关系不能当即成行。未知先生在南京停留至何时，乃先以此信谨呈本人之感想及喜悦之情。我于大正十四年春，从东京大学毕业后归国。现居淞沪警备司令部军需处长之职，因不喜此职，事实上也在从事别的工作。先生如光临上海，敬请告知住所，当面拜访。与戴先生也自神户分别后，再无机缘拜会，还望转达问候之意。草草。

并问候尊夫人

李德钊

上海法租界辣斐德路十号 五月九日

宮崎先生惠鑒 往客東京時承
公不棄時賜
教言以開茅塞
隆情厚意感不能忘去歲因國難發
生不及告辭倏忽抱憾之至歸
國以來經營半年幸已有小補兩
廣都司令部成立根源隨西林之後承
乏副都參謀之職今幸已編成五軍
北伐之期在指顧間矣違
教已久自慚譾陋立身處世固知率
循尚希
先生時惠
德音
指示一切則源之榮幸何以加茲臨
楮僾偟書不盡意專此敬請
台安

李根源敬啟
五月卅一日

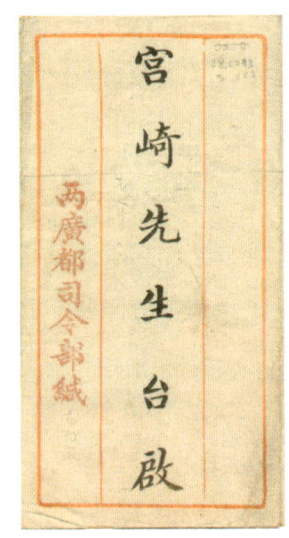

释读

宫崎先生惠鉴：

往客东京时，承公不弃，时赐教言，以开茅塞。隆情厚意，感不能忘。去岁因国难发生，不及告辞，匆匆言旋，抱慊之至！归国以来，经营半年，差幸已有小补。两广都司令部成立，根源随西林之后，承乏副都参谋之职。今幸已编成五军，北伐之期，在指顾间矣。违教已久，自惭谫陋，立身处世，罔知率循。尚希先生时惠德音，指示一切，则根源之荣幸，何以加兹。临楮彷徨，书不尽意。专此。敬请

台安

李根源敬启

五月三十一日

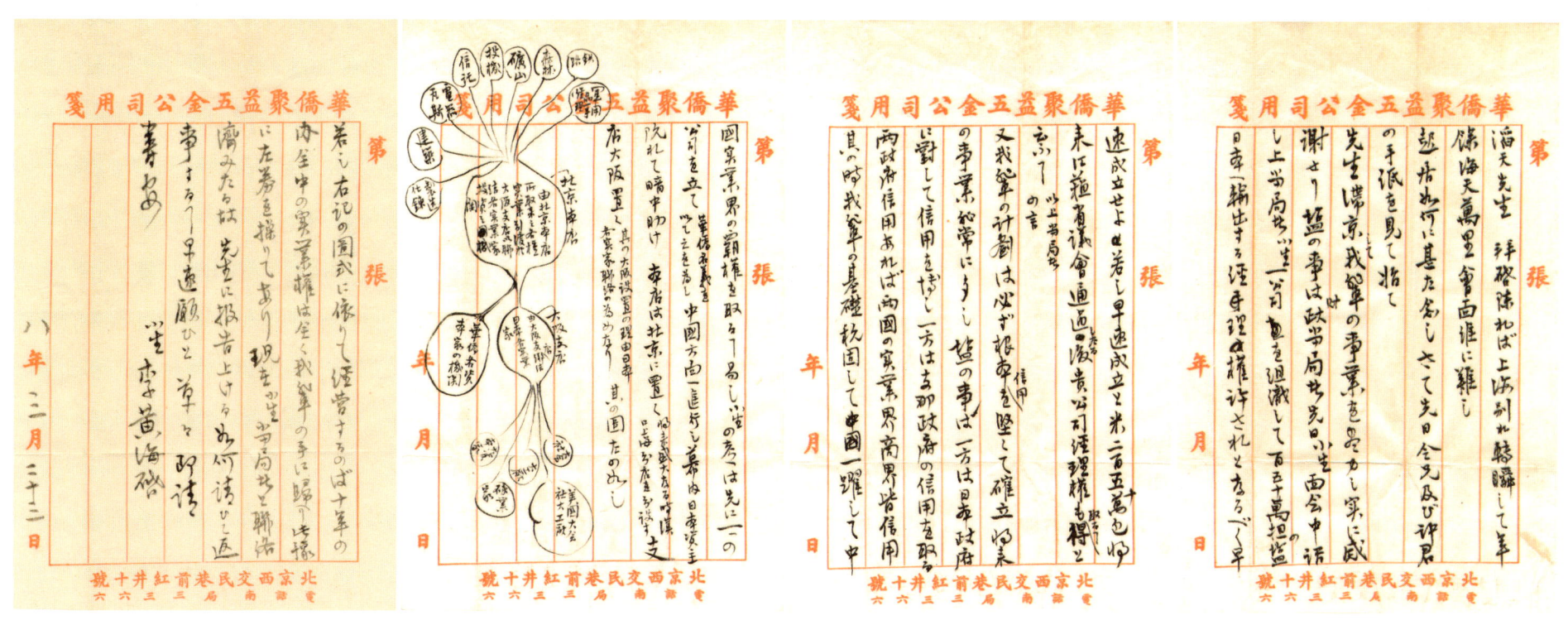

李汉如致宫崎滔天函（1919年3月23日）

宮崎滔天家藏民国人物书札手迹（第六卷）

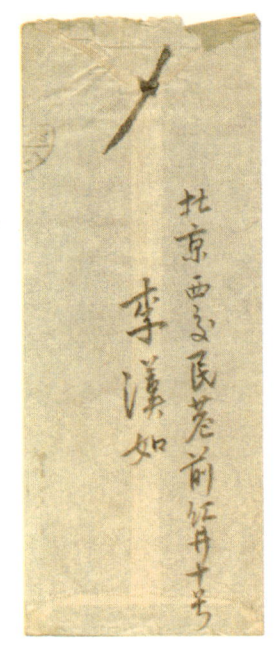

释读

滔天先生

　拝啓

　陳れば上海別れ転瞬して年余海天萬里会面維に難し。

　起居如何に甚だ念しさて、先日令兄及び許君の手紙を見て始て、先生の滞京して我輩の事業を尽力し実に感謝せり。塩の事財政当局長先日小生面会中話し上当局長小生一公司を組織して、百五十萬担の塩日本へ輸出する経理権許されとなるべく早速成立せよ。若し早速成立と米二百五十萬包将来江蘇省議会通過したる後貴公司経理権も取るへ得と云ふし。以上は当局長の言。

　又我輩の計画は必ず根本信用を堅くて確率将来の事業経常に多し、塩の事は一方は日本政府に対して信用を博し、一方は支那政府の信用を取る両政府信用あれば、両国実業界商界皆信用。其の時我輩の基礎穏固して中国一躍して、中国実業界の覇権を取るへ易しい、小生の考えは先に一の公司を立て、華僑名義を以て之を為し、中国方面一進行し、幕内日本資主隠れて暗中助け、本店は北京に置く、将来盛大なる時漢口上海分店を分設す、支店大阪置く。其の大阪設置の理由日本各實家連絡の為なり。其の図左の如し図：

　若し右記の図式に依りて経営するのば、十年の内全中の実業権は全く我輩の手に帰へり。此豫に左券を操りてあり、現在小生当局長に連絡済みたる故、先生に報告上げる。如何請ひて返事するへ早速願ひと。草々即請

　壽安

　　　　　　　　　　　　　　　　　　　小生李黄海啓
　　　　　　　　　　　　　　　　　　　八年三月二十三日

中译文

滔天先生：

拜启：上海一别，转瞬已逾年余，海天万里，会面惟难，起居如何，甚是想念。拜读令兄及许君之信始知先生在京，为我辈之事业尽力，实感激不尽。盐事财政当局局长前日在面会小生之时称，让小生尽可能从速组织成立一公司，并许诺向日本出口一百五十万担盐经理权，若及早成立，将来江苏省议会通过出口二百五十万包米之后，可以取得贵公司经理权。以上乃局长所言。又我辈之计划必坚定根本信用，将来事业经营大概许多，盐之事业一方面可以博日本政府对我之信用，一方面可以取得中国政府之信用。两政府若能相互信任，两国实业界、商界皆可信任，其时我辈之基础稳固，可一跃而轻易取得中国实业界之霸权。小生之意可先设一公司，以华侨名义为之，中国方面一旦着手，幕后则可由日本资本家暗中协助，总店设北京，将来隆盛之时，可在上海、汉口设分店，并在大阪设置支店。大阪设支店之理由，其实为方便各资本家联络之方便。其图示如下：（按：参看日文原信）

若依上图经营，十年之内全中国之实业权尽归我辈之手，如此操左券，现在小生与局长联络之后，故报告先生，请先生速回信看如何。

草草即请

寿安

小生李黄海启

八年三月二十三日

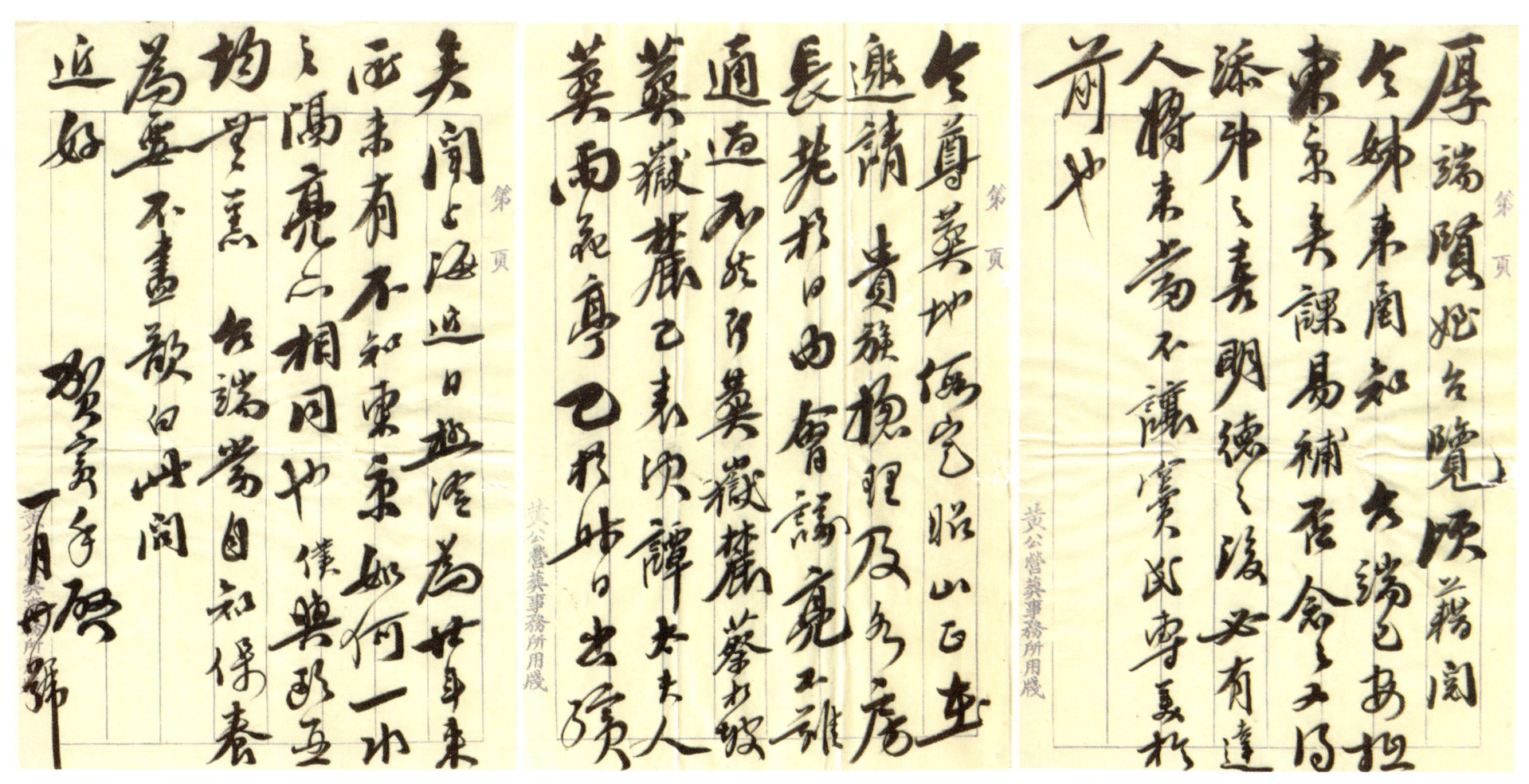

李盩吾致宫崎龙介转黄一中函（1917年1月30日）

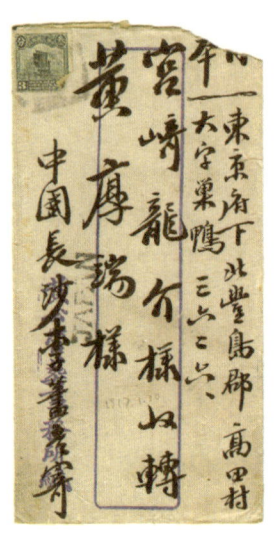

释读

厚端贤侄台览：

　　顷藉阅令姊来函，知台端已安抵东京矣。课易补否？念念。又得添弟之喜，明德之后，必有达人，将来当不让窦民专美于前也。令尊葬地，假定昭山，正在邀请贵族总理及各房长老于日内会议，亮〔谅〕不难通过。不然即葬岳麓。蔡松坡葬岳麓已表决，谭太夫人葬雨花亭，已于昨日出殡矣。闻上海近日极冷，为廿年来所未有，不知东京如何？一水之隔，亮〔谅〕亦相同也。仆与欧、亚均无恙。台端当自知保养为要。不尽欲白。此问近好！

　　　　　　　　　　　　　　　　　　贺宾手启
　　　　　　　　　　　　　　　　　　一月三十号

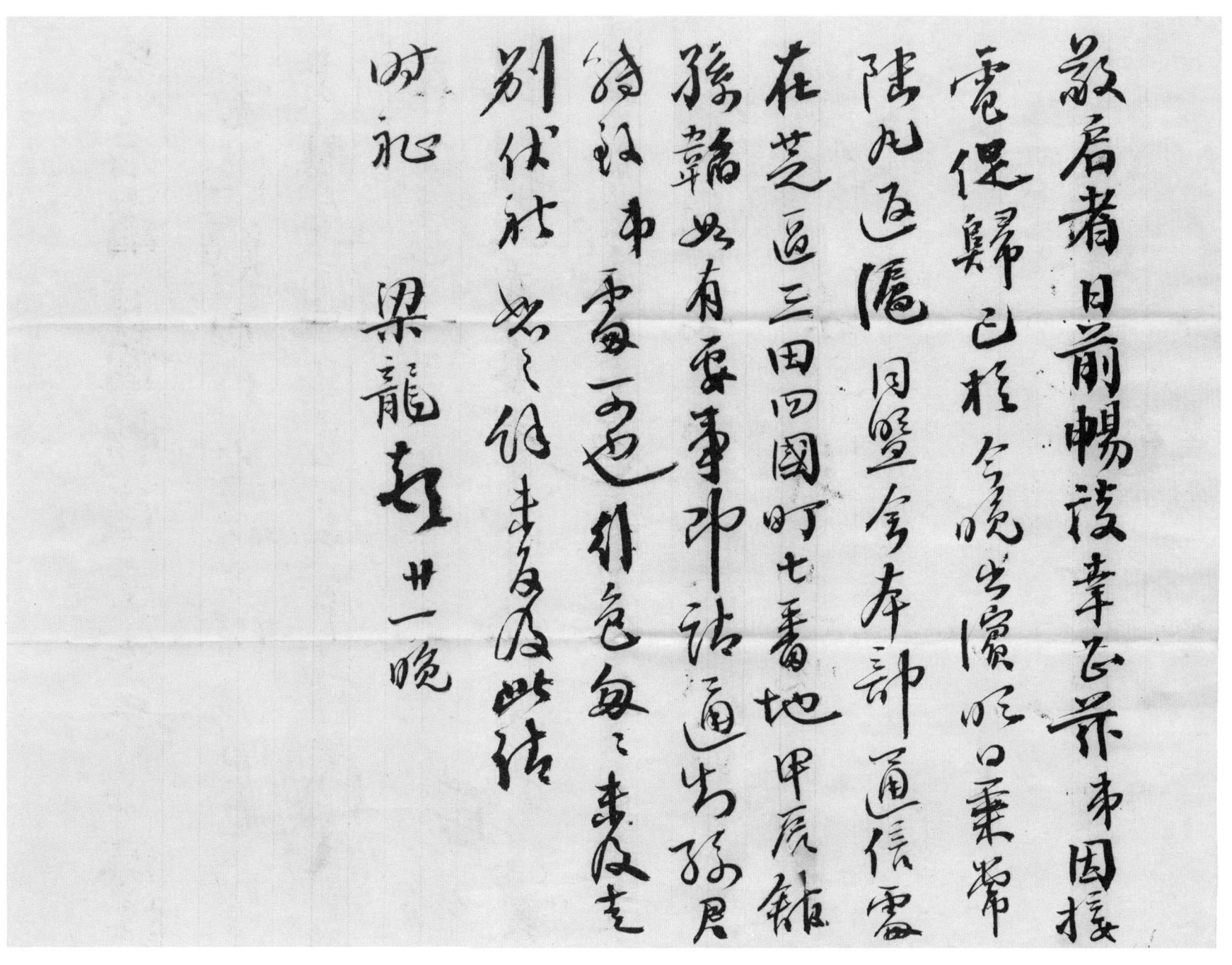

梁龙致宫崎滔天函（1911年11月21日）

 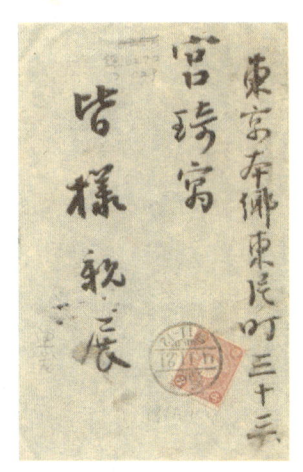

释读

敬启者：

　　日前畅谈，幸甚！兹弟因接电促归，已于今晚出滨，明日乘常陆丸返沪。同盟会本部通信处在芝区三田四国町七番地甲辰馆孙韬，如有要事，即请通知孙君转致弟处可也。行色匆匆，未及走别，伏祈恕之。余未多及。此请

时祉

梁龙顿首

二十一晚

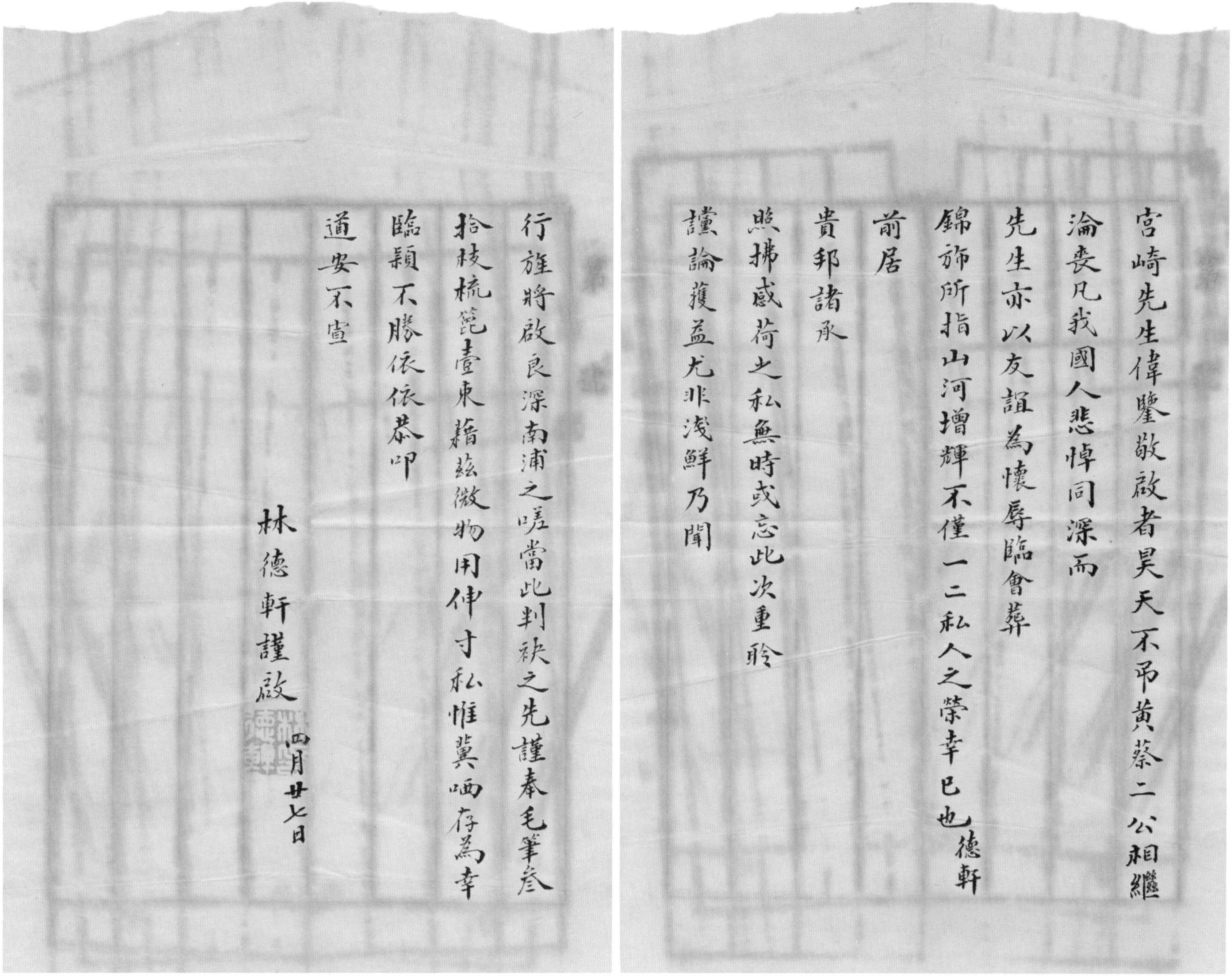

宮崎先生壼鑒敬啟者昊天不弔黃蔡二公相繼淪喪凡我國人悲悼同深而
先生亦以友誼為懷辱臨會葬
錦飾所指山河增輝不僅一二私人之榮幸已也德軒
前居
貴邦諸承
照拂感荷之私無時或忘此次重蒙
謹論護益尤非淺鮮乃聞
行旌將啟良深南浦之嗟當此判袂之先謹奉毛筆叁
拾枝梳篦壹束藉茲微物用伸寸私惟冀晒存為幸
臨穎不勝依依恭叩
道安不宣

林德軒謹啟 四月廿七日

林德軒致宮崎滔天函（1917年4月27日）

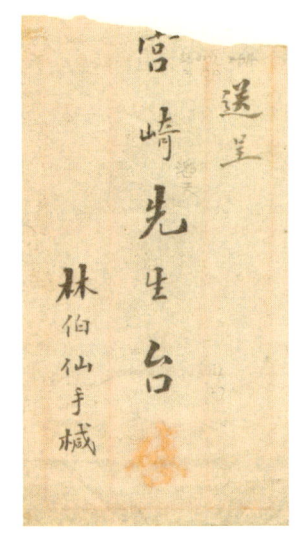

释读

宫崎先生伟鉴：

  敬启者：昊天不吊，黄、蔡二公相继沦丧，凡我国人，悲悼同深。而先生亦以友谊为怀，辱临会葬。锦旆所指，山河增辉，不仅一二私人之荣幸已也。德轩前居贵邦，诸承照拂，感荷之私，无时或忘。此次重聆谠论，获益尤匪浅鲜。乃闻行旌将启，良深南浦之嗟。当此判袂之先，谨奉毛笔三十枝，梳篦一束，藉兹微物，用伸寸私，惟冀哂存为幸。临颖不胜依依。恭叩

道安不宣

林德轩谨启
四月二十七日

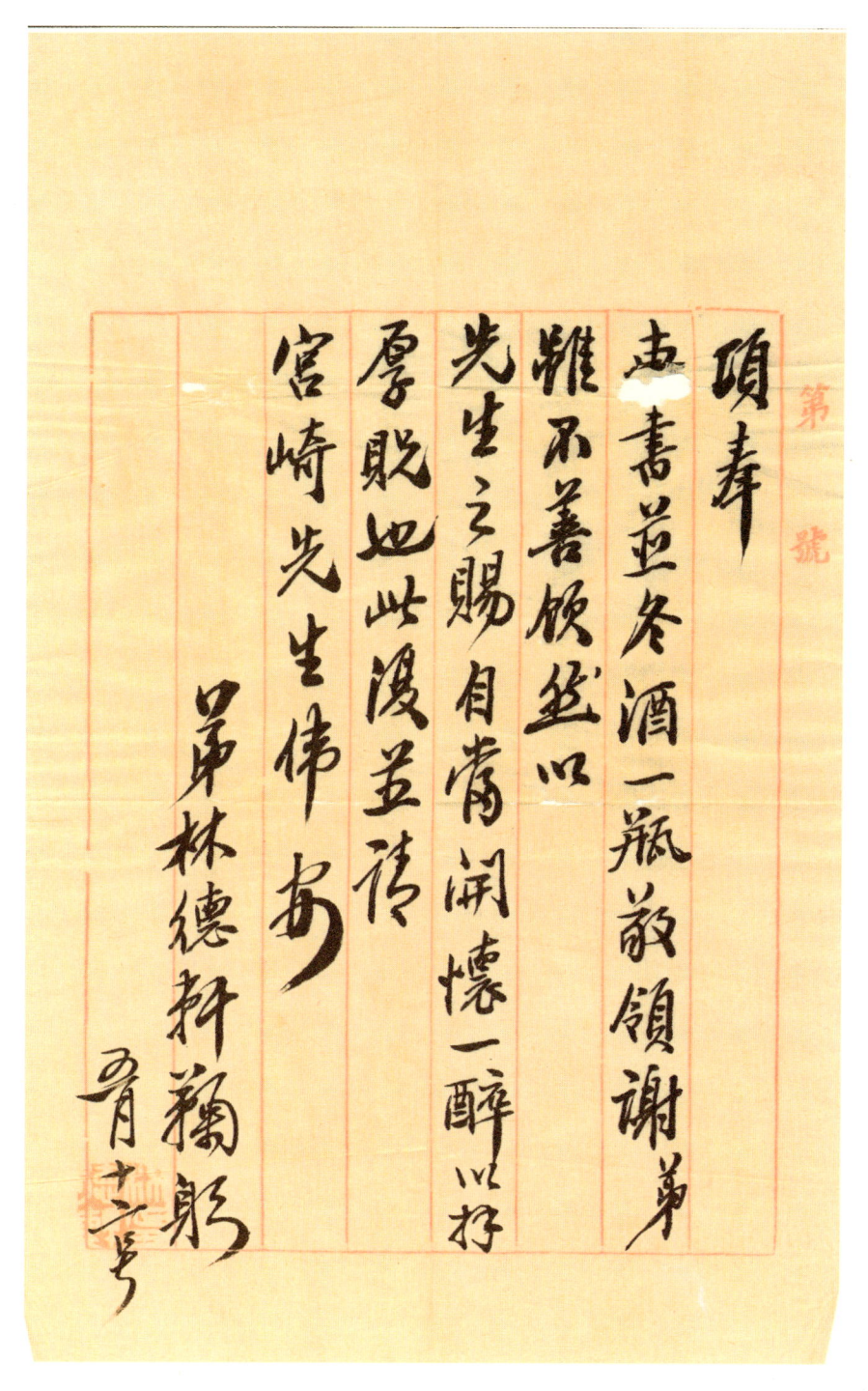

林德轩致宫崎滔天函（1917年5月12日）

释读

  顷奉惠书并冬酒一瓶,敬领谢!弟虽不善饮,然以先生之赐,自当开怀一醉,以拜厚贶也。此复。并请
宫崎先生伟安

弟林德轩鞠躬
五月十二号

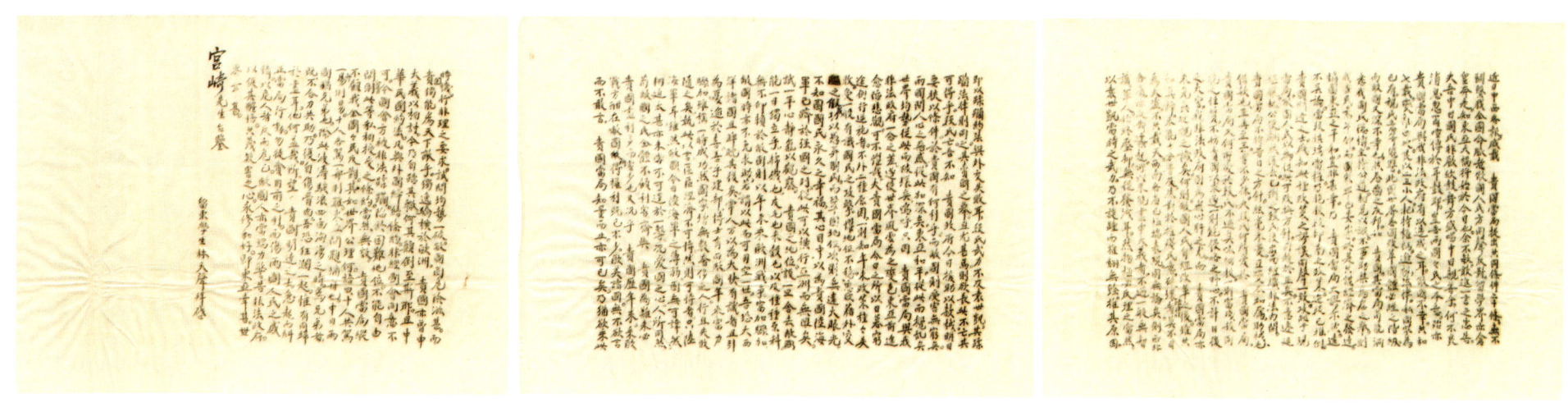

林天声致宫崎滔天函（1918年5月8日）

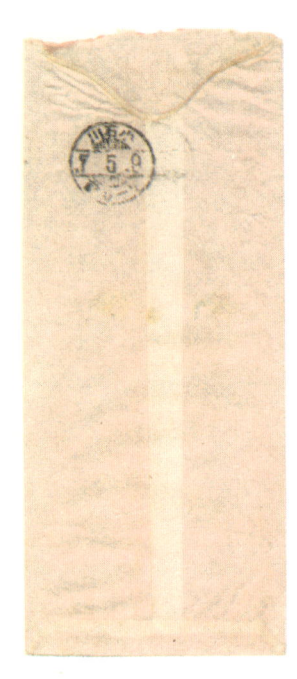 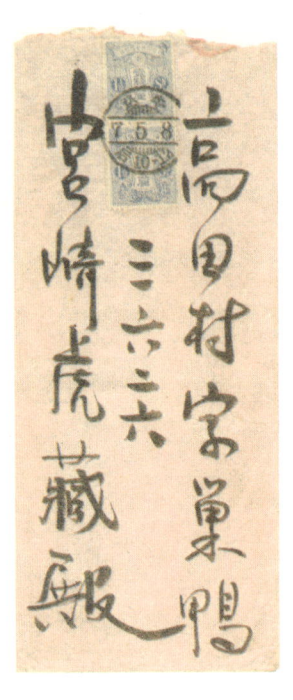

释读

  近日中西各报，咸载贵国当局提出共同条件二十条，无不关系我全国命脉者，敝国人民方同声反对，留学界亦仓皇奔走，知东亚大祸将始于今日也。余不敏，敢进一言之忠告。夫吾中日国民非欢欣鼓舞，方盛唱中日亲善乎？何不良消息忽尔喧传于此耳鼓耶？岂吾两国国民之本意，殆亦贵国当局与我非法政府有以造成之耳。敝国不幸，共和七载，变乱四次。良以二三小人，把持权柄，邈视法律，私国家为己有，视民意等寇雠，此固世界各国改革国体必经之阶级，而敝国又深不幸也。然唇齿之友邦如贵国，其当局苟能洞悉我国民隐情，主持公道，相见以诚，不事助桀为虐之举，则我国民意早伸，而国家早已安宁。于是共谋经济之发达，协图东亚之平和，岂非甚幸！乃贵国当局大谬不然，远不具论，当段祺瑞当权，乃抱援段抑南之政策；迨段已推倒，贵国明达之士，咸知此种政策之谬误，同声一致，攻击现当局。敝国人民以为从此可改换方针，同趋于正矣。不意迁延酝酿，林公使翩然复去，已倒之段氏复出，而组织非法内阁。贵国当局不特昔日之方针丝毫未变，且变本加厉，助械也，借款也，至再至三，曾不少休。夫段氏何所爱于贵国当局？贵国当局又何所爱于段氏？不过臭味相投，一则富残杀同胞之性质，不妨卖国以求遂；一则饱侵略之野心，不计日后之大害。我非法政府固为无心肝之尤，而贵国当局亦未免无近视之讥矣。何则？敝国人民，自经改革之后，虽共和真谛，未能十分普及，然对于摧残民意、破坏法律者，莫不目为大盗，不共戴天。西南各省已极端表现，固无论矣，则西北各省，亦反对蜂起。所以未能尽申大义者，不过一

般无智识军人，始终压抑，无从发泄耳。然物极必反，理之当然。以袁世凯当时之武力，乃不旋踵而推翻无余，推其原因，即以蹂躏约法与外交失败耳。段氏武力不及袁世凯，其蹂躏法律则同之，其卖国之举且尤甚焉。则欲长此不亡，其可得乎？段氏亡，吾不知贵国政府今日援助以款械，明日要挟以条件，于贵国有何利乎？而敝国则受害无穷矣。两国间人心之恶感，从此加深矣；东亚和平，从此而搅乱矣；世界均势，从此而破坏矣。呜呼！只因贵国当局与我非法政府一念之差，遂使世界风云为之变色，东亚前途愈陷悲观，可不惧哉？夫贵国当局今日之所以日暮穷途、倒行逆施者，不外二种原因。一则知年来政策种种失败，受一般有识国民之攻击，惧地位不稳，思欲藉外交之假成功，以愚弄国民，而巩固地位。次则无远大眼光，不知图国民永久之幸福，其心目中以为贵国陆海军已跻于强国之列，从此可以横行亚洲而无限矣。试一平心静气以观察，贵国之地位，设一旦舍去敝国，能一日独立乎？棉铁也，皮毛也，米谷也，以及种种原料，无不仰赖于敝国，则以年来乘欧洲战争，"富加〔力〕骤加"，敝国时亦不免求助，若谓以此而可目空一世，吾恐大西洋诸国且睥睨其后矣。常人方以为大快，有识者且引为忧逾于喜。善乎！建部博士有曰：敝国年来富力骤加，虽称一时成功，然国家增无数"奢侈之人"，行且失败随之矣。执以此言，区区经济不可恃，然则可恃者，只陆海军耳。虽然敝国今日陆海军之薄弱，固无可讳，然相迫太甚，亦未尝不可逞于一击。况爱国之心，人所同然，苟敝国之民，全体不顾利害，齐与贵国为难，未必贵国"尽利多而害少也"。又况乎贵国历年来，乘欧战方酣，在敝国所得权利既已不少，欧美诸国，无不欲言而不敢言，贵国当局知量而止，亦可已矣。乃犹欲乘此时机，行非理之要求，试问均势一破，敝国固危险滋甚，而贵国独能为天下敌乎？独逸骄横于欧洲，贵国亦曾申大义以相讨，今乃自踏其辙，何其颠倒至斯耶？且中华民国约法，凡与外国缔结条约，非经国会同意不可。今国会方被非法蹂躏，陷于困难地位，不能自由开会，则此等私相授受之条约，当然无效。贵国当局纵不顾我全国国民反对，其如世界公理何？语曰：十人共驾一舟则易，十人各驾一舟则难。东亚问题犹舟也，中日两国犹兄弟也，际此波涛骇浪四面汹涌之时，为兄弟者，既不合力共助，乃复自伤骨肉，吾恐狂澜一起，惟有同归于尽耳，他何益哉？所望贵国明达之士，急起而纠正当局行动，勿徒贪目前之利，而伤两国人民之感情，以危人者反而危己。敝国人亦当竭力警告非法政府，以促其醒悟，共荡疑害之心，永修和好，即东亚幸甚！世界幸甚！

宫崎先生台鉴

留东学生林天声拜启

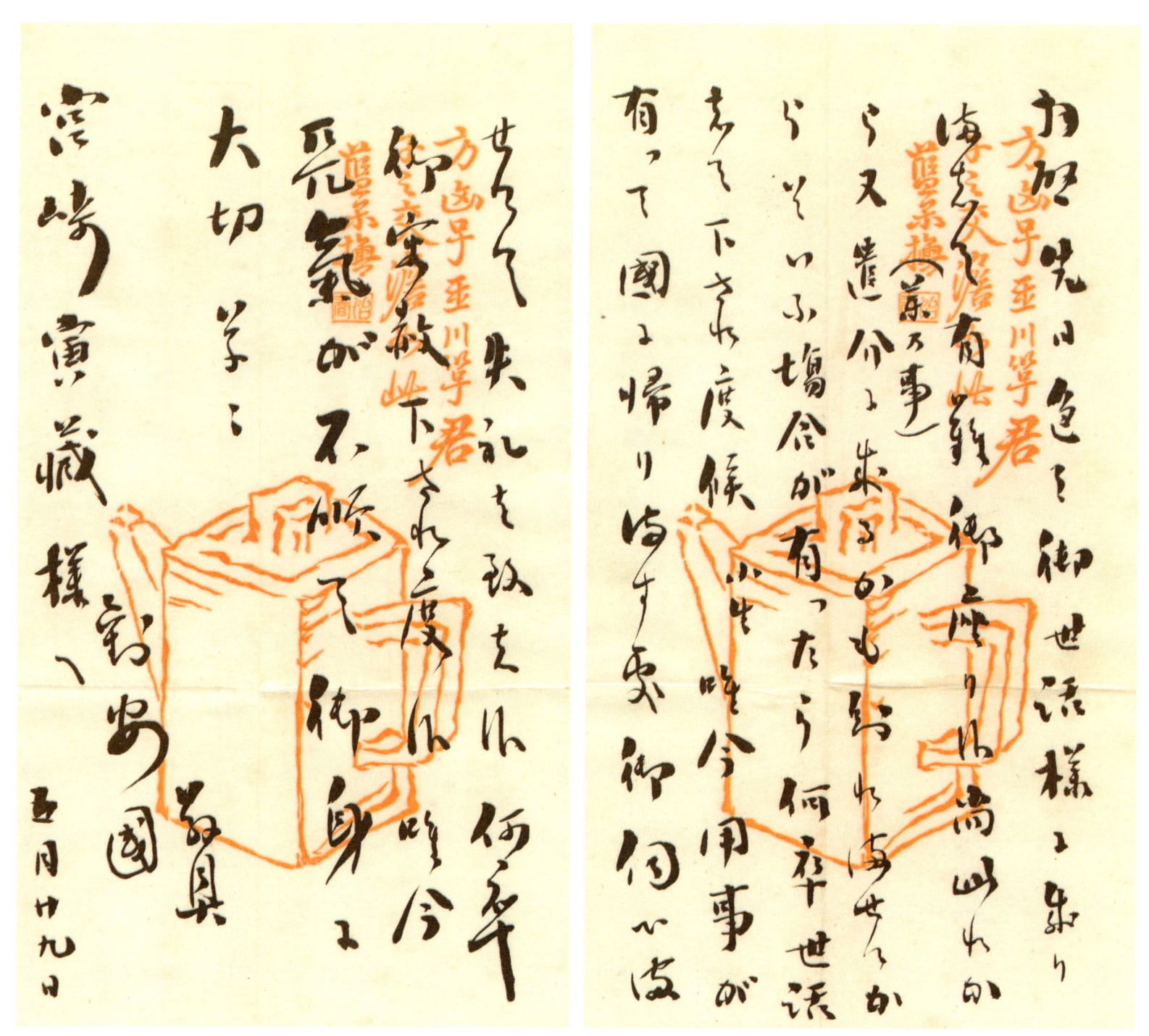

刘安国致宫崎滔天函（1914年5月29日）

宮崎滔天家藏民国人物书札手迹（第六卷）

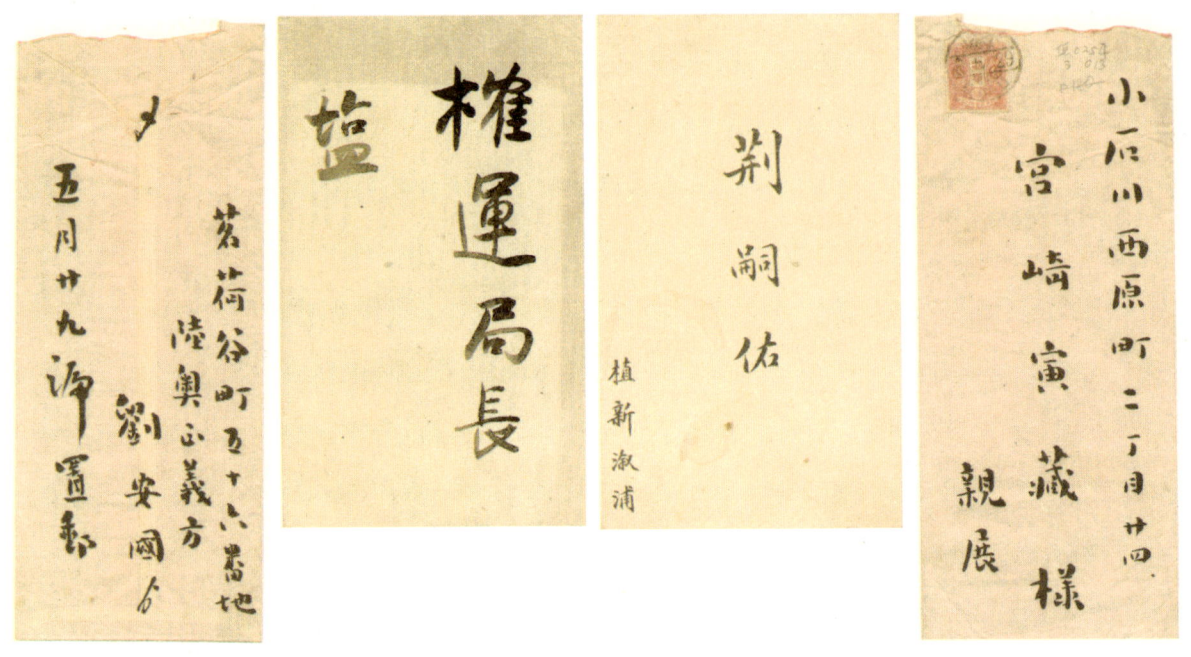

释读

拝啓
　先日色々御世話様に成りまして有難御座い候。尚此れから又遣介（茶乃事）に成るかも知れせんから、そいう場合が有ったら、何卒世話をして下され度候。小生唯今用事が有って国に帰ります所御伺ひませんので、失礼を致し候。何卒御容赦下され度候。唯今天気が不順で御身に大切。　草々
　敬具

宮崎寅蔵様へ

劉安国

五月廿九日

中译文

拜启：

  前些日子承蒙关照，非常感激。之后有可能遇什么麻烦（茶叶之事），还请您多多关照。小生现今有急事归国，来不及报告，失礼之处，还请海涵。唯今天气不顺，还请多多保重。草草。敬具

宫崎寅藏先生

刘安国
五月二十九日

  名片：荆嗣佑

植新溆浦

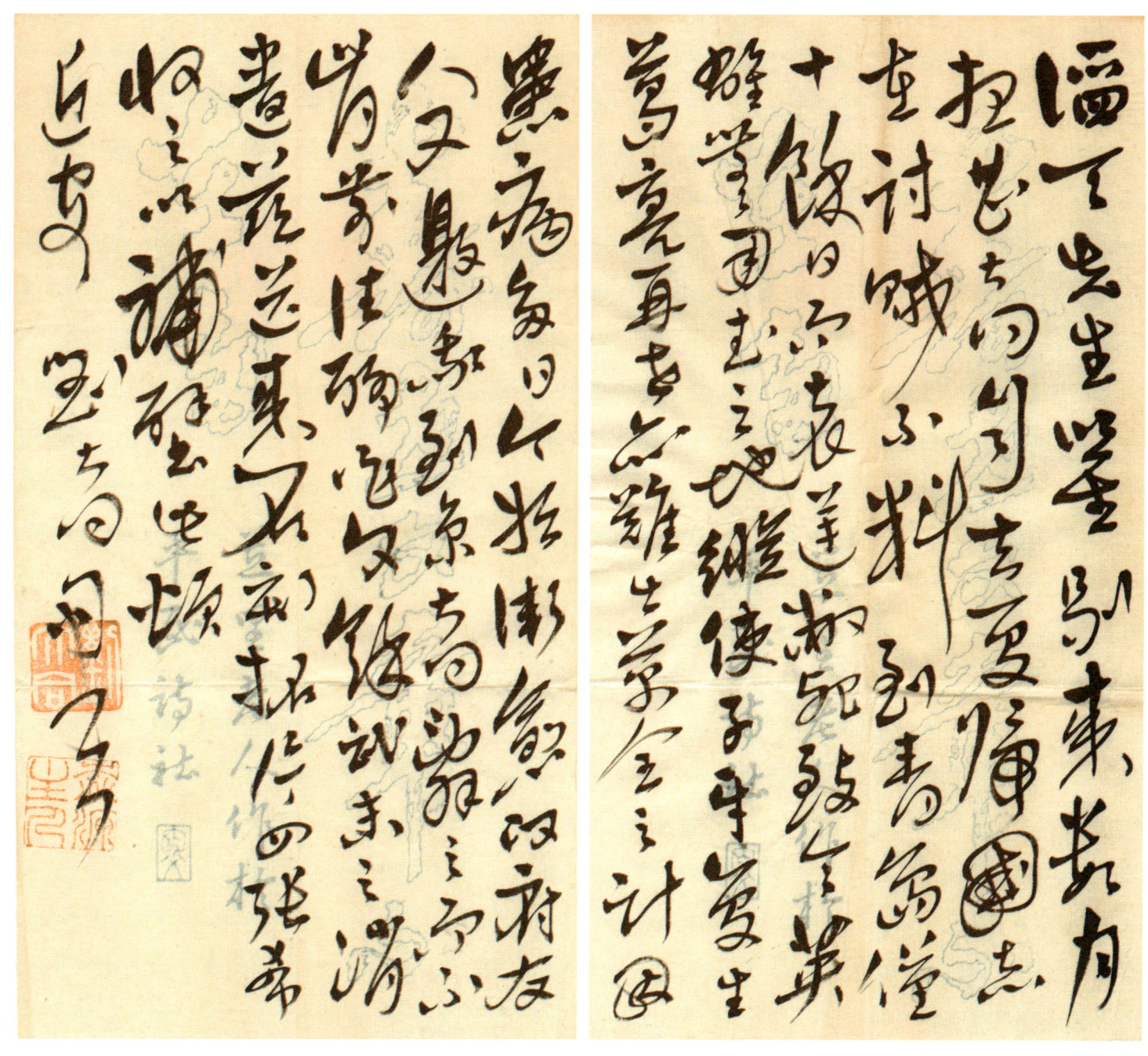

刘大同致宫崎滔天函（1918年3月10日）

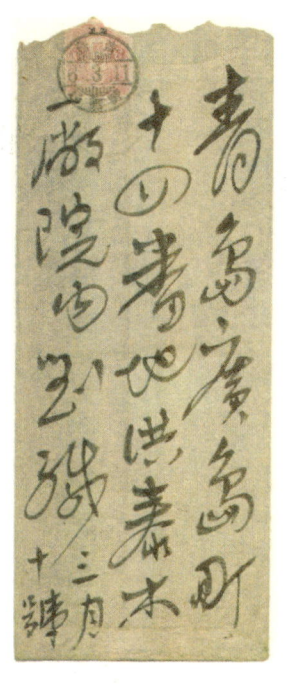 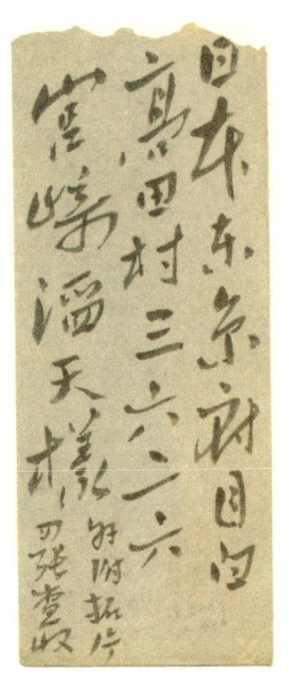

释读

滔天先生鉴：

别来数月，想甚。大同去夏归国，志在讨贼。不料到青岛仅十余日，而袁逆毙，致令英雄无用武之地，纵使子牙复生、葛亮再世，亦难出万全之计。因患病多日，今始渐愈。政府友人又邀我到京，大同辞之，而不肯前往，聊作文余武末之消遣。兹送来石刻拓片四张，希收之以补壁。此颂

近安

刘大同鞠躬

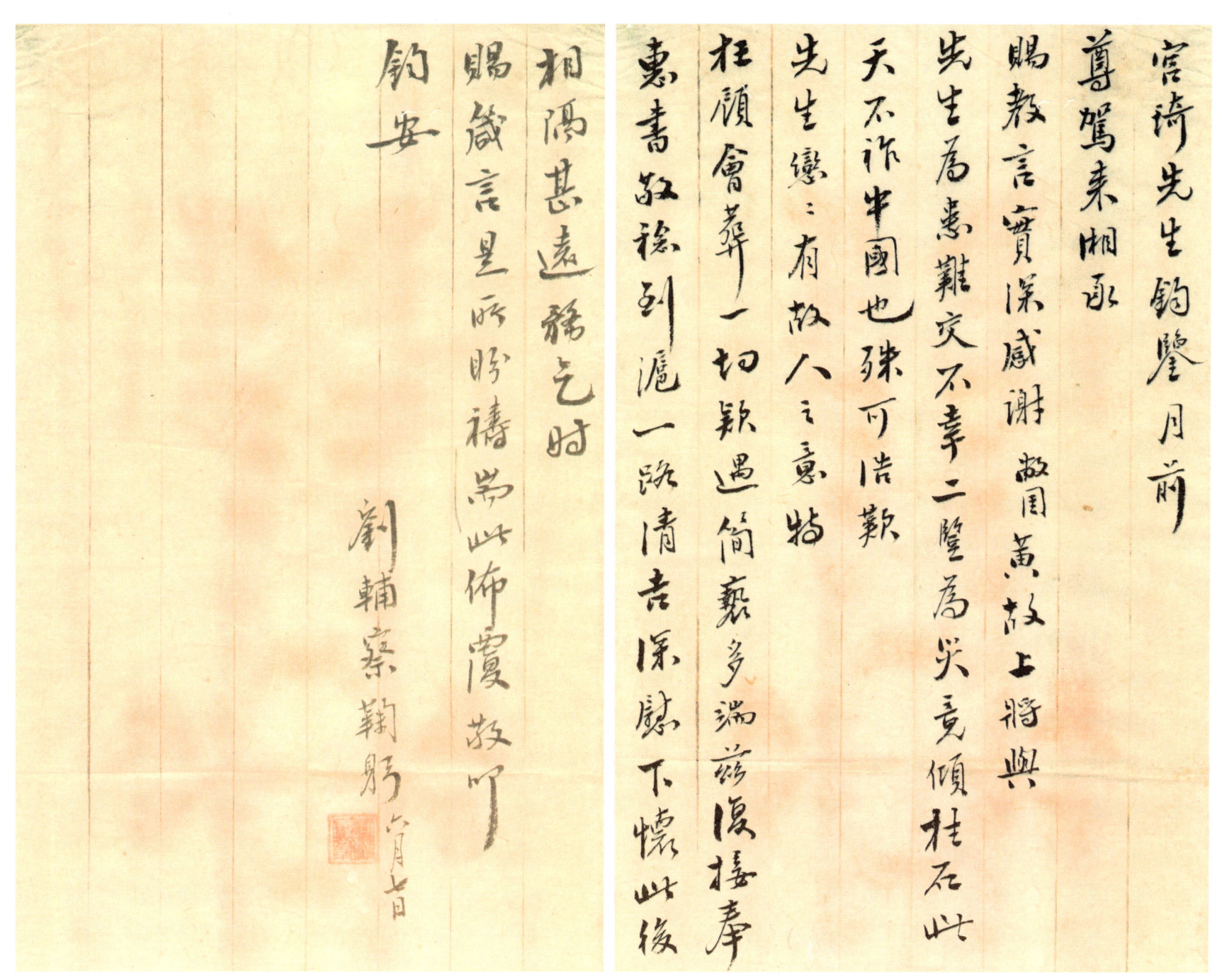

刘辅察致宫崎滔天函（1917年6月8日）

释读

宫崎先生钧鉴：

月前尊驾来湘，承赐教言，实深感谢！敝国黄故上将与先生为患难交，不幸二竖为灾，竟倾柱石，此天不祚中国也，殊可浩叹。先生恋恋有故人之意，特枉顾会葬，一切款遇，简亵多端。兹复接奉惠书，敬稔到沪一路清吉，深慰下怀。此后相隔甚远，务乞时赐箴言，是所盼祷。专此布复。敬叩

钧安

刘辅察鞠躬

六月七日

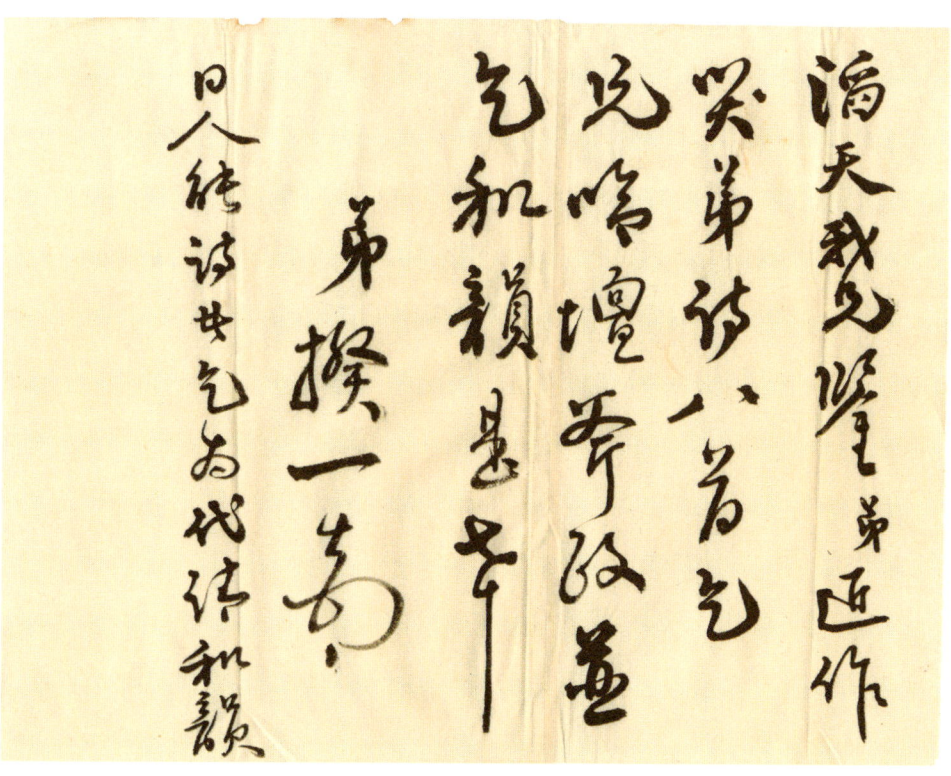
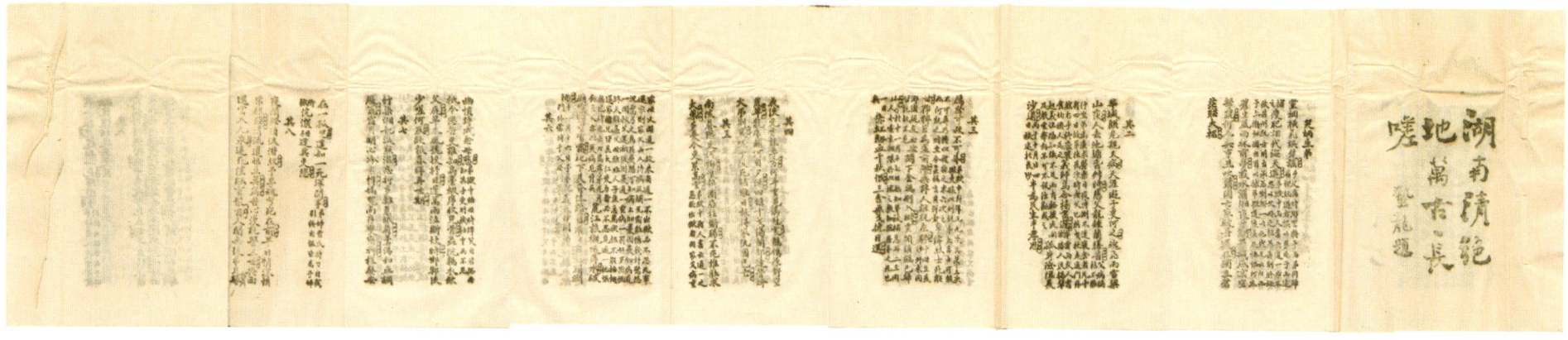

刘揆一致宫崎滔天函（1908年2月16日）

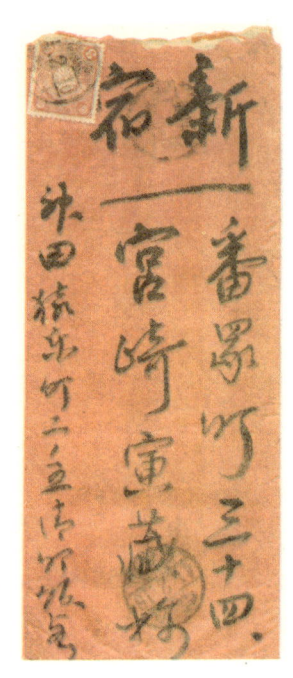

释读

滔天我兄鉴：

　　弟近作哭弟诗八首，乞兄吟坛斧政，并乞和韵是幸。

　　　　　　　　　　　　弟揆一顿首

日人能诗者乞为代请和韵。

湖南清绝地，万古一长嗟 蛰龙题

《哭炳生弟》

党锢横飞误楚谣，瘦肥相代海天遥。苍生风雨床前梦，菽水潇湘夜半潮。早识燕京空击筑，何如吴市且吹箫。国亡家破吾还在，独立苍茫赋大招。

其二

华域颠危亲又病，天涯游子更何之。魂飞雨雪梁山夜，人去池塘春草时。慈父龙钟兰膳苦，义师乌合羽书迟。孤身险阻长沙道，半为民生半孝思。

其三

厉声可杀不可辱，争传烈士死能甘。狰狞官为虚前席，桑梓人谁脱左骖。阙下金鸡刚入树，云间旗鹤已归山。赤虹剑血千秋恨，三舍无戈挽日还。

其四

义侠元方让季方，何年重见汉冠裳。鹡鸰原野空荒草，龙虎关河自夕阳。四镇干戈伤阁部，连营烽火吊荆襄。嗟予后死艰难日，报得家仇国已亡。

其五

南陔眷恋更何乡，深锁圜扉枉断肠。不死谁能求大药，多忧今更累高堂。荒江旅榇随萍水，破庙灵帏空雪霜。地下晨昏休话旧，萧萧日影黯浏阳。

其六

幽愤诗成念母慈，只今悲苦更谁知。乌台虾席收儿骨，虫院鹑衣敛父尸。草木风号投杼日，蓬蒿雨泣断炊时。邯郸侠少嗟何及，欲报春晖再世期。

其七

竹染湘妃泪默滋，忍教多难累蛾眉。羹汤和血调尘釜，霜月明心冷素帏。妫览尚存双宿将，程婴安在一孤儿。遥知一死浑闲事，伉俪相逢莫更悲。

其八

夜阑灯暗泪潜然，予季魂兮宛在前。早日深情棠棣赋，清流遗恨豆萁篇。苦心漫说仇三世，掩面还当入九泉。速死倘能重聚首，人间无复弟兄缘。

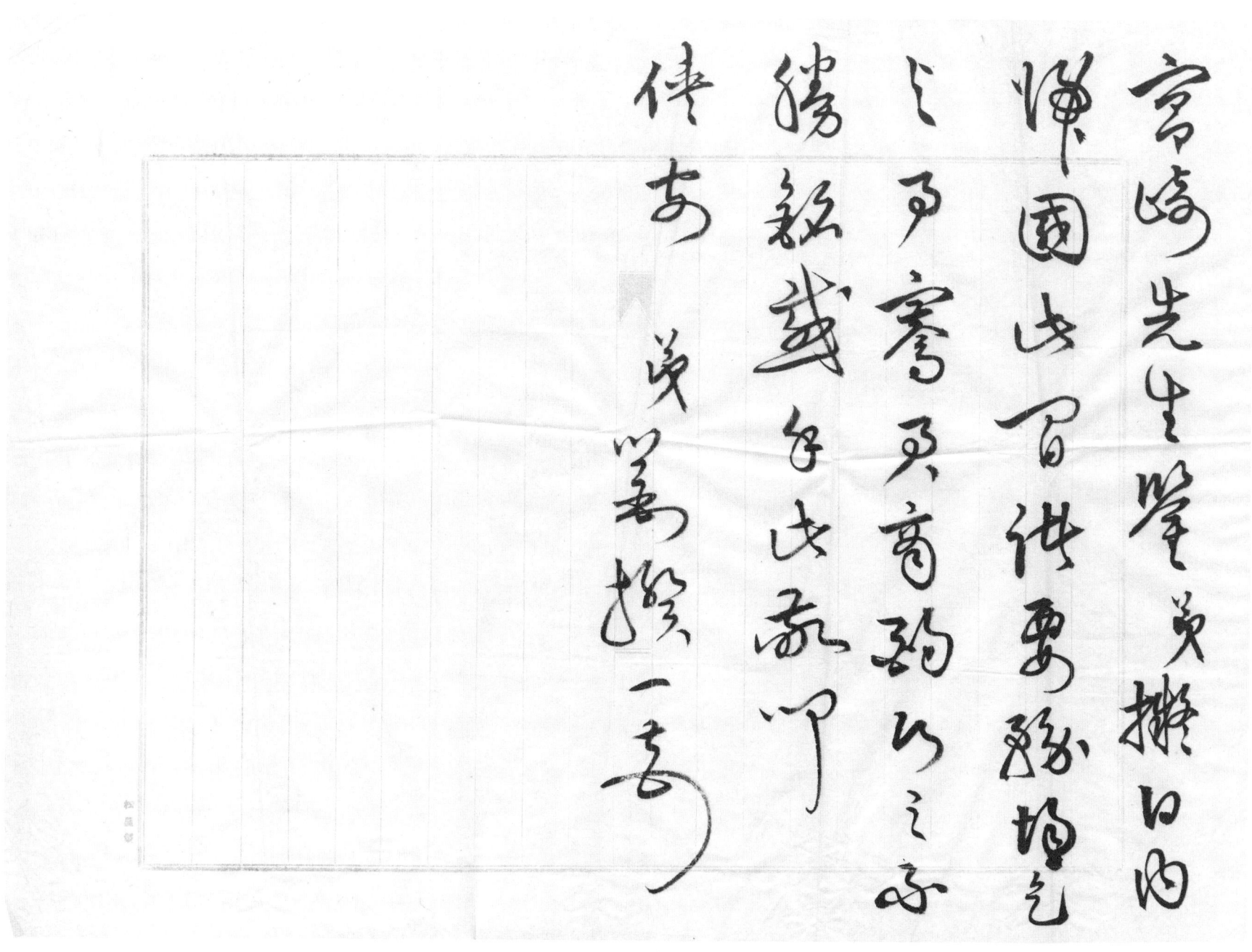

刘揆一致宫崎滔天函

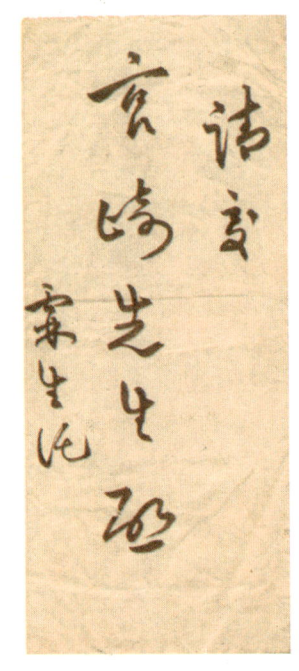

释读

宫崎先生鉴：

　　弟拟日内归国，此间诸要务，均乞与子骞君商酌行之，不胜铭感。手此，敬叩

侠安

弟刘揆一顿首

謹啓
金澤清詳賀し奉り候
先般孫中山先生の許
にて拝眉にかゝりくる気
を失礼仕り其後早速
為上致す筈の處々々
病気にて未だ致礼致し
居らざる段は何卒鳴呉
より托せられたるものに
つき不敢取拝送附申上
げ尤其内に拝眉にかゝり
委細申上度く候

五月廿日
後學劉藝舟拜函

宮崎滔天先生

刘艺舟致宫崎滔天函（1914年5月20日）

宮崎滔天家藏民国人物书札手迹（第六卷）

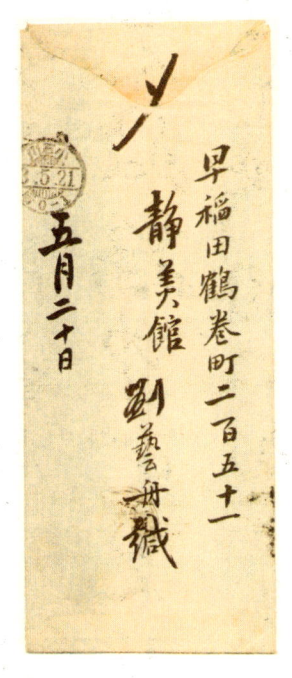 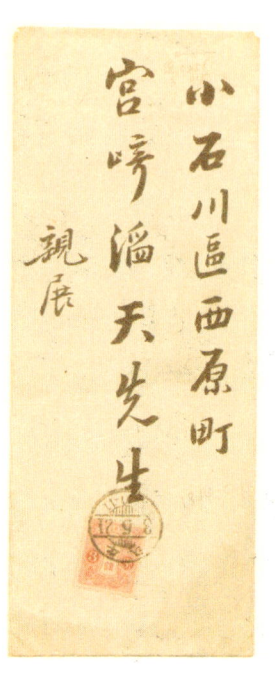

释读

謹啓

　愈御清祥賀し奉り候、先般孫中山先生の許にて御目にかかりたる節□失禮仕り候。其後早速参上致す度き筈の所少々病気に未だ欠礼致し居り候。別紙は何海鳴氏より托せられたるものにつき、不敢取御送付申上げ候。其内に御目に掛かり、委細申上げ度く候。

　宮崎滔天先生

　　　　　　　　　　　　　　　　　　　　　　後学劉藝舟幼冠

　　　　　　　　　　　　　　　　　　　　　　　　五月二十日

中译文

谨启：

伏维贵体日益康泰，先般受孙中山先生之命拜会您，诚失礼至极。其后当速造访，然因病失礼至今。别纸乃何海鸣氏所托，且一并奉上，其内敬请过目，详细呈上。

宫崎滔天先生

后学刘艺舟 幼冠
五月二十日

拜啓久别風儀，夢魂思念，中心藏之，無日忘之也。此吹芋命之後，未獲善果，欲存芳命之本來面目，耻與貪利者授身官僚之中，乃小有組織，曾與竟強天計議允助資以成其事，不圖事止組織初成，耻農投杭州返上海二日先陸失所，撒手而逝。五衷摧憶其事又不能中止，因訂約於日

滔天同志若友先生

柳聘農啓 十一月五日

內交貲三千元故也。今特商之於我，老友上海日人有可貸資三千元之處否，若允相助，有處可以貸金定期半年或一年返還貸金，且依利息計算至定期之時，决可返金必無差誤。乞我老友一為思之，若能援助成其事，則感激更無涯矣，此上

滔天先生 柳聘農啓 十一月六日晚

拟碇二次相訪未獲面會為悵，昨留書一紙詳陳之事因難中止之故，約不能作廢無效，特乞援助而時期又逼近何時有暇請約面談，明日午前在黃宅相元迎事，此上

滔天先生

柳聘農啓 十一月六日晚

柳聘农致宫崎滔天函（1916年11月5日）

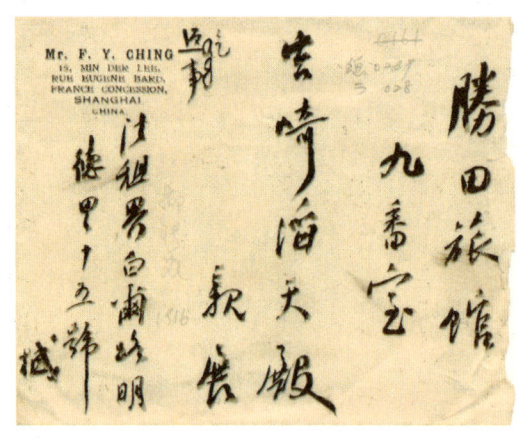

释读

拜启：

久别风仪，梦魂思念，中心藏之，无日忘之也。此次革命之后，未获善果，欲存革命之本来面目，耻与贪利者投身官僚之中，乃小有组织，曾与克强君计议，允助资以成其事。不图事正组织初成，聘农于杭州返上海二日，克强君即撒手而逝，五衷摧怆。其事又不能中止，因订约于日内交资三千元故也。今特商之于我老友，上海日人有可贷资三千元之处否？若允相助，有处可以贷金，定期半年或一年，返还贷金，且依利息计算，至定期之时，决可返金，必无差误。乞我老友一为思之，若能援助成其事，则感激更无涯矣。此上

滔天同志老友先生

柳聘农启
十一月五日

拜启：

二次相访，未获面会为怅。昨留书一纸，详陈之事，因难中止之故（约不能作废无效），特乞援助。而时期又逼近，何时有暇，请约面谈。明日午前在黄宅，即乞返事。此上

滔天先生

柳聘农启
十一月六日晚

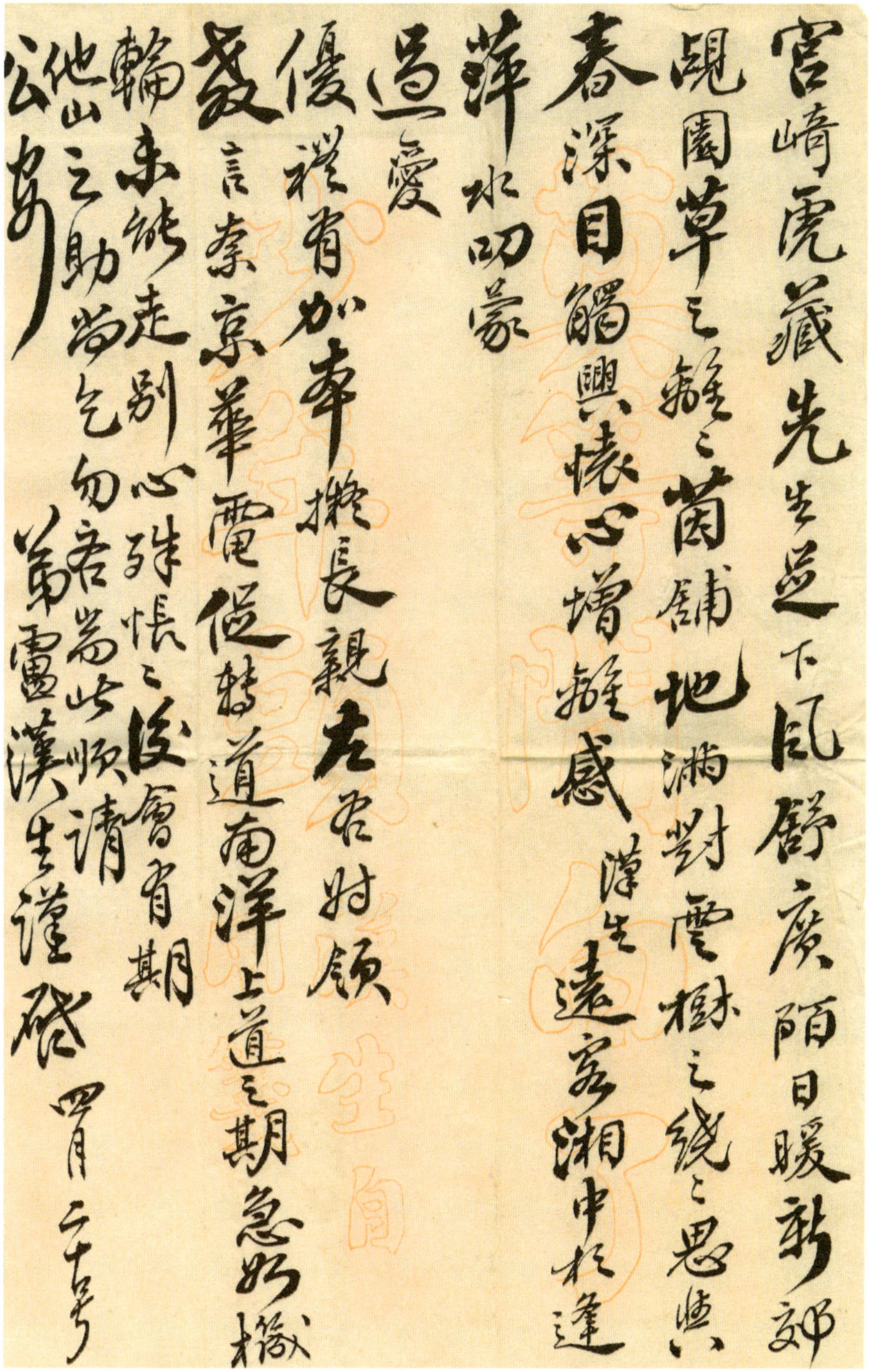

宮崎寅藏先生足下风尘陌日暖新郊魂园草之離之菌舖地滿對雲樹之绕之思與春深目觸興懷忙增雜感渾生遠家湘中枝逢萍水叩蒙

過愛

優禮肯力奉揽長親左右對領

發言奈京華電促轉道南洋上道之期急即搭輪束谁走别心张帳之临會有期他出之助尚乞勿吝弗此順请

公安

菊卢漢生謹啟

四月二十号

卢汉生致宫崎滔天函（1917年4月20日）

 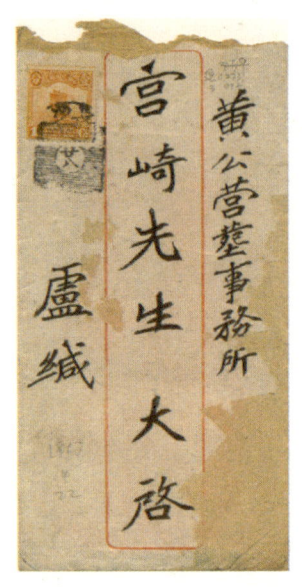

释读

宫崎虎藏先生足下：

　　风舒旷陌，日暖新郊。觇园草之离离，茵铺地满；对云树之绕绕，思与春深。目触兴怀，心增离感。汉生远客湘中，相逢萍水，叨蒙过爱，优礼有加。本拟长亲左右，时领教言，奈京华电促，转道南洋。上道之期，急如机轮，未能走别，心殊怅怅。后会有期。他山之助，尚乞勿吝。专此，顺请

公安

弟卢汉生谨启
四月二十号

宮崎先生偉鑒長沙一別企慕良深高懷雅誼洗滌塵囂要浮時領教言大開茅塞史天涯遠爾恨常徒先生其有以諒邪弟於丰玉京師居故友唐继尧生到上运楫到慮区日此蒙厚意時以花簡並随派代表親送重挹於得眉而死受生之隆情而得雙方更至矣感謝威謝荷闢陸倚

貴歲回國特修菲函敬託帶上以表景仰之忱欽戴之意同候之懇度云現去此處暑热夏之後當時東丝西來伴南浮親先生於炎夏之後當時黄國境地之清凉模範耜俗以作胎眷待翩此致請
暑安
南
廬漢生 薩啟 七月十日

卢汉生致宫崎滔天函（1917年7月10日）

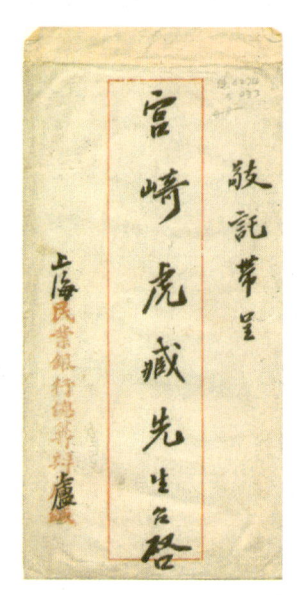

释读

宫崎先生伟鉴：

长沙一别，企慕良深。高怀雅谊，洗涤俗尘。安得时领教言，大开茅塞也。天涯远隔，心性常从。先生其有以谅我否乎？弟至京师，为故友唐继星烈士运榇到沪，追悼之日，比蒙厚意，赐以花筒，并随派代表，亲送灵柩于停厝地。吊死爱生之隆情，可谓双方兼至矣。感谢感谢！兹闻贵戚回国，特修芜函，敬托带上，以表景仰之心、钦感之意、问候之态度云。现在此处暑热太甚，不似贵国境地之清凉，先生于炎夏之后，当能惠然西来，俾弟得亲模范，以作仪型。为盼为祷。手此。敬请

暑安

弟卢汉生谨启

七月十日

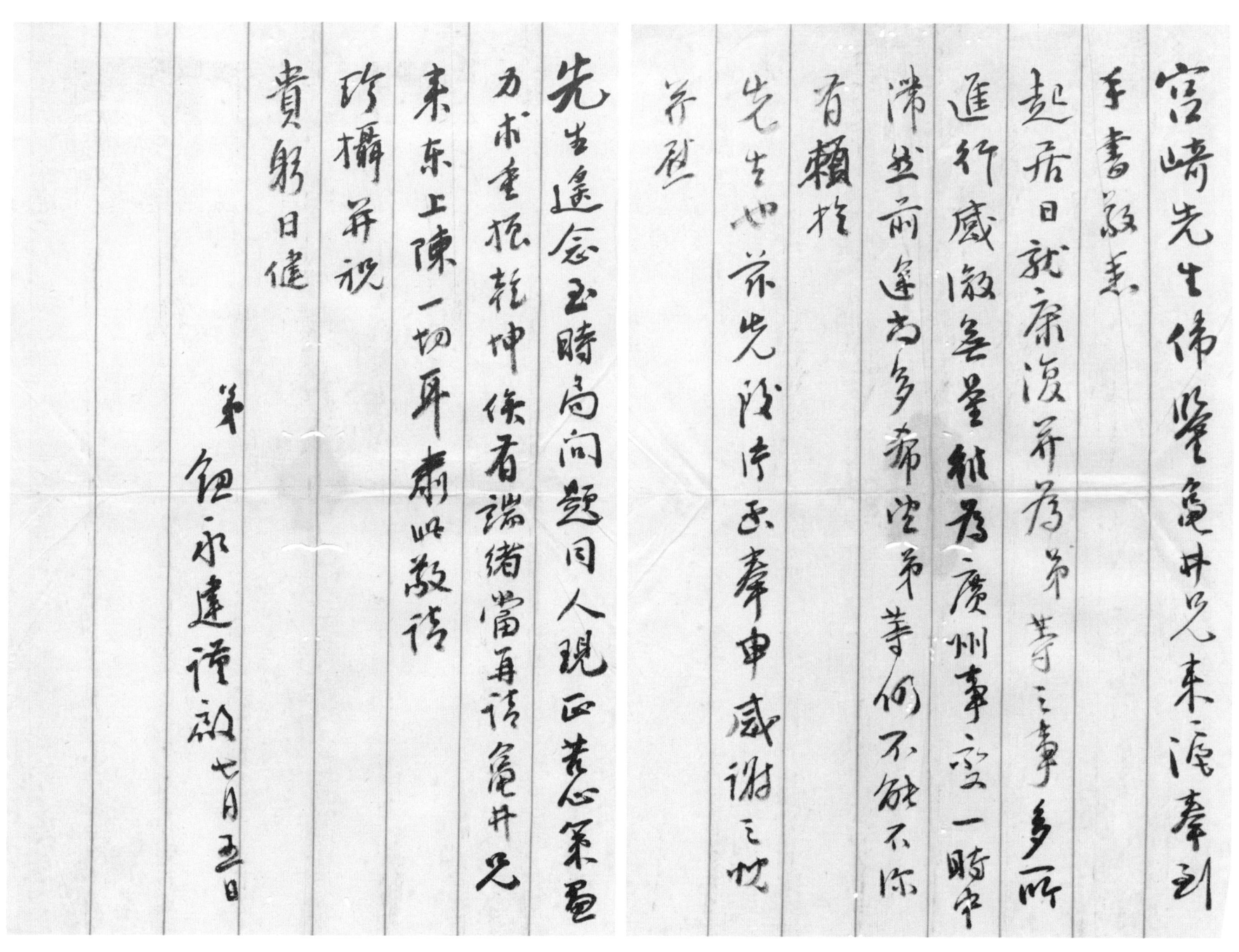

钮永建致宫崎滔天函（□年7月5日）

宫崎滔天家藏民国人物书札手迹（第六卷）

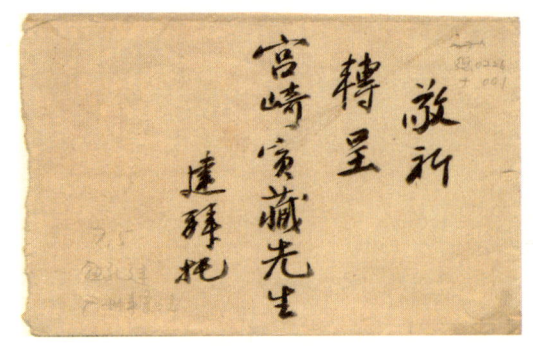

释读

宫崎先生伟鉴：

　　龟井兄来沪，奉到手书，敬悉起居日就康复，并为弟等之事多所进行，感激无量。彼为广州事变，一时中滞，然前途尚多希望。弟等仍不能不深有赖于先生也。兹先致片函，奉申感谢之忱，并慰先生遥念。至时局问题，同人现正苦心策画，力求重振乾坤。俟有端绪，当再请龟井兄来东上陈一切耳。肃此。敬请

珍摄，并祝

贵躬日健

弟钮永建谨启
七月五日

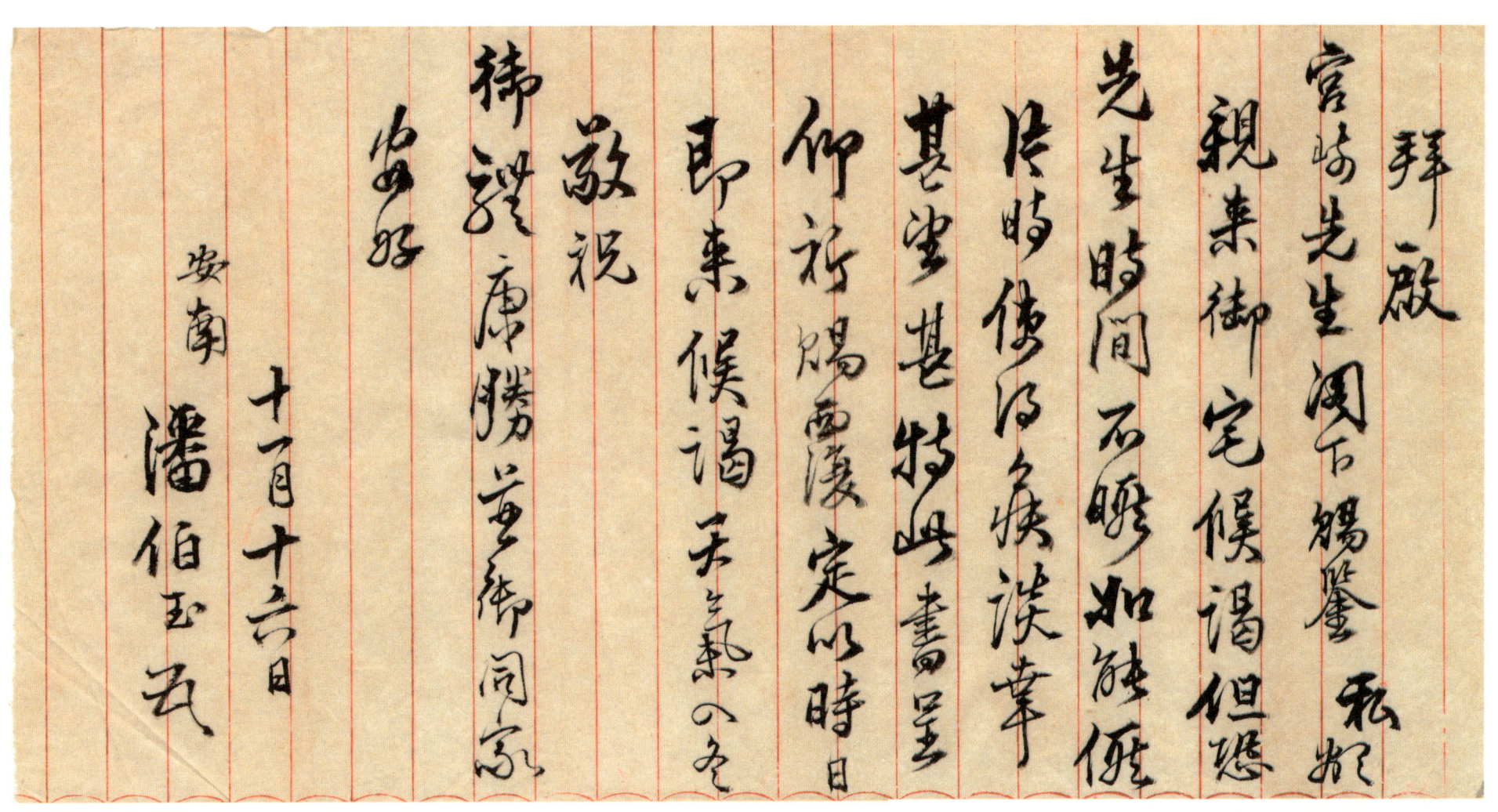

潘伯玉致宮崎滔天函（1908年11月16日）

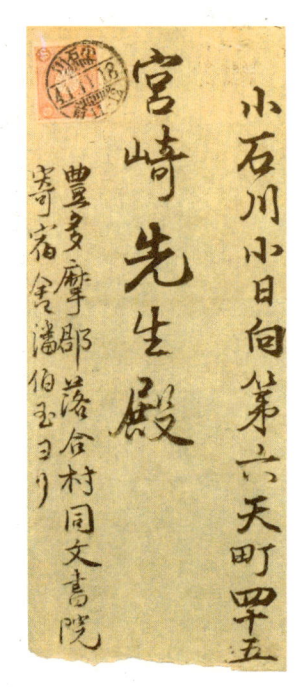

释读

拜启：

宫崎先生阁下赐鉴：

　　私欲亲来御宅候谒，但恐先生时间不暇，如能假片时，使得候谈，幸甚望甚！特此书呈，仰祈赐复，定以时日，即来候谒。天气入冬，敬祝

御体康胜。并御同家

安好！

　　　　　　　　　　　　　　　　　　　　　　　　安南潘伯玉顿首

　　　　　　　　　　　　　　　　　　　　　　　　　　十一月十六日

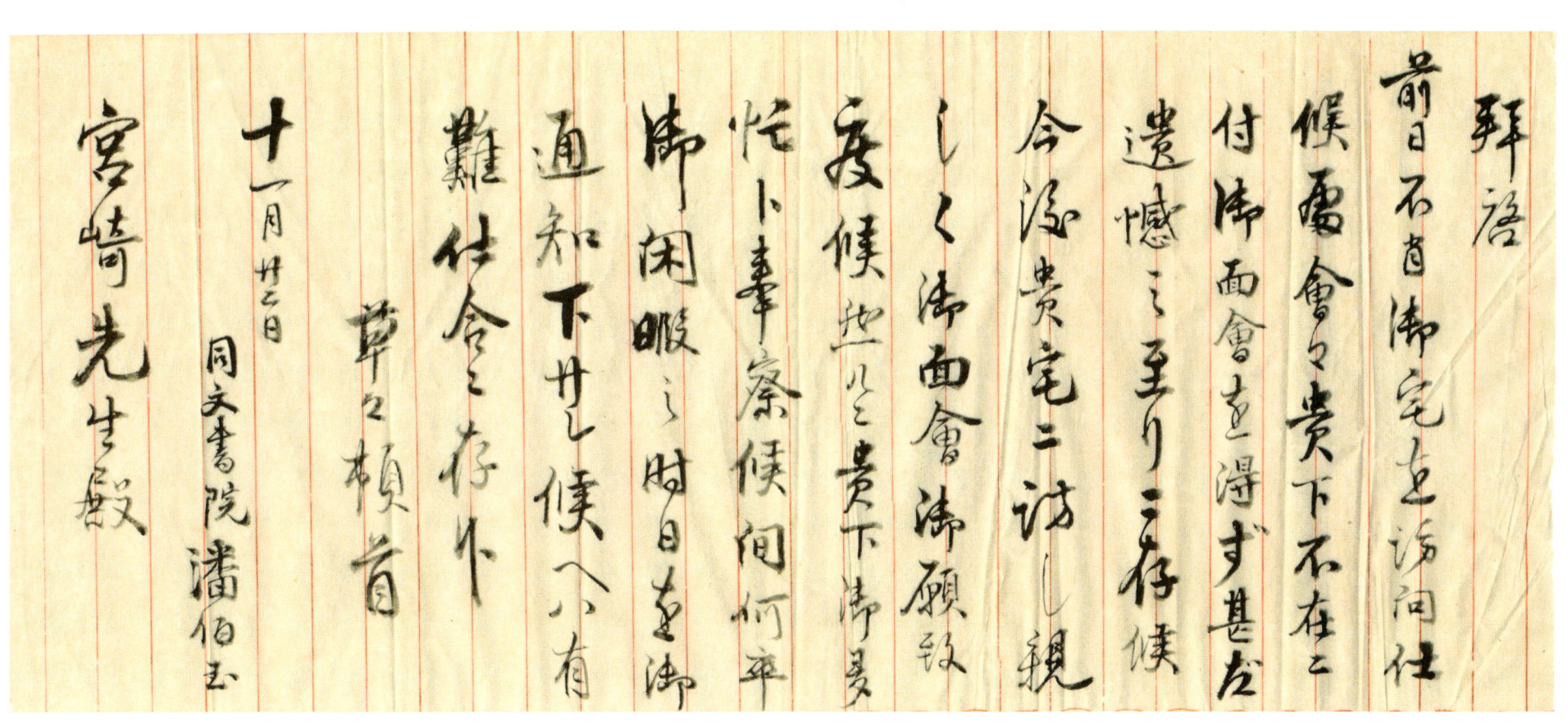

潘伯玉致宫崎滔天函（1908年11月22日）

宮崎滔天家藏民国人物书札手迹（第六卷）

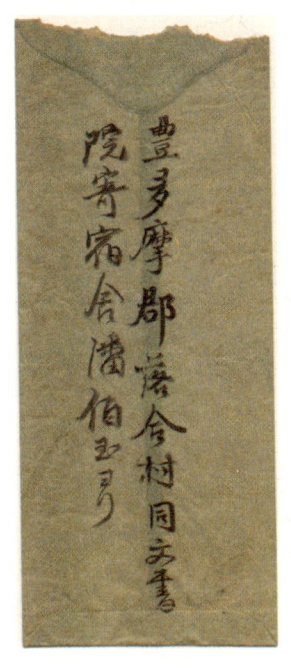
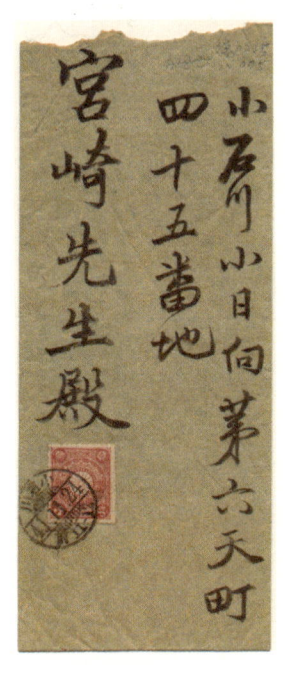

释读

拝啓

前日不肖御宅を訪問仕候所。会々貴下不在に付、御面会を得ず、甚だ遺憾な至ニ存候。今後貴宅ニ訪し親しく御面会御願致度候。然ルニ貴下御多忙ト奉察候間。何卒御閑暇な時日を御通知下サレ候ヘハ有難仕合ニ存候。

草々頓首

　　　　　　　　　　　　　　　　　　　　　　　十一月廿二日
　　　　　　　　　　　　　　　　　　　　　　　同文書院潘佰玉

宮崎先生殿

中译文

拜启：

　　前日不肖前往贵宅拜访，恰值您不在家，未能谋面，深感遗憾。今后打算再次访问贵宅拜会您，您百忙之中未知是否得便，望体察鄙意，将您闲暇之时日通知，感激不尽。
　　草草顿首
宫崎先生殿

同文书院潘伯玉
十一月二十二日

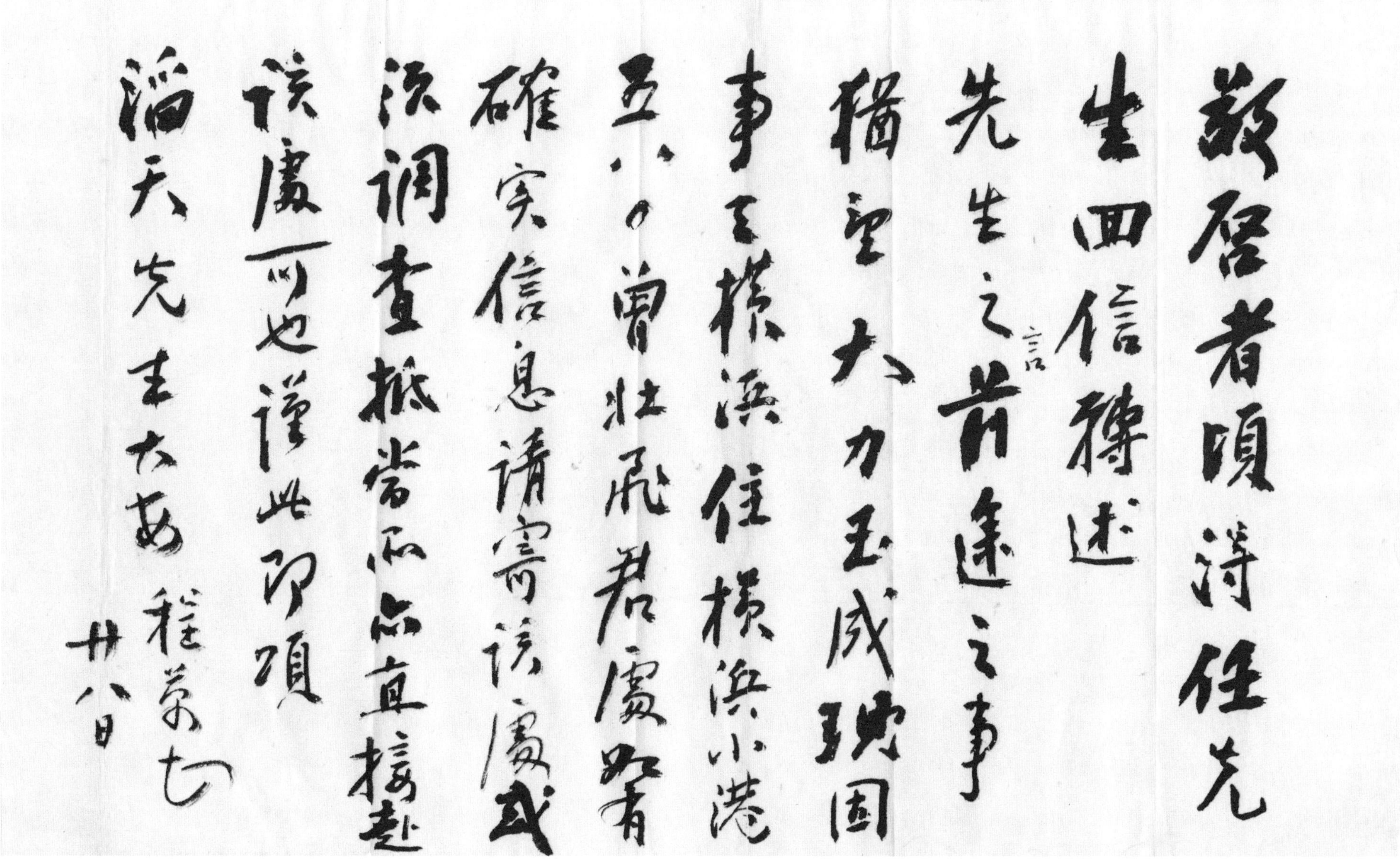

敬启者顷讨任先生四信转述先生之前途之事（言）
稻望大力玉成玻固
事已横滨佳横滨小港五○曾壮飞君震骛
确实信息请窑该虔式
汝调查抵当而应直接赴
该处可也谨此叩顷
滔天先生大安 程万
廿八日

彭程万致宫崎滔天函（1915年11月28日）

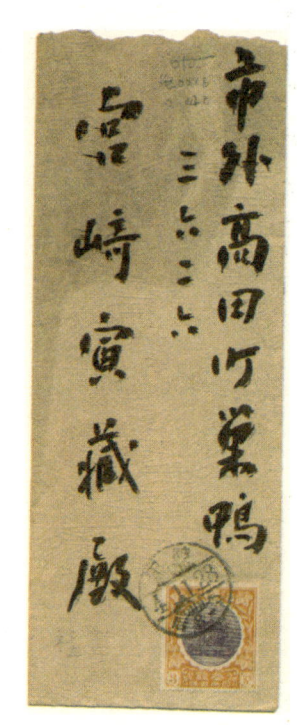

释读

敬启者：

  顷得任先生回信，转述先生之言。前途之事，犹望大力玉成。现因事去横滨，住横滨小港五八〇曾壮飞君处，如有确实信息，请寄该处。或须调查抵当所，亦直接赴该处可也。谨此，即颂

滔天先生大安

程万顿首

二十八日

任寿祺、吴鸿钧致宫崎滔天函（1914年5月6日）

宮崎滔天家藏民国人物书札手迹（第六卷）

释读

拝啓

　昨日失礼致しました。さて、頼んだの事をもう一度委く述べて申しませう。国民党江西支部の基本金は民国二年七月に於いて、経理人徐元誥から愛国堂、愛記、義記、国記などの名義を以て、銀幣四万元、紋銀弐萬両江西民国銀行に三た愛国堂の名義を以て銀幣一萬元江西儲蓄銀行に預って置きました。其の貯金の小切手は国民党或ひは経理人の名前は皆付ないが、八月の間迄第二度革命の事が失敗しましたから、江西民政長汪瑞闓と云いふ人は九月頃に於て、調査員を遣って此の事を調べて、何の証拠なくても押取りました。そして十二月十八日に至って、徐元誥は上海に来て何小柳様に頼んで張棟民と云ふ名前を出して、前記の小切手及び古畫を持って上海協豊洋行に抵当品として金五萬二千両を貸して（借？）其の償還期間は民国三年三月十八日迄を定って、若し此の一定の期間を過んだならば、債務者は其の貯金の権利を債権者に譲与して、則ち協豊洋行は自由に小切手を持って江西儲蓄銀行と民国銀行に金を貰って出来るとて云ふに約束しました。

　（説明一〇協豊洋行は昨年十二月十八日に正金銀行から金五萬弐千両を拂って、簿記に書いてから、故に此の数を以て定る。

　説明二〇愛国堂、愛記、義記等の貯金は實に五萬二千両に足りないから、故に古畫三軸を添ふ。

　説明三〇愛国堂の貯金の定期は民国三年三月二十日後に支拂す）

　故に今年三月頃協豊洋行から事務員を使って、江西に行て両銀行の総理と相談しました。然れども彼れの返事は今民政長の命令あるから、銀行から拂ひ出してのことはどうでも出来ない。此云ふ々に云ひましたから、該洋行の事務員は仕方はないから小切手を持て上海に返へりました。今協豊洋行の計画は先つ漢口の裁判所に起訴して、若し目的に達さないならば、又た北京に向ひますと思ひますが、私共は力弱いから偏に先生の方に助けての方法に頂いて、漢口領事或ひは北京公使に手紙を出して、援手を乞って願ひます。何時かお書きの手紙は出ましたならば知らせて下さい。私共は又た向ひ来ます。以上

　滔天先生

任壽祺

呉鴻鈞

五月六号

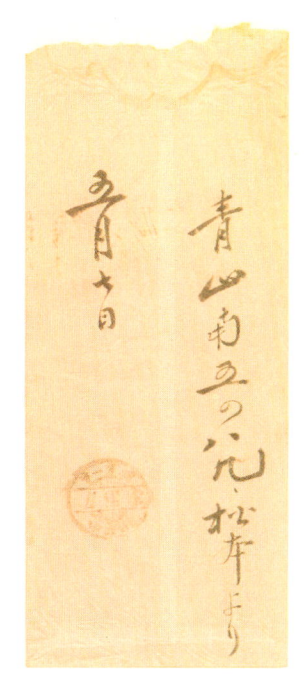

中译文

拜启：

　　昨日失礼了。所拜托之事，再次详细说明一下。国民党江西支部的基本金于民国二年七月由经理人徐元诰以爱国堂爱记义记国记等名义将银币四万元、纹银二万两存入江西民国银行。以爱国堂的名义向江西储蓄银行预存银元一万元。其存款支票国民党或经理人的姓名均无。八月间第二次革命失败，江西民政长汪瑞闿九月派调查员调查此事，无任何凭证却扣押了该款。十二月十八日徐元诰来上海，托何小柳以张栋民之名义持前述支票及古画作为典当品在上海协丰洋行借款金五万二千两，偿还期限为民国三年三月十八日，若过此期限，债务人则将其存款权利让与债权人，即双方约定协丰洋行可自由持此支票至江西储蓄银行和民国银行取出该款。（说明一，协丰洋行去年十二月十八日从正金银行支出五万二千两，因写有簿记，故定以此数字。说明二，爱国堂、爱记、义记等储蓄额实际不足五万二千两，故添古画三轴。说明三，爱国堂的储蓄定期为民国三年二月二十日，之后支付）故今年三月左右协丰洋行派事务员赴江西与两银行总经理商量，然其回复因有今民政长之命令，此笔钱无论如何不能从银行取出。该洋行事务员无奈持支票返回上海。今协丰洋行的计划先在汉口法院起诉，若不能达目的，则会转向北京。我等力量微小，请先生协助设法给汉口领事或北京公使写信乞施援手。贵函何时寄出，敬请通知，我等再行动。

滔天先生

任寿祺

吴鸿钧

五月六号

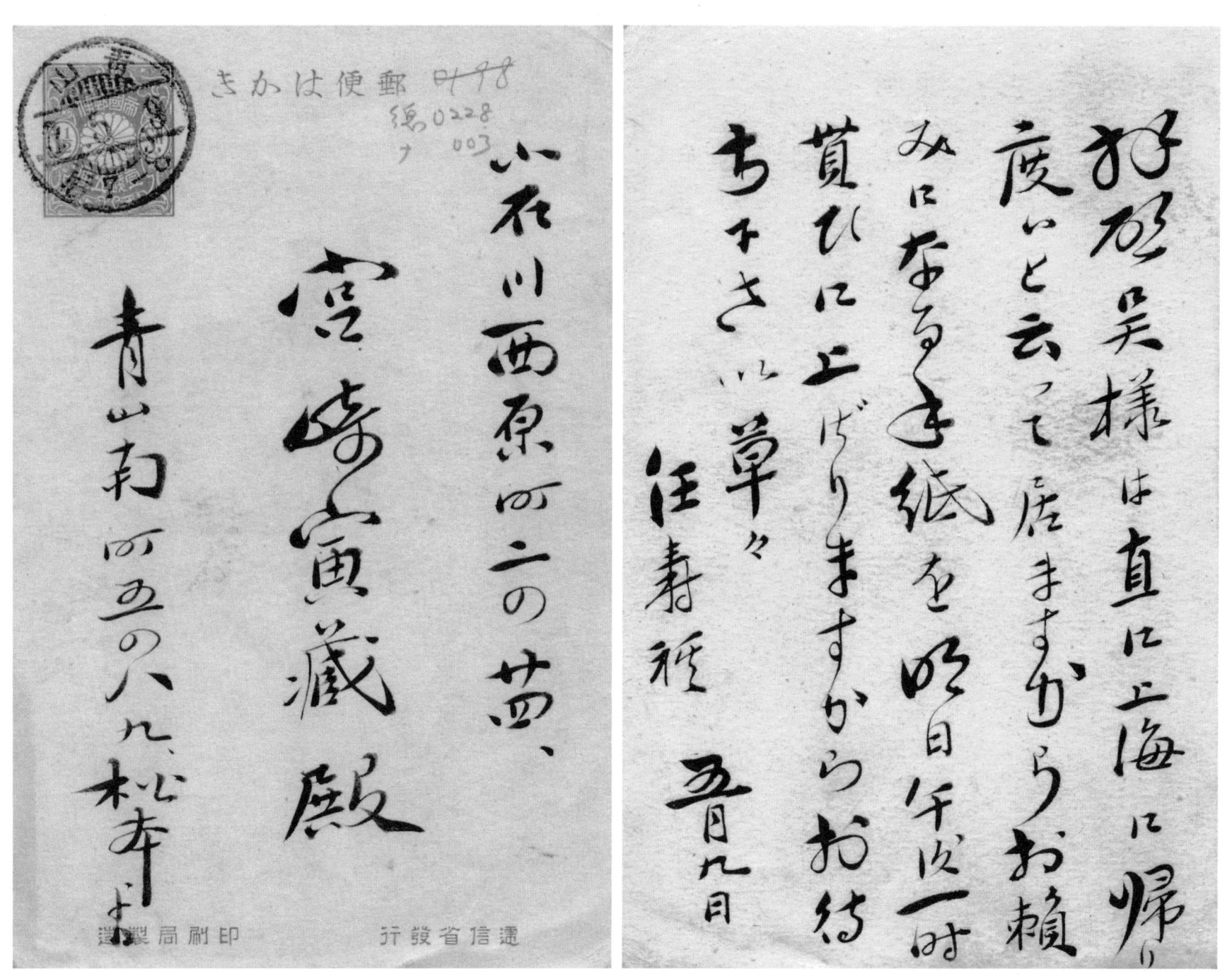

任寿祺致宫崎滔天函（1914年5月9日）

宫崎滔天家藏民国人物书札手迹（第六卷）

释读

拝啓
呉様は直に上海に帰り度いと云つて居ますから、お頼みになる手紙を明日午後一時貰ひに上げますから、お待ち下さい。草々。
　　　　　　　　　　　　　　　　　　　　　　　　　　　任壽祺
　　　　　　　　　　　　　　　　　　　　　　　　　　　五月九日

中译文

拜启：

　　吴先生想立即返回上海，您所拜托的信件，明日下午一点奉上，请稍等。草草。

　　　　　　　　　　　　　　　　　　　　　　　　任寿祺
　　　　　　　　　　　　　　　　　　　　　　　　五月九日

拝啓 先日は感謝致しました今頃何様の返事参りましたが何んでも云はないと云ふ小杉様は上月から東京に帰りました貴方の要件は直接に向ふ行て相談して宜しい其云ふ風に返事をましたから切に私共は今日午前京橋木挽四ノ二岡本旅館き小杉君と面會して経々の事を相談して彼の意見によって今非常にむつかしいから休め度いと云ひました其れから私共は再三再四に方々の関係を相談して一番後の結果は小杉君は三日の内
先生の御宅に伺ひて進行の方法を教へて貰ひます、死に角事実力に援って遣ってみよと云ひました
若し小杉君は御宅に来るならば是れ好の方法を教へて遣ふえ或ひは他の方面に運動して出来るよけ助けて下さい私共は微力ですからどしでも出ませんで偏ひに先生の尽力に頼みます午前御留守ですから此れやら申し上げます
　　　　　　　謹啓
宮崎先生
　　　任寿祺拝
　　　呉鴻鈞

宮崎滔天家藏民国人物书札手迹（第六卷）

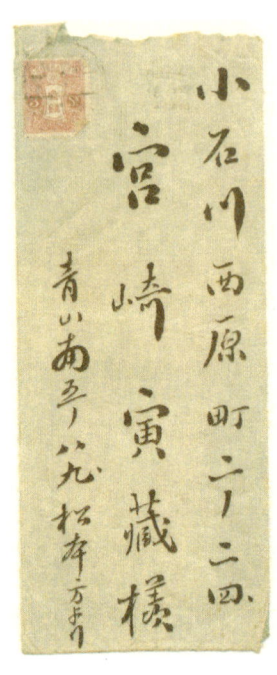

<u>释读</u>

拝啓

　先日感謝致しました。今頃何様の返事参りましたが、何んでも云はない、只た小杉様は上月から東京に帰りました。貴方の要件は直接に自分行て相談して宜しい、其云ふ風に返事しましたから、故に私共は今日午前京橋木挽町一の二岡本旅館に小杉君と面会して、種々の事を相談して、彼の意見によって今非常にむつかしから休め度いと云ひました。其れから私共は再三再四に方々の関係を相談して、一番後の結果は小杉君は二三日の内先生の御宅に来て伺ひて、進行の方法を教へて貰ひます。兎に角事実力に拠って遣ってみよと云ひました。若し小杉君は御宅に来るならば、是非好い方法を教へて遣って、或ひは他の方面に運動して出来る丈げ助けて下さい。私共は微力ですから、どうしても出来ません。偏ひに先生の大力に頼みます。午前御留守ですから此れ申し上げます。

　謹啓

　宮崎先生

　　　　　　　　　　　　　　　　　　　　　　　　　任壽祺

　　　　　　　　　　　　　　　　　　　　　　　　　呉鴻鈞

中译文

拜启：

前些日子非常感谢，现今已经收到何先生回复，没说其它，只是称："小杉上个月回到东京了。您的事情可以自己直接跟他谈。"因此，我今天上午在京桥木挽町1-2冈本旅馆与小杉君商量了很多事情。其意，目前非常艰难，想休息。经过再三地跟他分析各位的关系，最后，小杉君终于答应这两三天之内来您家拜访，向您请教推进的方法。他说：总之，他会量力而为的。如果小杉君来拜访您，还望您能教给他一个好方法，或者麻烦你从其它方面做做工作，尽可能帮帮我们。我等力量实在微弱，只有仰仗您大力相助。您早上没在家，特此说明。

  谨启
宫崎先生

                     任寿祺

                     吴鸿钧

粛啓

昨日御手紙ヲ拝見シマシタ．先生ハ御自分ニ小杉君ノ方ニ往訪シテ誠ニ御気ノ毒デス．小杉君ニハ別段ノ困難ノ事ヲ感ジテアリマセンカ ヨク先生ニ話シヽマシタカ 教ヘテ下サイ 先ニ角此ノ事ハ勢力ノ問題デハアリマセン 丸デ法律ノ問題デス 然レドモ袁政府ハ法律ヲ論ジテノ人デハアリマセンカラ 故ニ勢力ノ方面ヲ運動シナケレバナリマセン．今此ニナ複雑ノ状態ニ至ッテ 私ニ共ハドデモ微力デスカラ 直接ニ裁判所ニ控訴シテ出来マセン 若シ小杉君ハ今迄直ギニ止メテ進行シマセンナラバ 後ハドンナ人デモ頼ニデ出来マセン 名字ヲ出シタカラ私共ハ実ニ心配シマス．先生ハ熱心毅力ヲ以テ我ガ国ノ前途ヲ助ケテ此ノ事ヲ遇ッテ必ズ高見ヲ有リマス．先キ失敗予防ノ為ノニ漢ニ領事或ハ日置公使ノ側ニ消息ヲ通ジテ援助シテ敗ケナイノ處ニ立テヽ後裁判所ニ行ッテ安全デス．其ノ外ノセミイ方法ハ先生カラ教ヘテ願ヒマス 草々頓首　　滔天先生鑒

六月七日　　　　　　　　　　俊学 任寿祺

任寿祺致宮崎滔天函（1914年6月7日）

宮崎滔天家藏民国人物书札手迹（第六巻）

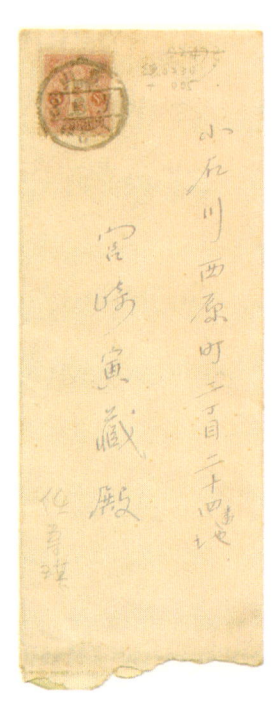

释读

　粛啓

　昨日御手紙ヲ拝見シマシタ。先生ハ御自分ニ小杉君ノ方ニ往訪シテ誠ニ御気ノ毒デス。小杉君ニハ別段ノ困難ノ事ヲ感ジテアリマセンカ、ヨク先生ニ話シテシタカ、教ヘテ下サイ。兎ニ角此ノ事ハ勢力ノ問題デハアリマセン。丸テ法律ノ問題デス。然レトモ袁政府デハ法律ヲ論ジテ人デハアリマセンカラ、故ニ勢力ノ方面ヲ運動シナケレバナリマセン。今此ニナ複雑ノ状態ニ至ッテ、私共ハドデモ微力デスカラ、直接ニ裁判所ニ控訴シテ出来マセン。若シ小杉君ハ今迄直ヂニ止メテ進行シマセンナラバ、後ハドンナ人デモ頼ンデ出来マセン。名字ヲ出シタカラ私共ハ実ニ心配シマス。先生ハ熱心毅力ヲ以テ我ガ国ノ前途ヲ助ケテ、此ノ事ヲ遇ッテ必ズ高見ヲ有リマス。先キ失敗予防ノ為メニ、漢口領事或ハ日置公使ノ側ニ消息ヲ通ジテ援助ヲ乞ッテ、敗ケナイノ処ニ立テテ、後裁判所ニ行ッテ安全デス。其ノ外ノ好イ方法ハ先生カラ教ヘテ願ヒマス。

　草々頓首　滔天先生鑑

六月七日

後学任壽祺

中译文

肃启：

昨日贵函收悉。先生自己往访小杉君，真不好意思。小杉君有其它特别困难之事呢，经常与先生交流否？总之，此事非势力问题，完全是法律问题。然因袁政府非论究法律之人，故必须从势力方面运动。今至此复杂状态，我等力量微小，不能直接去法院控诉。若小杉君如今停止进行，之后恐怕无人能拜托。将姓名给出，我等实在担心。先生以热情和毅力助我国之前途，遇此事，先生必有高见。为预防失败，乞通过汉口领事或日置益公使援助。以不败之境，经法院势必安全。此外有何好方法，也请先生赐教。草草顿首

滔天先生鉴

后学任寿祺
六月七日

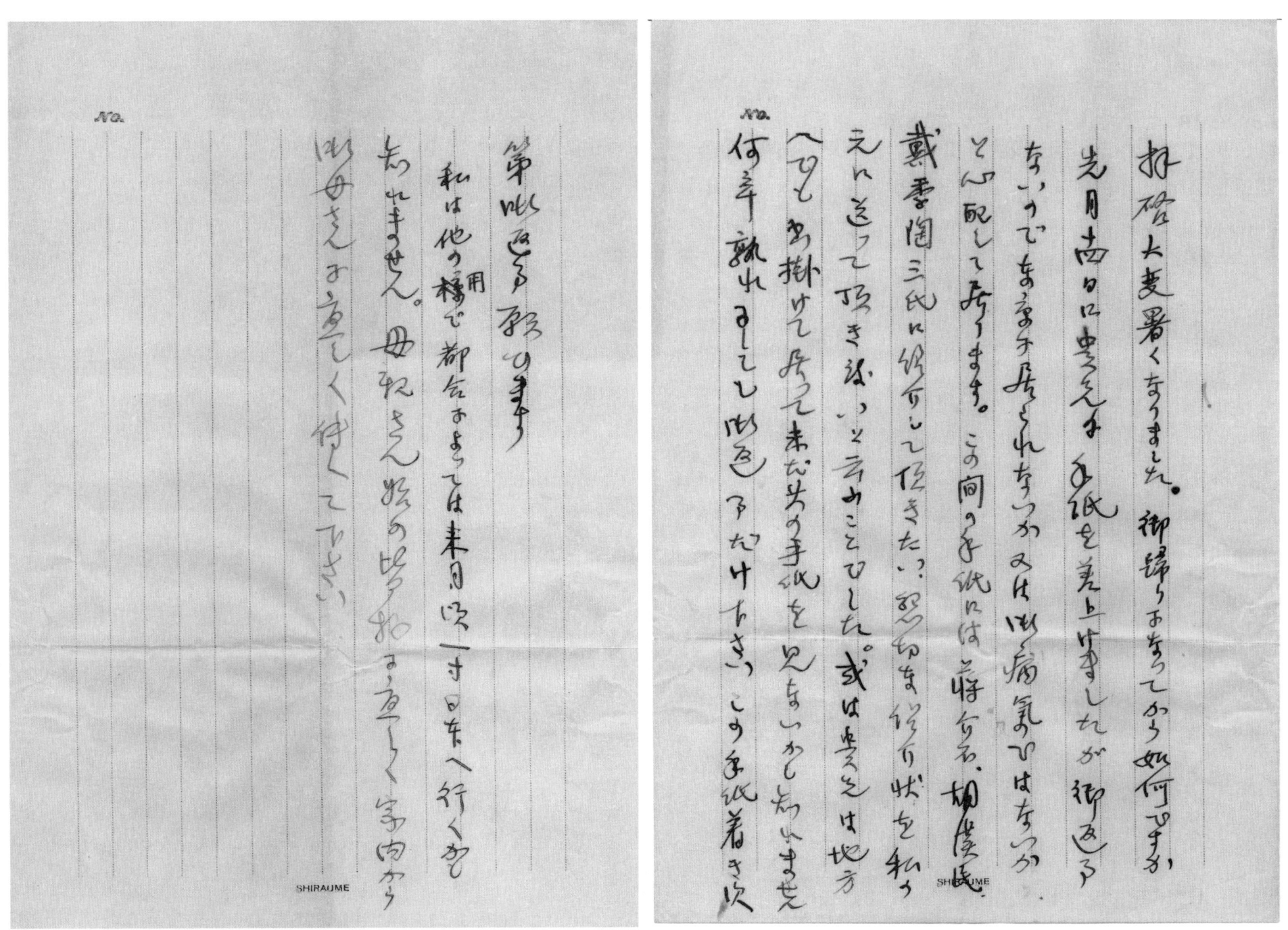

盛沛东致宫崎龙介函（1920年7月29日）

 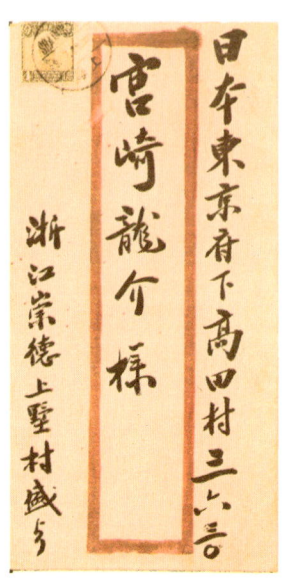

释读

拝啓

　大変暑くなりました。御帰りになってから如何ですか。先月十四日貴兄に手紙を差し上げましたが、御返事ないので東京に居られないか、又は御病気ではないかと心配して居ります。この間の手紙には蔣介石、胡漢民、戴季陶三氏に紹介して頂きたい、懇切な紹介状を私の元に送って頂き度いと云ふことでした。或は貴兄は地方へてと出掛けて居って未だその手紙を見ないかも知れません。何卒孰れにしても御返事だけ下さい。この手紙着き次第御返事願ひます。

　私は他の用で都合によいては来月頃一寸日本へ行くかも知れません。母親さん始の皆様に宜しく、家内からお母さんに宜しく伝えて下さい。

中译文

拜启：

　　天气已经变得炎热，未知您回归后如何？上月十四日给您拜寄信函，尚未回复。一直惦记令兄是否仍居东京，或者是否生病。此前之信函中拜请您向蒋介石、胡汉民、戴季陶三位介绍，并麻烦将介绍信寄至我处。您也许外出尚未见到其信，无论如何，烦请回复。此信抵达之时，即盼回函。

　　我因有其他事，如若得便下月可能去趟日本。请向母亲及大家问好，贱内也请转问令母亲安康。

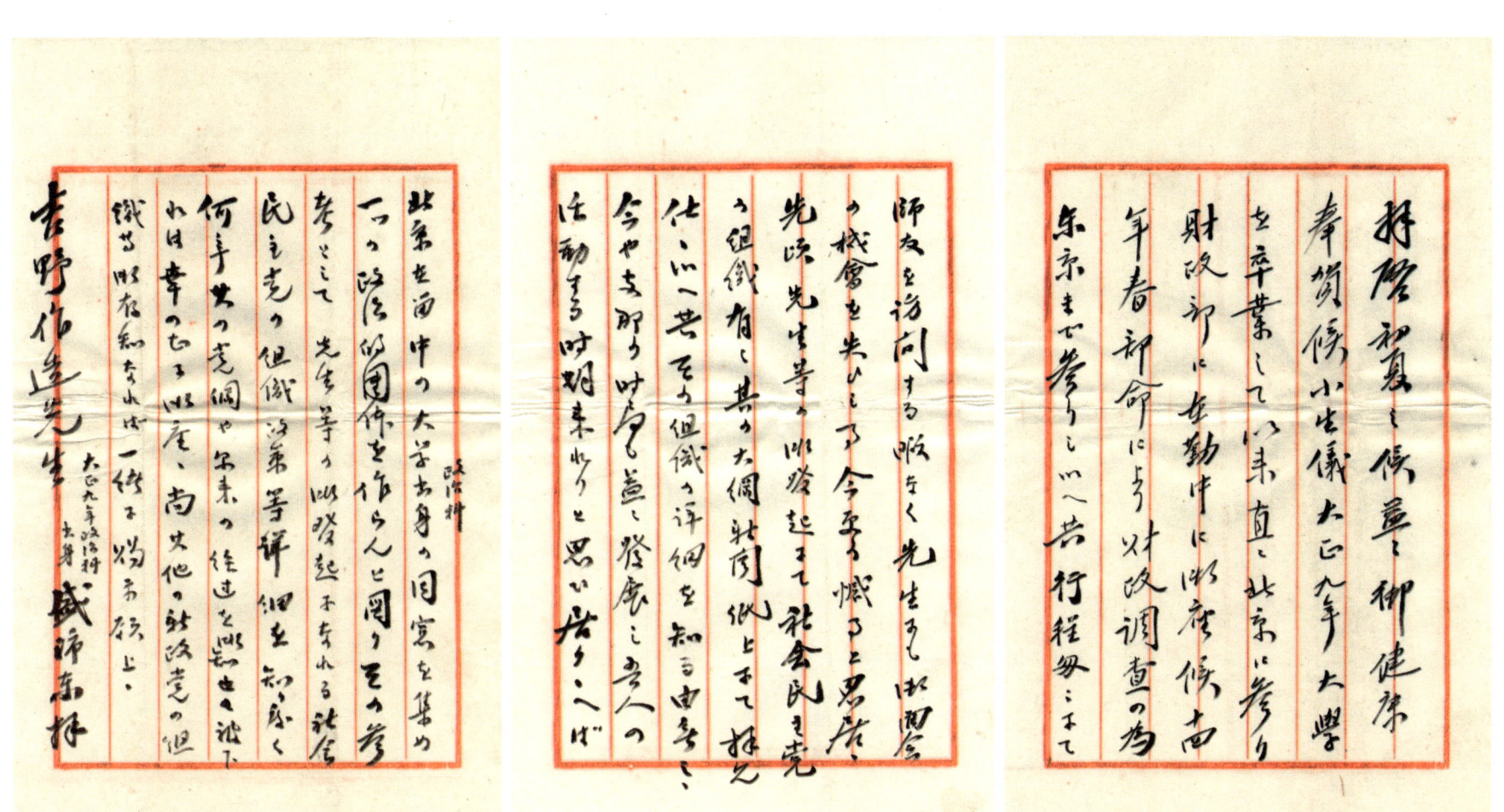

盛沛东致宫崎龙介转吉野作造函（1927年5月31日）

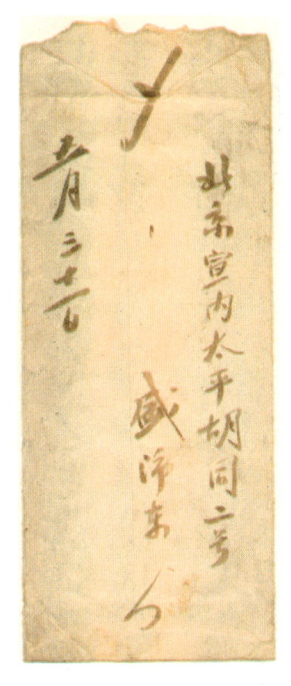 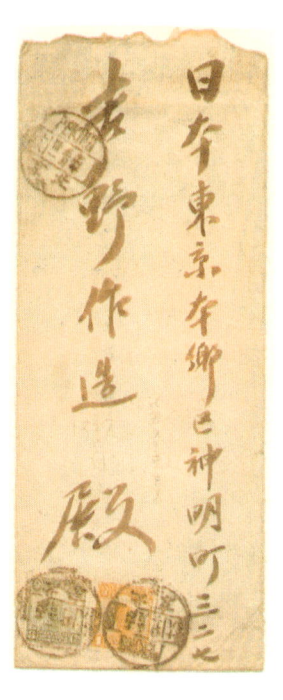

释读

拜啓

　初夏の候益々御健康奉賀候。小生儀大正九年大学を卒業して以来、直に北京に参り財政部に在勤中に御座候。十四年春部命により、財政調査の為東京まで参りし候へ共、行程匆々によって師友を訪問する暇なく、先生にと御面会ガ機会を失ひし事、今更に憾ると思居候。先頃先生等が御発起にて社会民主党の組織有し、其の大綱新聞紙上にて拝見仕候へ共。その組織の詳細を知る由無し。今や支那の時局も益々発展し、吾人の活動する時機来れりと思ひ居る候へば、北京在留中の大学政治科出身の同窓を集め、一つの政治的団体を作らんと図り、その参考として、先生等の御発起になれる社会民主党の組織政策等詳細を知り度く、何卒其の党綱や爾来の経過を御知せ被下れば幸の甚に御座候。尚其他の新政党の組織等御存知なれば一緒に賜示願上候。

　　　　　　　　　　　　　　　　　　　　　　　　　大正九年政治科出身　盛沛東　拝

吉野作造先生

中译文

拜启：

初夏之节，伏维贵体日益康泰。小生大正九年大学毕业以来，当即赴北京财政部在勤。十四年春奉部命，为财政调查来东京，行程匆匆，无暇拜会师友，连面会先生之机会也失，甚感遗憾。先前先生等组织发起社会民主党，其大纲报纸上曾拜读，但其组织之详细却无从知悉。今支那之时局日渐发展，窃思吾人活动之时机到来，欲召集北京在留中大学政治科出身之同窗发起一政治团体。作为参考，欲详悉了解先生等发起之社会民主党之组织政策等，若能将其党纲、迩来之经过等告知，不胜幸甚，若亦了解其它新政党组织等，也应一并赐示。
吉野作造先生

大正九年政治科出身
盛沛东拜

宫崎先生大鉴 酷别厚扰 郇厨人
生快事 侣不易得 由京赴滨 心舟荅延
期廿三日四午雨中出帆 遁东京左池
千叶一带山岭 渐趋渺远
岭州故人远送固会
先生尤劳倦 第二日以后天气晴
爽海色特为明静 独雨曙之弟石
陶钧之吉 曾君尤每食必饱作
感何舩晕之苦 曾君尤每食必饱作
未尝每饮必醉了——本日无了
着檀香山何境 前举曾偕张继先
生访吴镇城君于北花楼 依地人物
全州石兔洁欲偶遇张先生幸荐
达吉 南支勇静 每日来此如何 一攪
解缆日所见彷间峰仙 南中诸
君子澌有诚意求解快之道 东
风有役为泣 敦我穿偈 爰寄
巳曲晋君迅载明石赖灵 外切比如未
数枚籍志纪念 簟壑 此西阅
颂
道安 石陶鈞启二十
御家族 方々及贵友人 方々〈好り
十月四日

石陶钧致宫崎滔天函（1917年10月4日）

释读

宫崎先生大鉴：

　　临别厚扰郇厨，人生快事，信不易得。由京赴滨，以舟发延期，廿三日正午雨中出帆，过东京湾，左望千叶一带山岭，渐趋渐远，恰似故人远送。因念先生，尤为依依。第二日以后，天气晴爽，海意特为恬静，狎而习之，并不感何"船晕"之苦。曾君尤每食必饱，惟未尝每饮必醉耳。本日无事，着檀香山，忆前年曾偕张继先生访吴铁城君于此。花树依然，人物全非，不免浩叹。倘遇张先生，幸希达意。南支动静，日来复如何？据解缆日所见新闻纸，似南中诸君子，渐有诚意求解决之道。东风有便，尚望教我。寄信处前已由曾君函载明，不赘。外"明信片"数枚，藉表纪念，冀垂哂览。此颂

道安

向您全家及各位友人问好

　　　　　　　　　　　　　　　　　　　　　　石陶钧启

　　　　　　　　　　　　　　　　　　　　　　十月四日

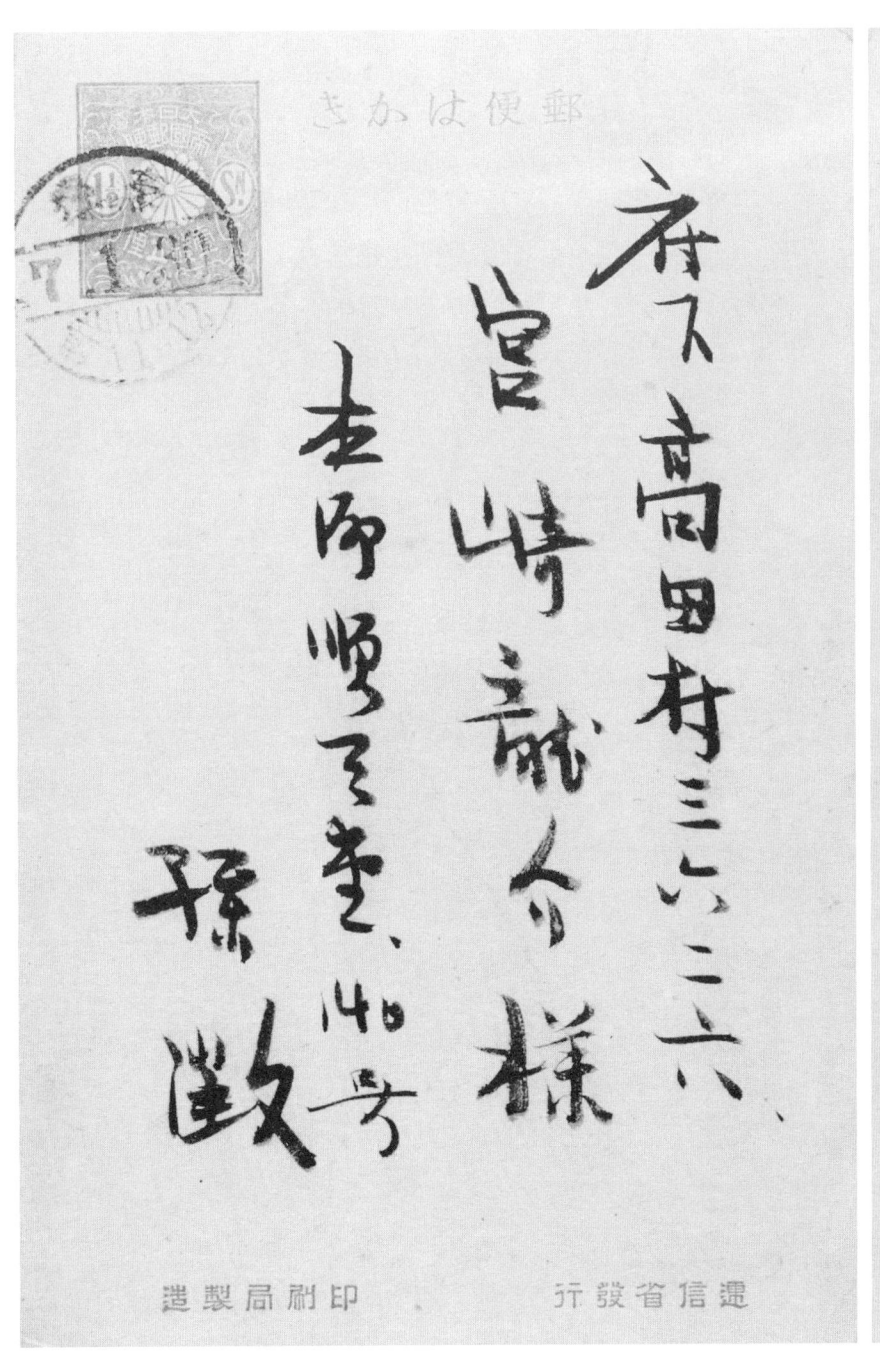

孫澂致宮崎滔天函（1918年1月30日）

释读

拝啓

　先日はわざわざ御見舞に御出て被下深く御禮申上ます。就ては私の病気にも段々快方に向ひますから、近々中に退院する積りで御座います。池袋の伯母様の御住所は何卒至急御知らせ被下度く。退院した後は是非とも御たつねする用事もあるが為であります。藤井様の御来診は何卒御盡力被下度く、同日御待ちして居ります。勝手乍ら存御願ひまで申上ます。匆々

正月三十日

中译文

拜启：

　　前日特意前来探望，深表谢意。贱病日渐恢复，近期将出院。池袋之伯母住所，敬请至急告知，出院后有要事欲往拜访。藤井先生之来诊，也请尽力，当日恭候光临。敬请多多关照。匆匆。

正月三十日

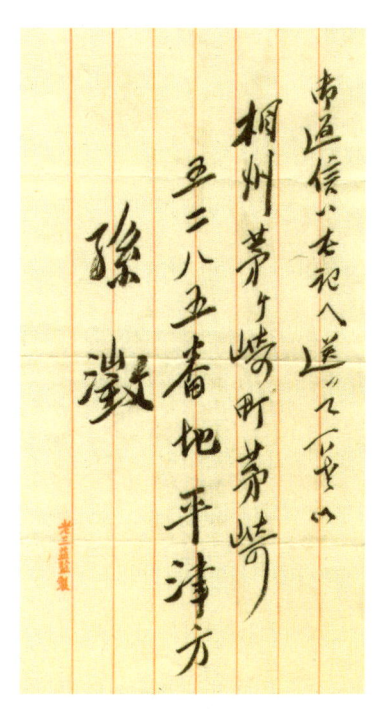
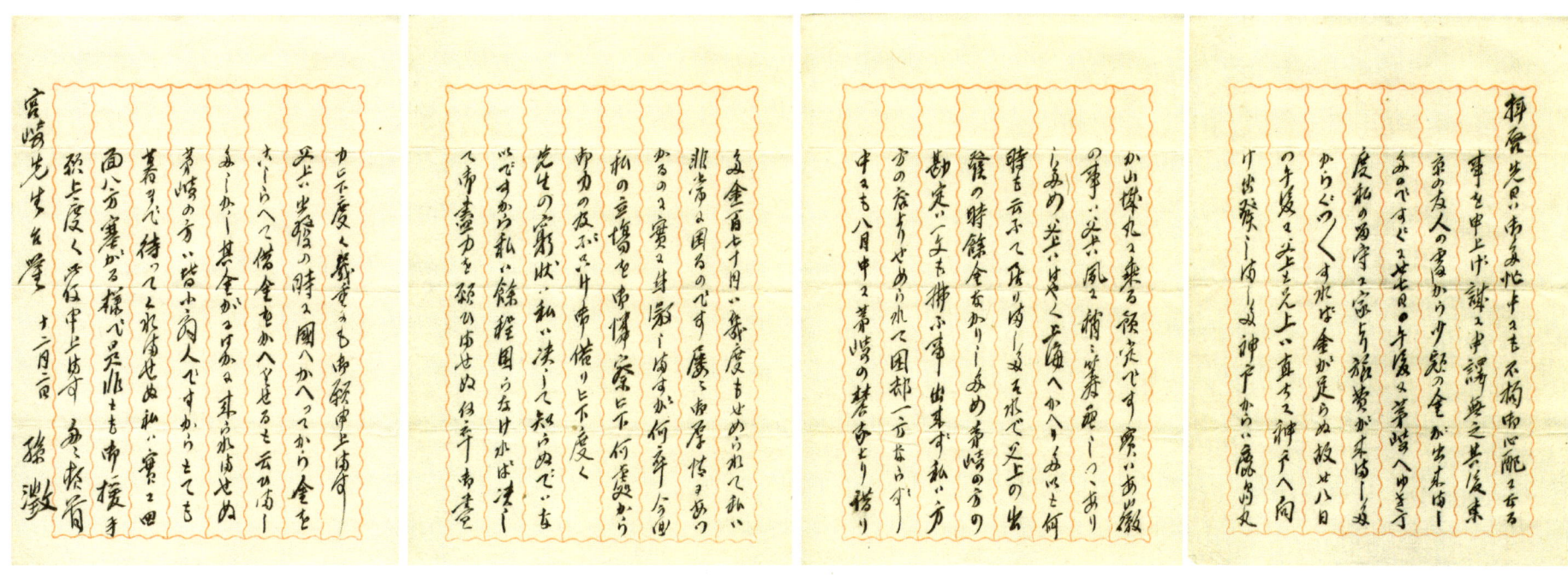

孫澂致宮崎滔天函（1918年12月2日）

宫崎滔天家藏民国人物书札手迹（第六卷）

释读

　　拝啓

　　先日は御多忙中にも不拘、御心配になる事を申上げ誠に申譯無之。其後東京の友人の處から少額の金が出きましたので、すぐに廿七日の午後又茅崎へゆき、丁度私の留守に、家より旅費がきましたから、ぐつぐつすれば金が足らぬ、故廿八日の午後に父上と兄上は直ちに神戸へ向け出発しました。神戸からは鹿嶋丸か山城丸に乗る予定です。実は安徽のことは父上は夙に稍々籌画しつつありしため、父上ははやく上海へかへりた。以上時も云ふて居りました。それで父上の出発の時余金なかりしため、茅崎の方の勘定は一文も拂ふことができず、私は方方の店よりせめられて困却一方ならず、中にも八月中に茅崎の林店家より借りた金百七十円は幾度もせめられて、私は非常に困るのです。屡々御厚情をあつかるのに実に感激しますが、何卒今回私の立場を御憐察被下、何処から御力の及ぶ只け御借り被下度く。

　　先生の窮狀は私は決して知らぬではないですから、私は余ほど困らなければ決して御盡力を願いませぬ、何卒御盡力被下度く幾重にもお願い申上ます。父上は出発の時に国へかへってから金をこしらへて、借金をかへさせると云いました。しかし、其の金がにはかにか来られませぬ。茅崎に方は皆小商人ですから、とても暮すで待ってくれませぬ。私は実に四面八方塞がる様で、是非とも御援手願上度く此段申上げます。

　　匆々頓首
　　宮崎先生台鉴

　　　　　　　　　　　　　　　　　　　　　　　　　十二月二日
　　　　　　　　　　　　　　　　　　　　　　　　　　　　孫澂

御返信は左記へ送って下さい
相州茅ヶ崎町茅崎
五二八五番地平津方（様）（転）
孫澂

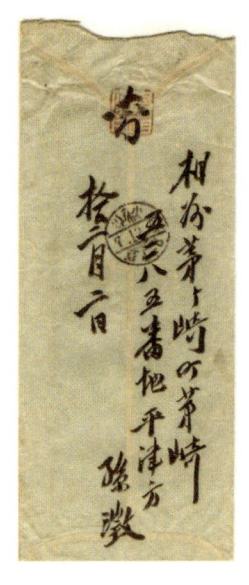 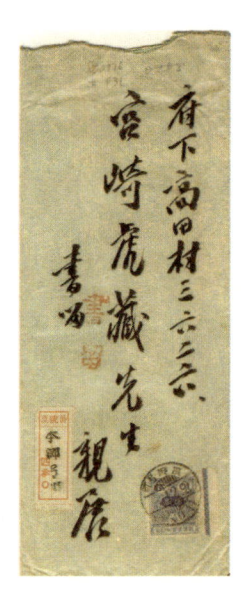

中译文

拜启：

  百忙之中，让您担心，非常抱歉。那之后，在东京的朋友处借到少量钱，二十七日下午，马上去茅崎。恰好我不在之时，家中寄来旅费。因钱不够，二十八日下午父亲和兄长马上出发赴神户，从神户预计乘鹿岛丸或山城丸。事实上安徽之事，父亲一直在筹画，父亲时常言及想早日返回上海。父亲出发之时无一文余钱结算茅崎时的费用，我被方方之店所逼，困顿潦倒。八月中又向茅崎林店家借款一百七十日元，也屡屡相逼，困窘之至。一直受您照顾，实感激不尽。此次还望怜察我状况，从何处设法施以援手。先生之窘境，我也并非不知，但我不是山穷水尽，迫不得已，决不会向先生请求帮忙，还望您尽力。父亲出发归国之际，云回国后筹钱归还欠款，但钱款也不能迅速抵达。茅崎之地皆小商人，不能久待，我四面楚歌，万望先生施以援手。

  匆匆顿首

宫崎先生台鉴

孙澄
十二月二日

回函请寄如下地址：

相州茅ヶ崎町茅崎

五二八五番地平津方

孙澄

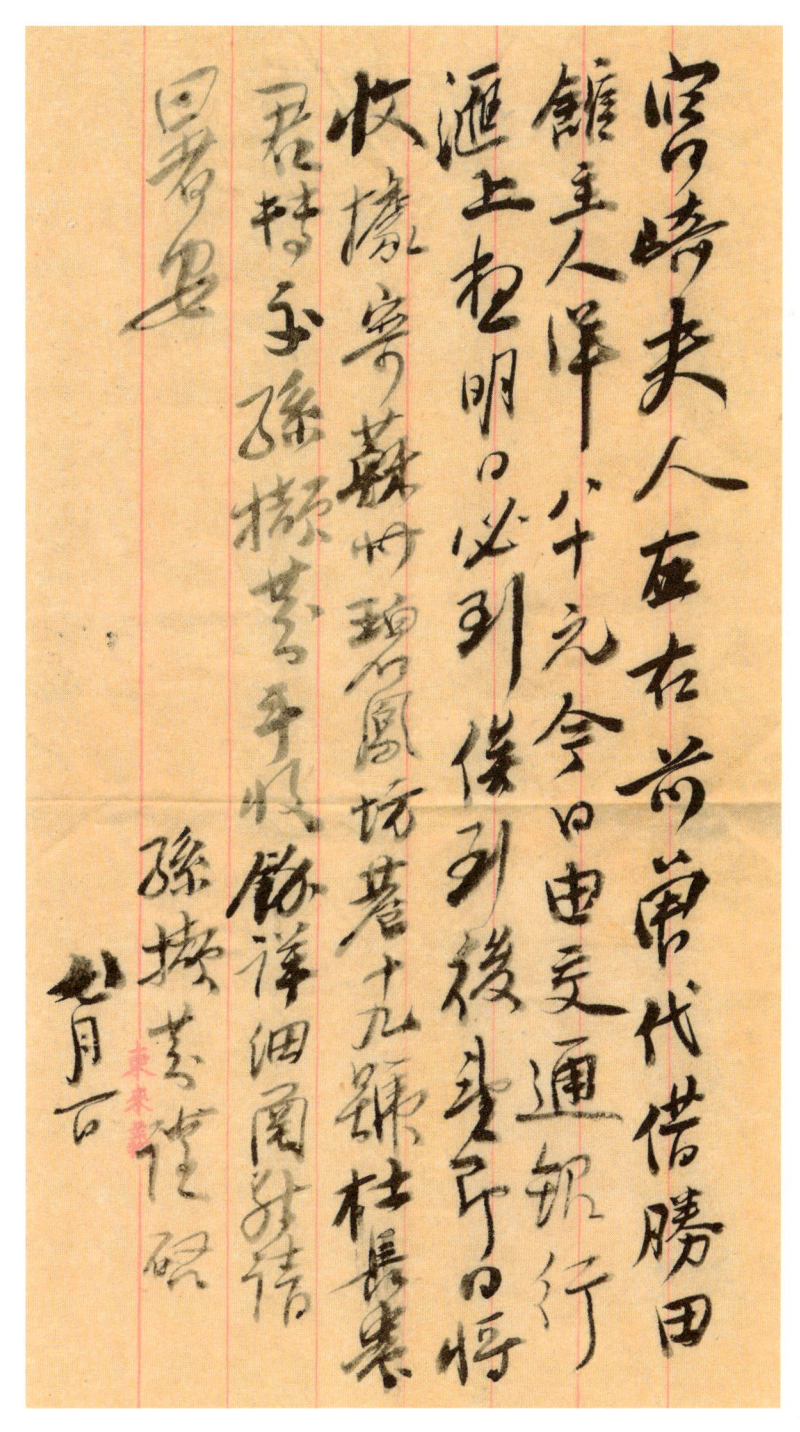

孙撷芬致宫崎夫人函（1918年8月1日）

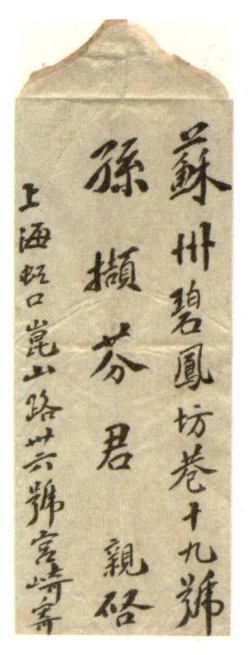
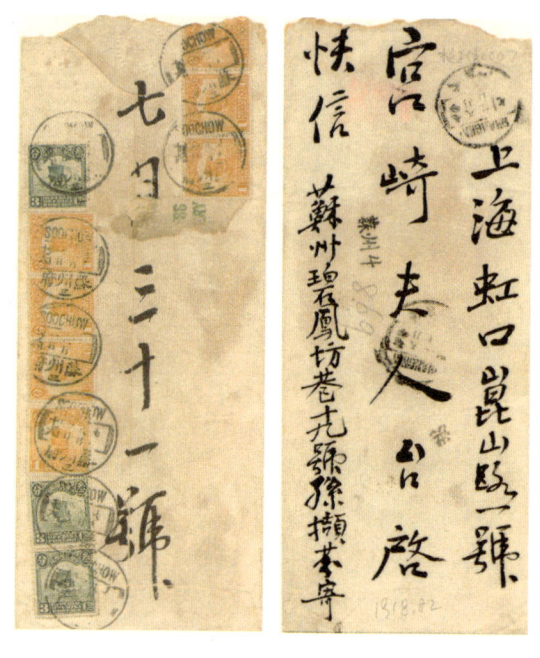

释读

宫崎夫人左右：

前曾代借胜田馆主人洋八十元，今日由交通银行汇上，想明日必到，俟到后望即日将收据寄苏州碧凤坊巷十九号杜长贵君转交孙撷芬手收。余详函。特请

暑安

孙撷芬谨启

八月一日

内含回信信封：苏州碧凤坊巷十九号孙撷芬亲启

上海虹口崑山路三十六号宫崎寄

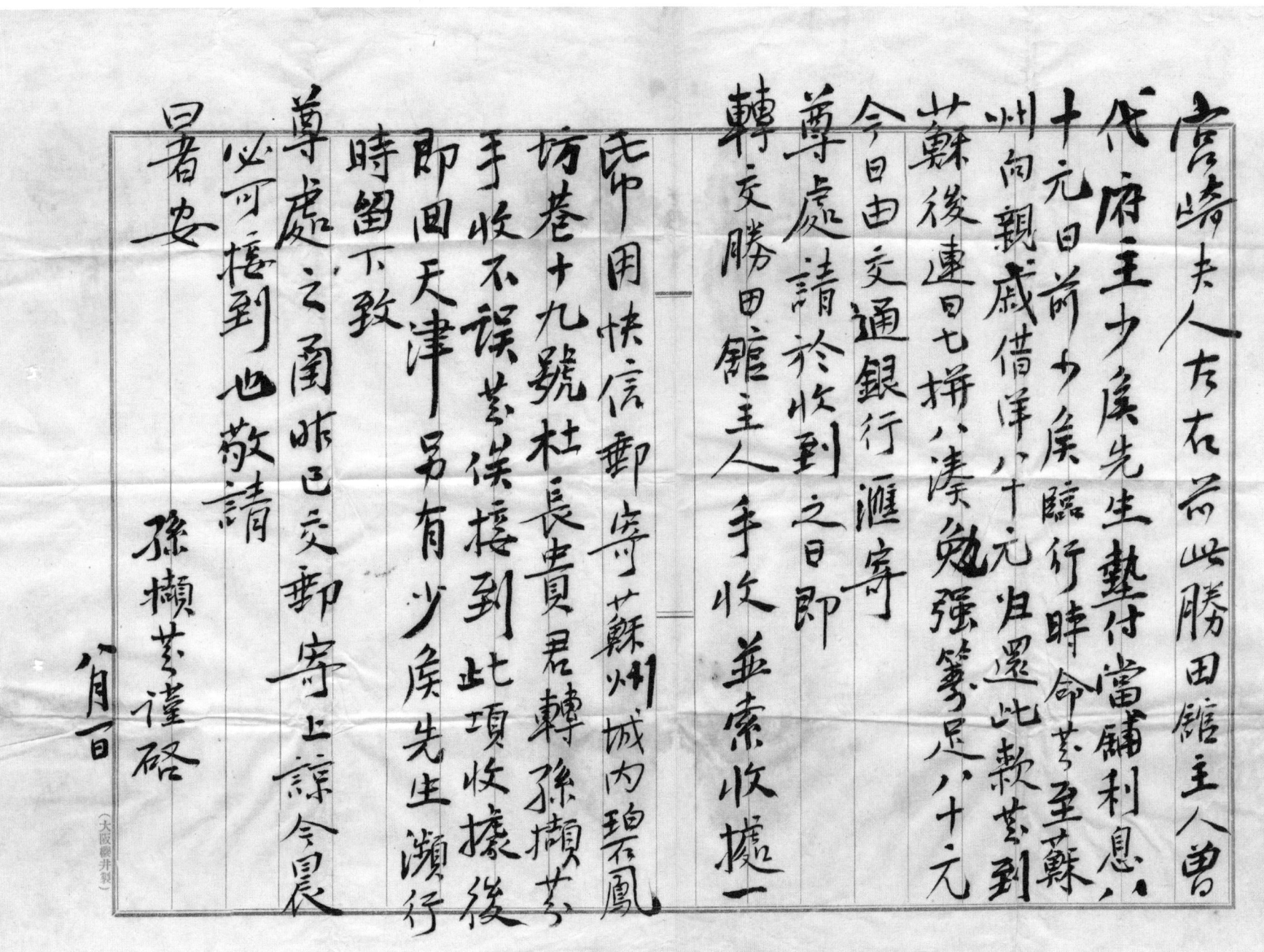

宫崎夫人左右苕屿勝田館主人曹
代府主少矦先生墊付當鋪利息八
十元日前少矦臨行時命芬至蘇
州向親戚借洋八十元歸還此款芬到
蘇後連日七拼八湊勉强籌足八十元
今日由交通銀行滙寄
尊處請於收到之日即
轉交勝田館主人手收並索收據一
帋用快信郵寄蘇州城内琯鳯
坊巷十九號杜長貴君轉孫擷芬
手收不誤芬俟接到此項收據後
即回天津另有少矦先生瀕行
時留下致
尊處之函昨已交郵寄上諒晨
必可撘到也敬請
暑安

孫擷芬謹啓
八月一日

孙撷芬致宫崎夫人函（1918年8月1日）

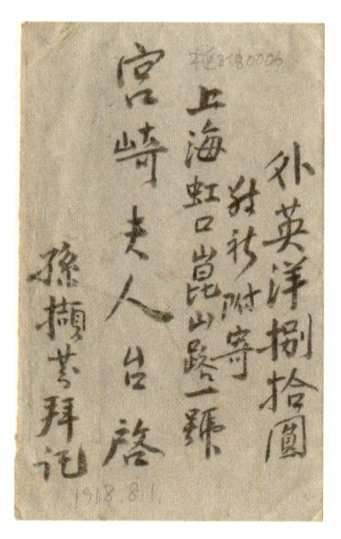

释读

宫崎夫人左右：

前此胜田馆主人曾代府主少侯先生垫付当铺利息八十元，日前少侯临行时，命芬至苏州向亲戚借洋八十元归还，此款芬到苏后，连日七拼八凑，勉强筹足八十元，今日由交通银行汇寄尊处。请于收到之日，即转交胜田馆主人手收，并索收据一纸，用快信邮寄苏州城内碧凤坊巷十九号杜长贵转孙撷芬手收不误。芬俟接到此项收据后，即回天津。另有少侯先生濒行时留下致尊处之函，昨已交邮寄上，谅今晨必可接到也。敬请

暑安

孙撷芬谨启

八月一日

敬啓者前此游歷
蓬瀛幸瞻
芝範既聆
親善之偉論復承
禮遇之優加摯意隆情實銘心版此維
興居健暢
業望蒸騰引領
高標彌殷景頌繼虞歸帆無恙已抵滇
鄉回首興懷難忘
雅誼特肅蕪啓謹伸謝悃藉請
時安惟希
亮照

唐繼虞拜啓

唐继虞致宫崎滔天函（1919年8月23日）

宫崎滔天家藏民国人物书札手迹（第六卷）

 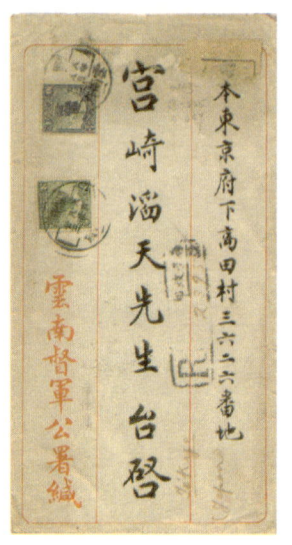

释读

敬启者：

　　前此游历蓬瀛，幸瞻芝范。既聆亲善之伟论，复承礼遇之优加。挚意隆情，实铭心版。比维兴居健畅，业望蒸腾，引领高标，弥殷景颂。继虞归帆无恙，已抵滇乡。回首兴怀，难忘雅谊。特肃芜启，谨伸谢忱。藉请

时安！惟希

亮照

　　　　　　　　　　　　　　　　　　　　　　　　　　　唐继虞拜启

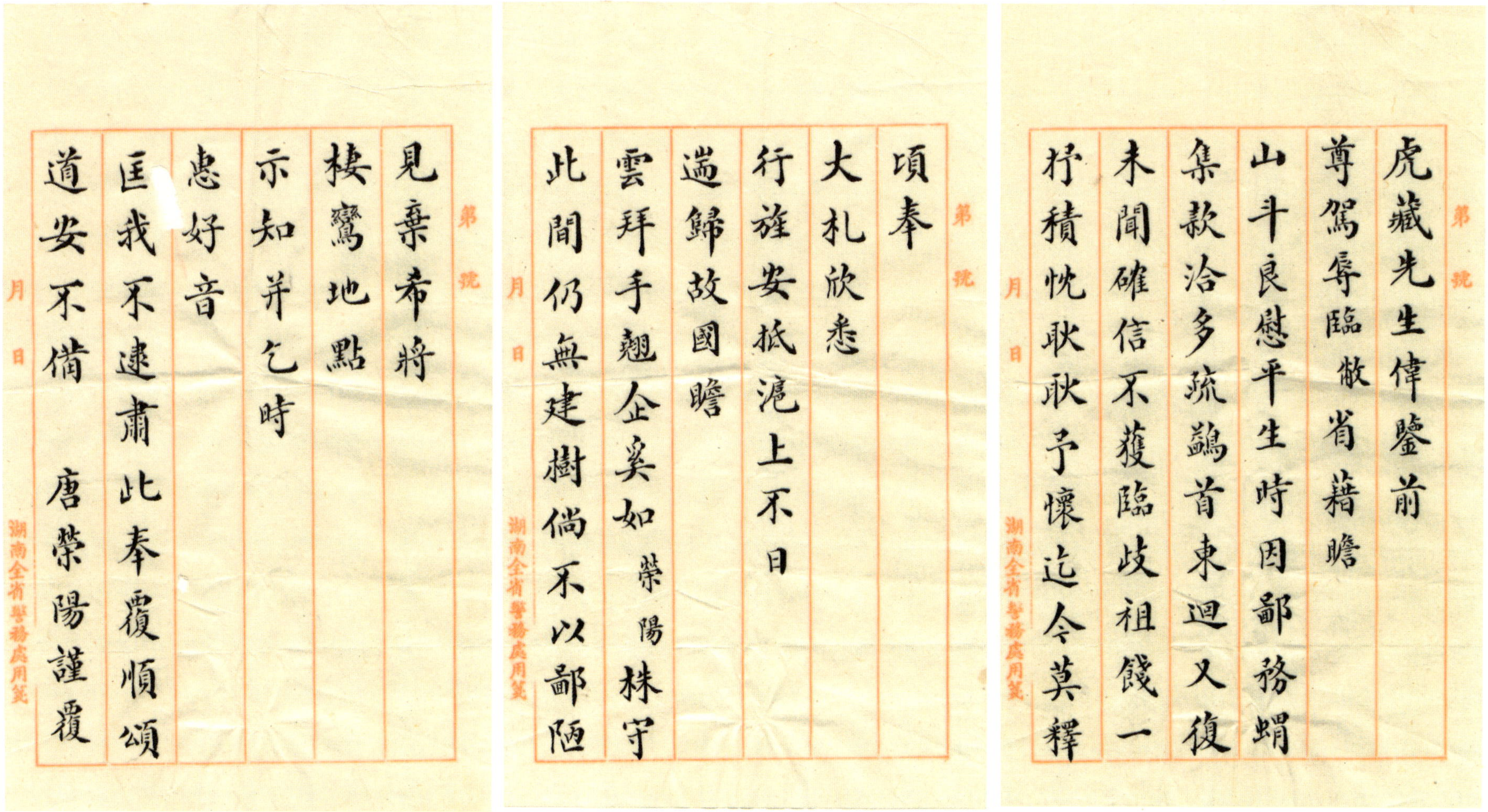

虎藏先生偉鑒前
尊駕辱臨敝省藉瞻
山斗良慰平生時因鄙務蝟
集欵洽多疏鸝首東迴又復
未聞確信不獲臨歧祖餞一
抒積悃耿耿予懷迄今莫釋
頃奉
大札欣悉
行旌安抵滬上不日
遄歸故國瞻
雲拜手翹企奚如 榮陽株守
此間仍無建樹倘不以鄙陋
見棄希將
棲鷥地點
示知并乞時
惠好音
匡我不逮肅此奉覆順頌
道安不備 唐榮陽謹覆

唐荣阳致宫崎滔天函（1917年6月5日）

 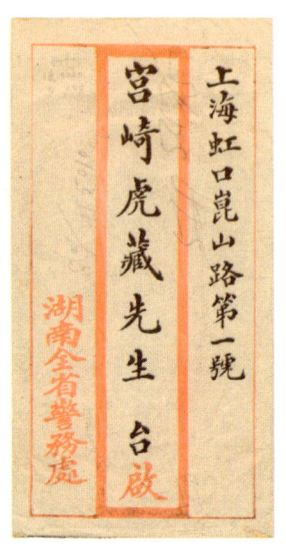

释读

虎藏先生伟鉴：

　　前尊驾辱临敝省，藉瞻山斗，良慰平生。时因鄙务蝟集，款洽多疏。鹢首东回，又复未闻确信，不获临歧祖饯，一抒积忱，耿耿予怀，迄今莫释。顷奉大札，欣悉行旌安抵沪上，不日遄归故国。瞻云拜手，翘企奚如。荣阳株守此间，仍无建树，倘不以鄙陋见弃，希将栖鸾地点示知，并乞时惠好音，匡我不逮。肃此奉复。顺颂

道安不备

　　　　　　　　　　　　　　　　　　唐荣阳谨复

拝啓　私は昨日十時頃横濱に着きまして十二時横濱から出しました此の船の乗客は大勢です持に見送る人は本当に面白いですが笑て喜びの人は有りまして哭くの人も有りました私の部屋は十人の大きの處ですが今迄只六人きり此の中にはドイツ人も御座ます皆我國の人をとわが國の様子です何の不便利な事は感じません天気は非常に良く海上は非常に静みで少しの風波もありません何卒御安心下さい先日は色々御世話になりましその上又御馳走に成りまして誠に有難く厚く御禮申上げます今朝九時神戸におう着きました明日午前十一時神戸から出帆ですが私は今直ぐ神戸の街へ見物を行くん積りです此の船は大概來月四日午後上海に着くだろうさんと云ひました

こんな熱い時は御手敷ですが何卒御許し下さい宮崎様奥様お嬢様皆々様によ宜しく御申傳へ下さい先は御禮まで

敬具

七月卅一日　　　　王楚材

宮崎槌子老夫人

座右

宮崎滔天家藏民国人物书札手迹（第六卷）

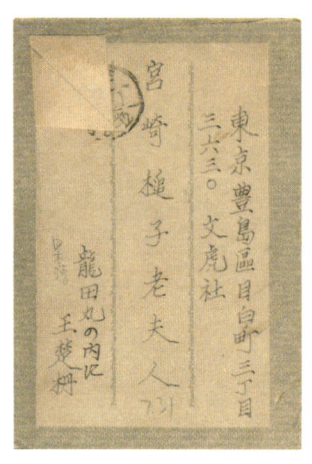

释读

拝啓

　私は昨日十時頃横浜に着きまして、十二時横浜から出しました。此の船の乗客は多勢です。特に見送る人は本当に面白いですが、笑て喜びの人は有りまして、哭くの人も有りました。私の部屋は十人の大きな處ですが、今迄も只六人です。此の中にはボイさんもご飯も色々皆我国の人でと我国の様子です。何の不便利な事は感じません。天気は非常に良く、海上は非常に静かで少しの風浪すらありません。何卒御安心下さい。先日は色々御世話になりましてその上又御馳走に豫りまして、誠に有難く厚く御礼申上げます。今朝九時神戸にもう着きました。明日午前十一時神戸から出帆相です。私は今直ぐ神戸の街へ見物を行くん積りです。此の船は大概来月四日午後上海に着くボイさんと云いました。

　こんな熱い時は御手数ですが、何卒御許し下さい。宮崎様奥様お嬢様皆々様にも宜しく御申伝へ下さい。先は御礼まで。
宮崎槌子老夫人

　　　　　　　　　　　　　　　　　　　　　　　　　　七月卅一日
　　　　　　　　　　　　　　　　　　　　　　　　　　王楚栩　敬具

中译文

拜启：

　　我昨日十时左右抵达横滨，十二时出横滨。此船乘客颇多，特别是送行之人非常有趣，笑哈哈高兴之人有之，泪汪汪痛哭之人亦有之。我房间本十人之大间，今只住六人。此中服务生、饮食各种各样，皆我国之人，我国之样，无任何不便之事。天气非常好，海上非常平静，无丝毫风浪，敬请安心。前些日子承蒙您照顾很多，还以美食招待，诚感激不尽。今晨九时已经到达神户，预计明日上午十一时神户出帆。我现今打算马上去神户街头观光，据船上服务生云，此船大概下月四日下午能够抵达上海。

　　如此炎热天气，给您添麻烦了，还请见谅。并向宫崎先生、夫人、令爱等问候。

宫崎槌子老夫人座右

　　　　　　　　　　　　　　　　　　　　　　　　王楚枏敬具
　　　　　　　　　　　　　　　　　　　　　　　　七月三十一日

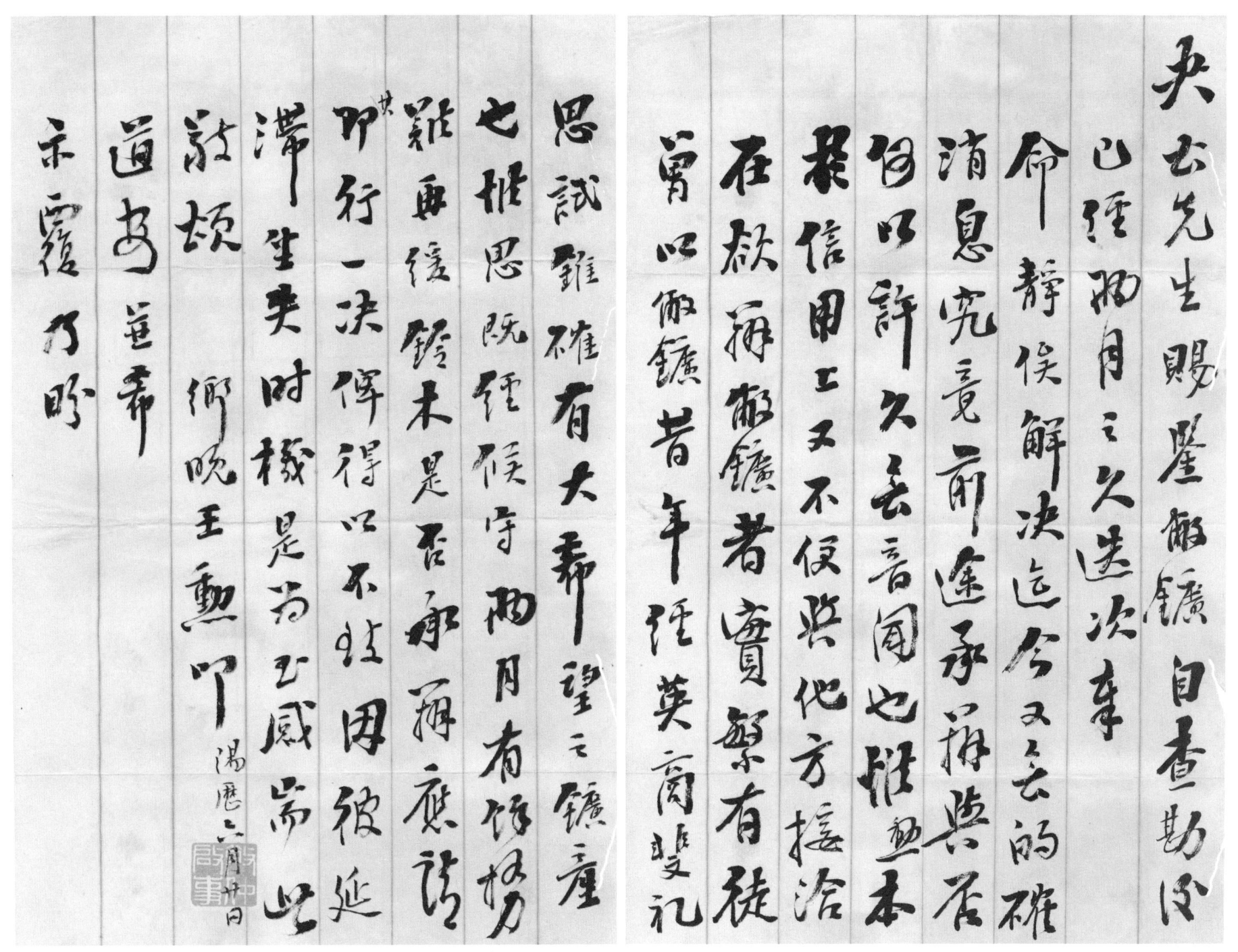

王勋致孙毓筠函（□年6月20日）

释读

夬公赐鉴：

敝矿自查勘后，已经两月之久，迭次奉命，静俟解决，迄今又无的确消息，究竟前途承办与否，何以许久无音闻也？惟勋本于信用上又不便与他方接洽，在欲办敝矿者，实繁有徒。曾以敝矿昔年经英商斐礼思试锥，确有大希望之矿产也。惟思既经候守两月有余，势难再缓。铃木是否承办，应请其即行一决，俾得以不致因彼延滞，坐失时机，是为至感。专此。敬颂

道安

并希示复为盼

乡晚王勋叩

阳历六月二十日

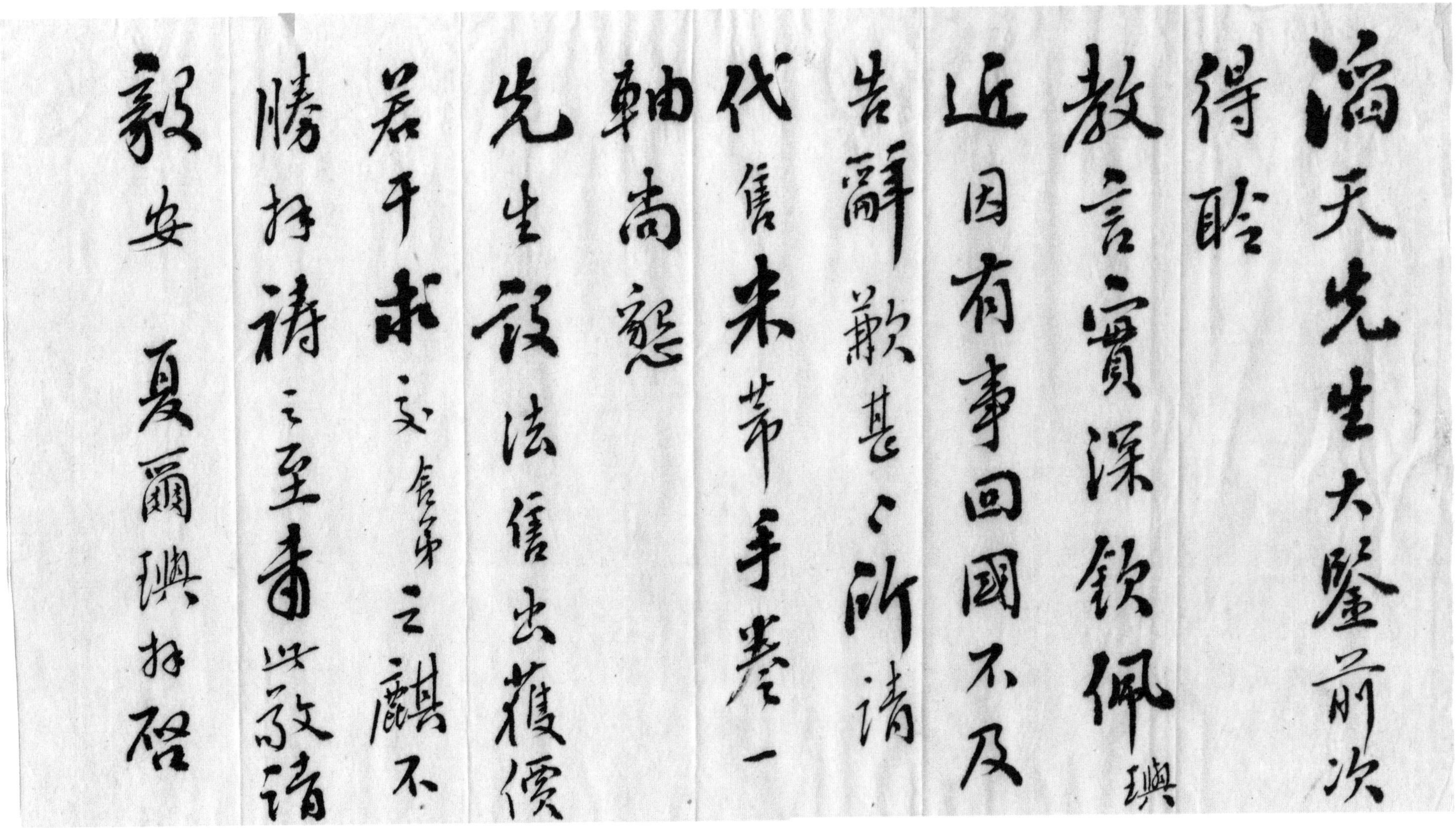

滔天先生大鑒：前次得聆教言，實深欽佩，近因有事回國不及告辭，歉甚。所請代售朱节手卷一軸，尚懇先生設法售出，獲價若干求交含芳之麒不勝拍禱。至香興敬請

毅安

夏爾琪拍啓

夏尔玛致宫崎滔天函（1914年5月21日）

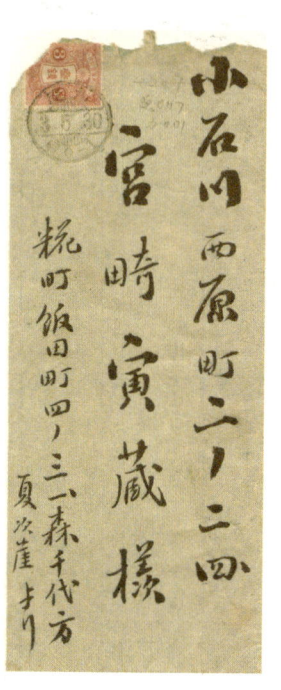

释读

滔天先生大鉴：

  前次得聆教言，实深钦佩。玛近因有事回国，不及告辞，歉甚歉甚。所请代售米芾手卷一轴，尚恳先生设法售出。获价若干，求交舍弟之麒，不胜拜祷之至！肃此，敬请

毅安

夏尔玛拜启

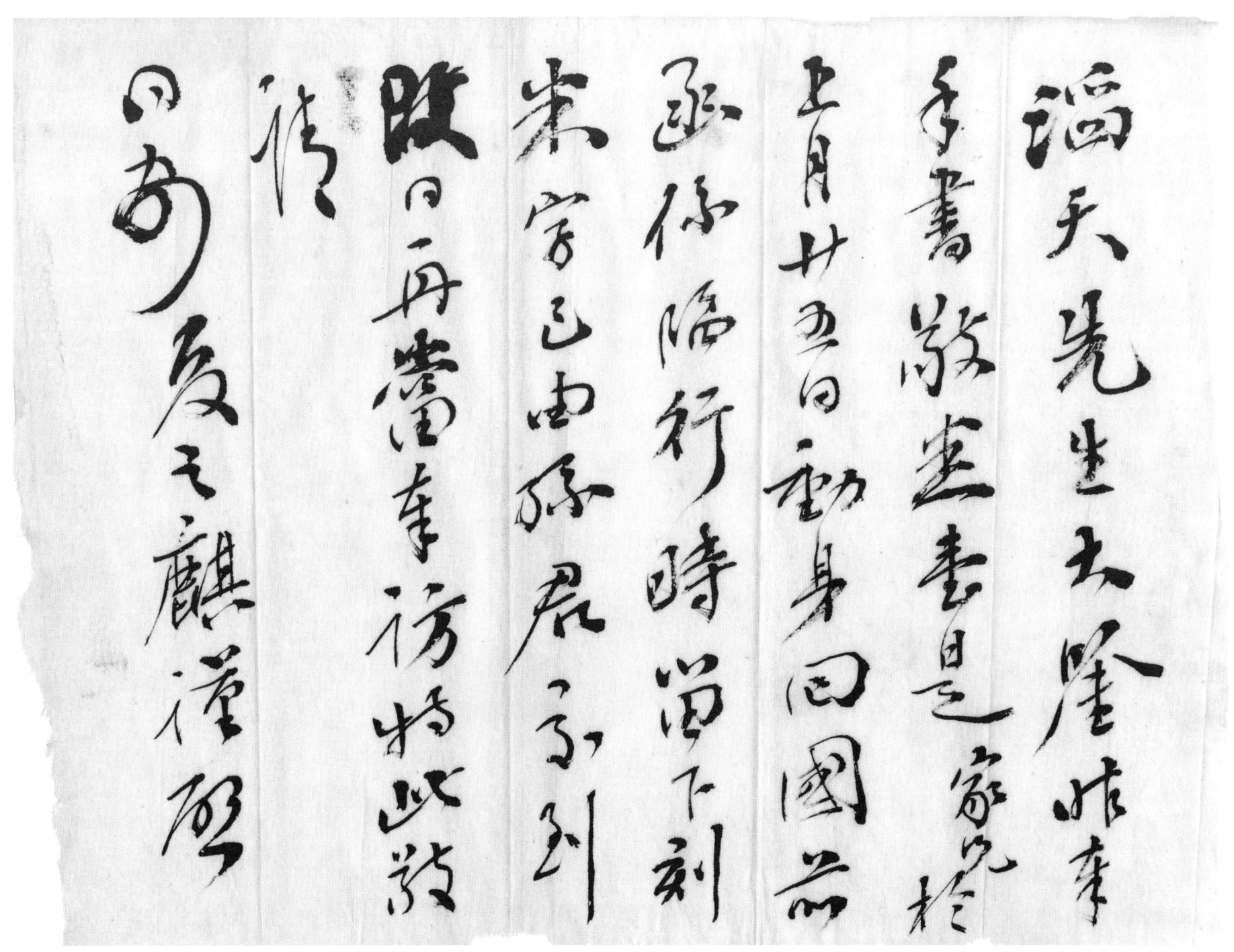

夏之麒致宫崎滔天函（1914年6月2日）

宫崎滔天家藏民国人物书札手迹（第六卷）

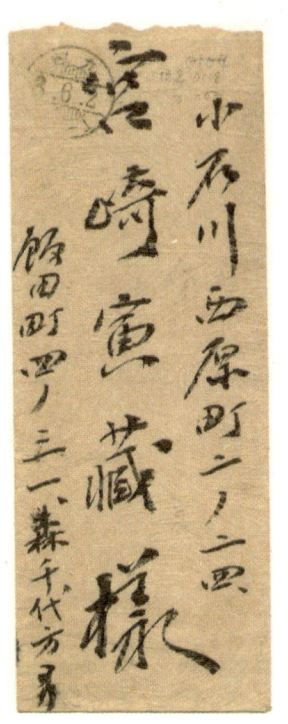

释读

滔天先生大鉴：

　　昨奉手书，敬悉壹是。家兄于上月廿五日动身回国，前函系临行时留下。刻米字已由孙君交到，改日再当奉访。特此，敬请日安

夏之麒谨启

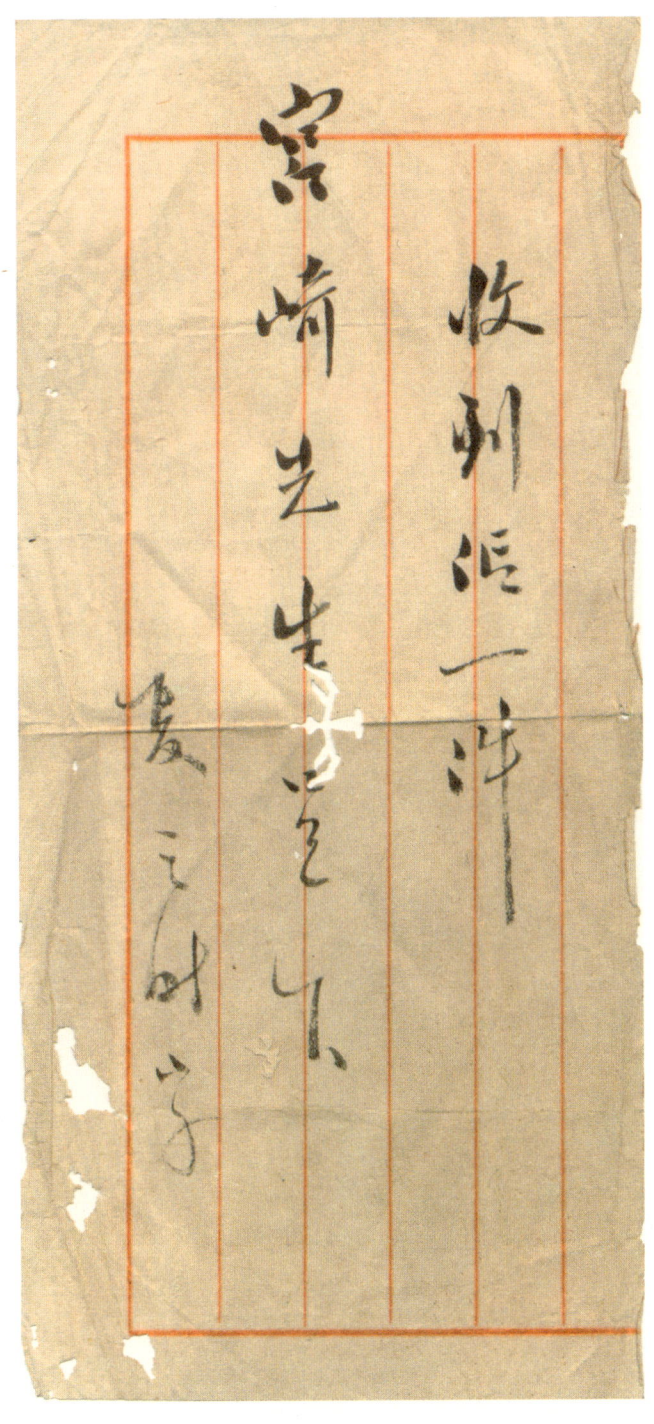

夏之时致宫崎滔天函

释读

　　收到信一件
　　宫崎先生足下
　　　夏之时字

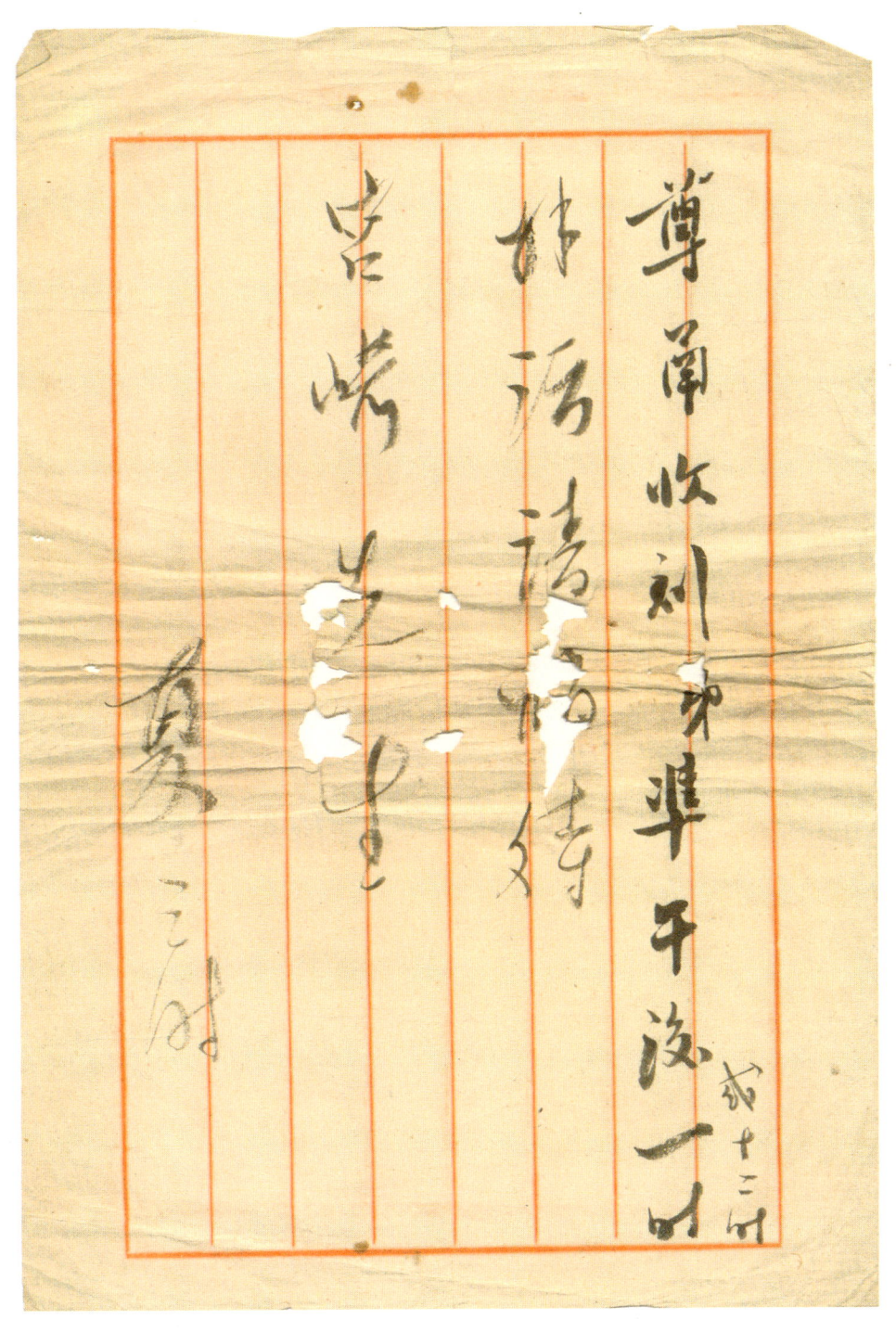

夏之时致宫崎滔天函

释读

宫崎先生：

尊函收到。弟准午后一时（或十二时）拜访，请稍待。

夏之时

熊越山致汉口日报报主函（1912年）

释读

汉口日报馆主笔先生大鉴：

　　弟与贵国志士仁人相交有素，深信贵国人之侠义，故不揣冒昧，将被难之情形，痛陈座右。窃越山身膺北京工商部顾问，兼江西都督府顾问之职，江西北京，时常往来。经于本月廿三日自南昌出发，次日到九江，随即乘坐岳阳丸，二十五日午前十一时三十分到汉，寓德界富贵馆。适旧友宁君调元（现为三水铁路总办）亦居是馆。次日二十六午后六时顷，不知何故，宁君被捕后，旋捕越山。越山自思，到汉仅一天，无丝毫不正当行为之处。二十七日在德领事署审判，审判官为德领翻译官，及中国会审委员。仅问姓名、年龄、籍贯，后携出武昌命令一纸，谓越山为匪徒。审判官以无证据，不能移交，现仍押在德捕房。越山此次道经汉口，冤被侦探妄报，独自一人，被禁三天，苦无一亲友解救。特将此情由□请各主笔先生，将越山被捕情形，详电报上海海能路二号山田家（山田兄，名纯，现为上海三井会社物产部主管）宫崎寅藏（为弟十余年爱友）先生设法解救。并乞为弟代请一辩护士，速来德捕房一会，以便预备明日审判。

　　　　　　　　　　　　　　　　　　弟熊越山泣上

　越山出狱后当犬马相报。电报费及请辩护士费，不论多寡，弟当奉上。

滔天先生惠鉴：承接大谕，过奖反以惭愧。无地吾辈既不利乐，可愿仅尽寸舌游说，遏罗四国余万人之华侨觉醒，以从正道为东亚黄种团结引火线，而已毫无其功可言。但今势利之天下，作事诸多困难，遇此岁月而结果，竟为事偿所极力维持，为感又何天烟。见今早到座谈实业及粤之政治状况，并商之安徽、燕湖、炭矿欠一事第意拟御介绍颜云年昆之合办，但何足言之，阁下已深详该矿之底蕴，并可托阁下之说明，故弟先此函来同意及代探询颜昆在京或有在京之便可由弟直接函告颜昆之情形，再由阁不就近兴颜昆接洽一切。此气示遵行顺及候安

民藏先生祉候安

弟许冀公书

九月廿四日

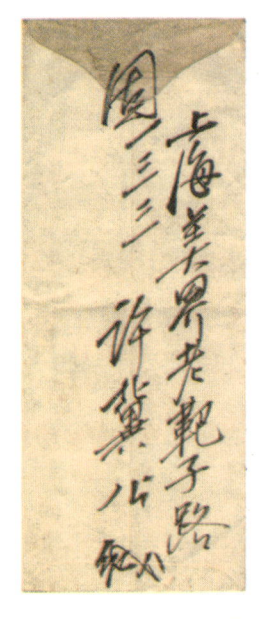
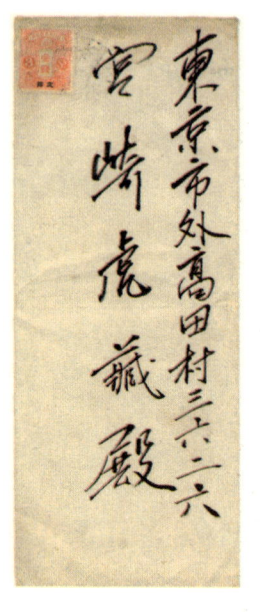

释读

滔天先生惠鉴：

　　承接大谕，过奖，反以惭愧无地。吾辈既不利乐所累，仅尽寸舌游说暹罗四百余万人之华侨，觉醒以从正道，为东亚黄种团结引火线而已，毫无其功可言。但今势利之天下，作事诸多周折，迁延岁月而结果耳。万事尚祈极力维持为感。又何天炯君今早到敝座谈实业及粤之政治状况，并商之安徽芜湖炭矿一事，弟意拟欲介绍颜云年君之合办。但何君言之，阁下已深详该矿之底蕴，并可托阁下之说明。故弟先此函求同意，及代探询颜君在京或在台湾。如有在京之便，可由弟直接函告颜君之情形，再由阁下就近与颜君接洽可耳。切此，乞示遵行。顺及

候安

民藏先生祈候近安

弟许冀公顿首

九月二十四日

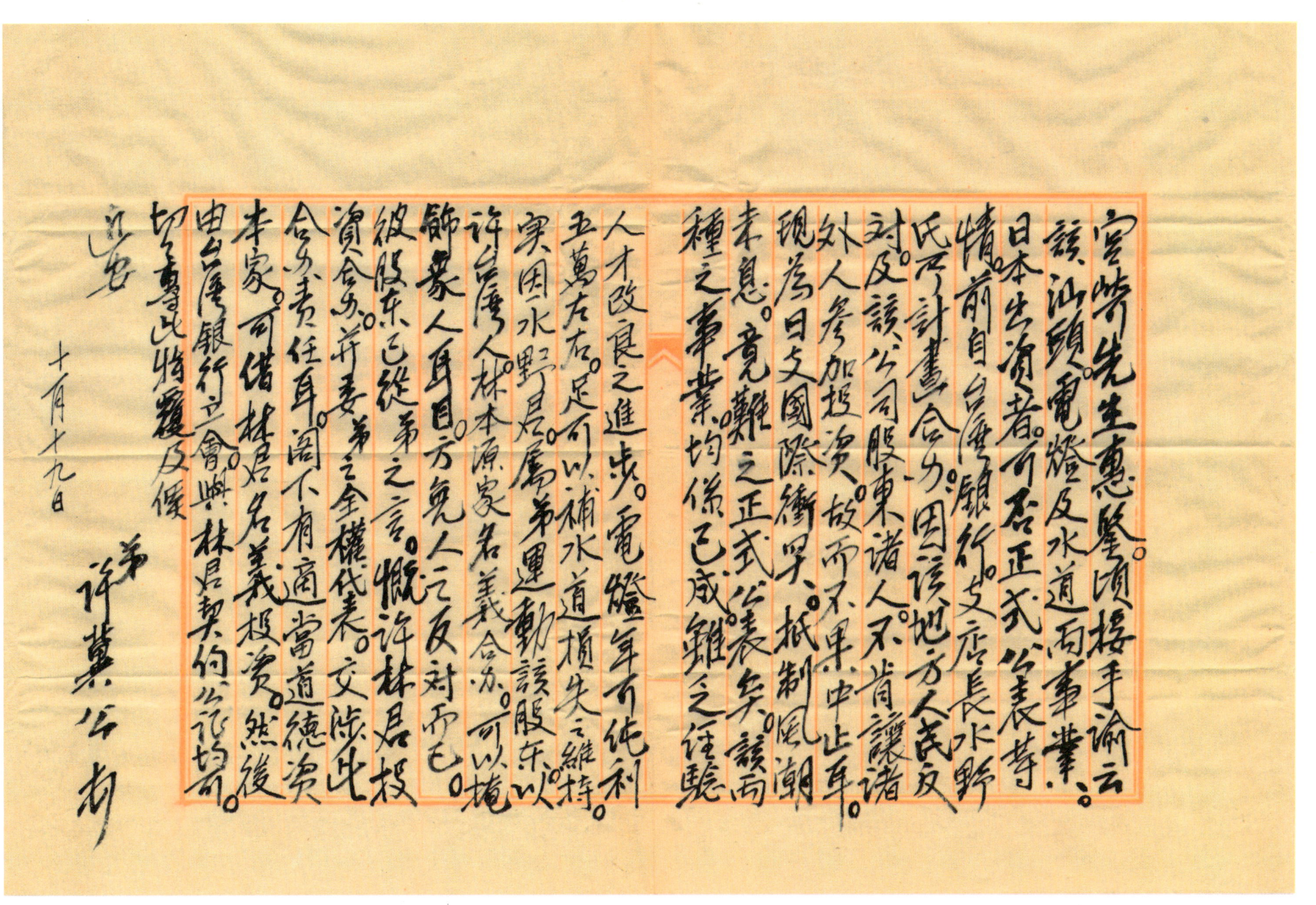

许冀公致宫崎民藏函（1920年11月19日）

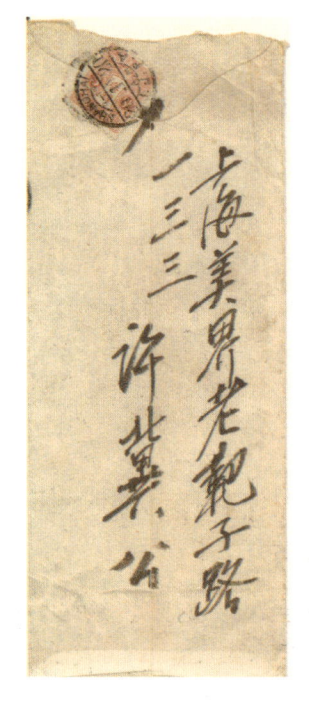
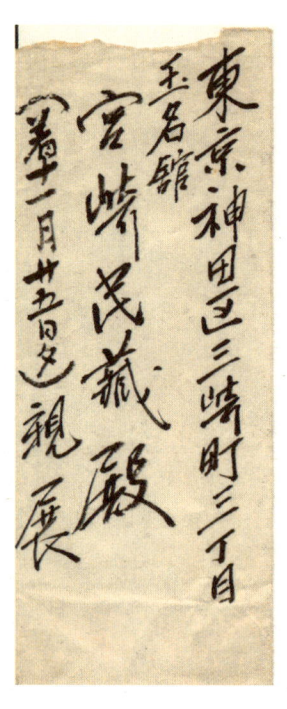

释读

宫崎先生惠鉴：

　　顷接手谕，云该汕头电灯及水道两事业，日本出资者可否正式公表等情。前自台湾银行支店长水野氏所计画合办，因该地方人民反对，及该公司股东诸人不肯让诸外人参加投资，故而不果中止耳。现为日支国际冲突，抵制风潮未息，竟难之正式公表矣。该两种之事业，均系已成，虽乏经验人才改良之进步，电灯年可纯利五万左右，足可以补水道损失之维持。实因水野君嘱弟运动该股东，以许台湾林本源家名义合办，可以掩饰众人耳目，方免人之反对而已。彼股东已从弟之言，慨许林君投资合办，并委弟之全权代表，交涉此合办责任耳。阁下有适当道德资本家，可借林君名义投资，然后由台湾银行立会，与林君契约公证均可。切切。专此特复，及候

近安

弟许冀公顿首

十一月十九日

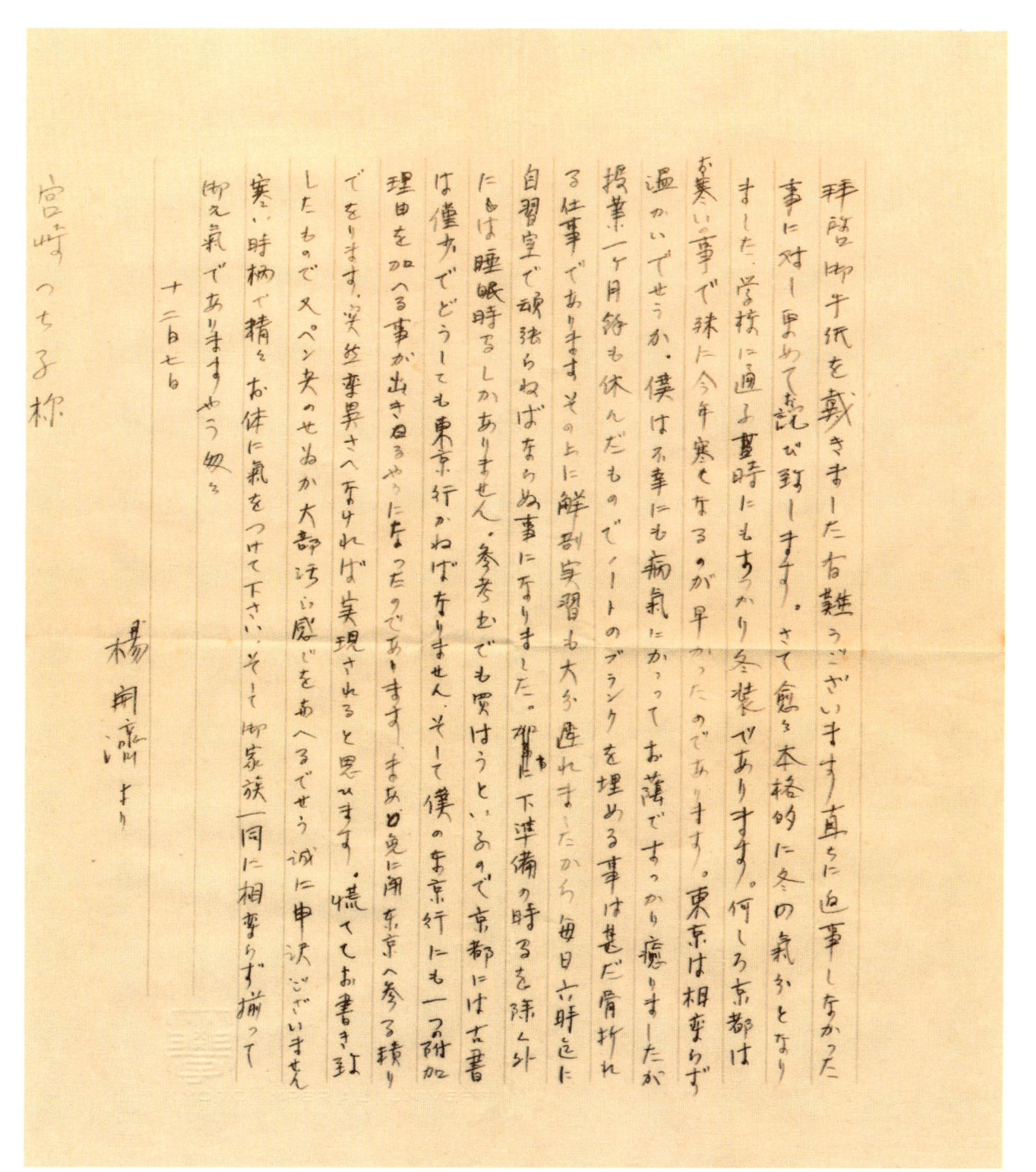

杨开济致宫崎槌子函（1938年12月7日）

宮崎滔天家藏民国人物书札手迹（第六卷）

释读

拝啓

　御手紙を戴きました。有り難うございます。直ちに返事しなかった事に対し更めてお詫び致します。さて、愈々本格的に冬の気分となりました。学校に通ふ時にもすっかり冬装であります。何しろ京都はお寒いの事で殊に今年寒くなるのが早かったのであります。東京は相変わらず温かいでせうか。僕は不幸にも病気にかかって、お陰ですっかり癒りましたが、授業一ヶ月餘も休んだものでノートのブランクを埋める事は甚だ骨折れる仕事であります。その上に解剖実習も大分遅れましたから、毎日六時迄に自習室で頑張らねばならぬ事になりました。下準備の時間を除く外には睡眠時間しかありません。参考書でも買はうというふので京都には古書は僅少でどうしても東京行かねばなりません。そして僕の東京行にも一つの付加理由を加へる事が出きるやうになったのであります。まあ、兎に角東京へ参る積りでをります。突然変異さへなければ実現されると思ひます。慌ててお書き致しもので、又ペン尖のせいか大部汚い感じを与へるでせう。誠に申訳ございません。寒い時柄で精々お体に気をつけて下さい。そして、御家族一同に相変わらず揃って御元気でありますやう。匆々。

　　　　　　　　　　　　　　　　　　　　　　　　十二月七日
　　　　　　　　　　　　　　　　　　　　　　　　楊開済より

宮崎つち子様

中译文

拜启：

  贵函已经收悉，非常感谢。未能立即回信，还请见谅。近来冬日气氛渐浓，上学之时已全是冬装。京都本就寒冷，而今年之寒气来的格外早。东京依旧温暖否？我不幸患病，托您之福，今虽痊愈，但课程已落下一月有余，每日努力填补笔记空白，甚费心神。不仅如此，解剖实习也迟滞许多，每日在自习室努力学习至六时。除去准备的时间，只剩下睡觉时间。尚欲买几本参考的旧书，但是京都少之又少，因此务须赴东京一趟。为此，东京之行又增加一附加理由。总之，无论如何打算赴东京。如无突然变故，东京之行定能实现。慌忙致信，又遇笔尖之故，大部分汉字潦草，深表歉意。寒冷时节，敬请保重，也祝您家人全体身体康健。

宫崎槌子夫人

杨开济
十二月七日

前略、前の葉書をを出してから東京迄は今一度行く豫定でしたが事情により叶はず荷物の整理で遂に遅れてしまいました。東京の知人達の方にもそして僕自身にも誠に申訳ないとさらにもそして僕自身にも誠に申訳ないとさる次第であります。暑休の歸国前必ず一度上京する様ですからその時ゆっくり北京の話を申上げます。書き終らぬ内に御葉書を拝見致しまして感謝の意を示しますです又

楊開濟、目黒区駒場一高北寮十六番

杨开济致宫崎槌子函

宮崎滔天家藏民国人物书札手迹（第六卷）

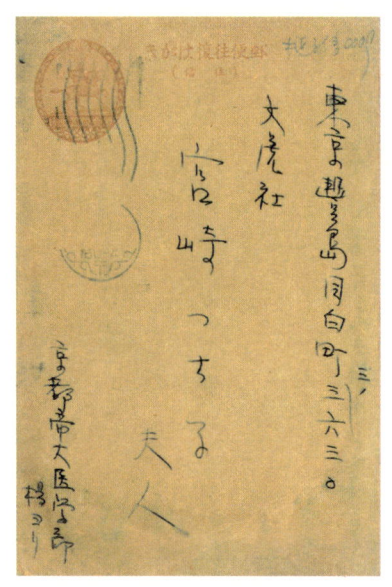

释读

　　前略

　　前の葉書を出してから、東京迄是非一度行く豫定でしたが、事は意に叶はず、荷物の整理で遂に遅れて居りました。東京の知人達の方々にもそして僕自身にも誠に申し訳ないと言ふ次第であります。暑休の帰国前必ず一度上京する積ですからその時ゆっくり北京の話を申し上げます。

　　書き終らぬ内に御葉書を拝見致しまして、感謝の意を示します。では又。

中译文

宫崎槌子夫人：

前略

前次明信片寄出后，预计一定去趟东京，但事不遂意，整理行李遂至迟误。东京各位友人及我本人均深表歉意。暑假归国前，必上京一次，详叙北京之事。

未写完之际，拜读贵明信片，谨致谢忱，就此搁笔。

杨开济　目里区驹场一高北寮十六番

拝復 陳者御返事有難く拝
讀仕候 種々御開心に相成り誠に
感謝不堪次第に御座候
葉雪汀様の近況一向知らず御子
紙を拝見して始めて明瞭になり
實に気の毒と存じ候 微力乍から
早速東京方面に斡旋致し居り候
返事来る次第御知らせ致候間御
放念被下度候
秋冷の節御體を御大切に御願
申上候
先は右御返事迄 敬具
民國二十七年十一月十七日
楊廷溥
宮崎槌子 様

杨廷溥致宫崎槌子函（1938年11月17日）

宮崎滔天家藏民国人物书札手迹（第六卷）

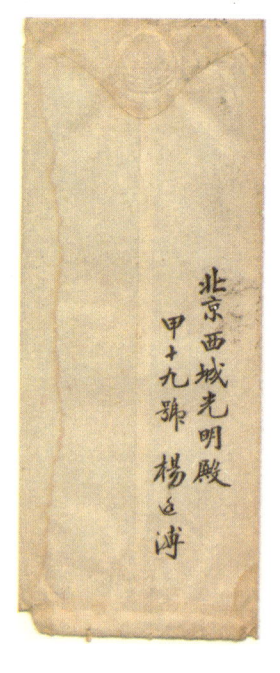 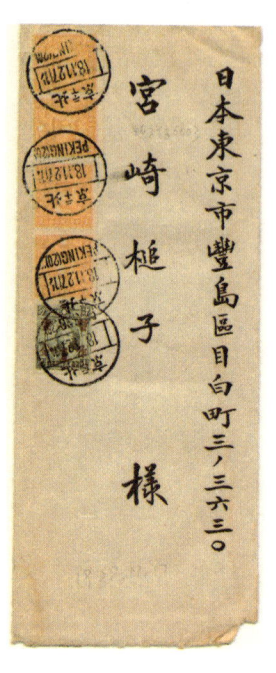

释读

拝復

陳者御返事有難く拝読仕候。種々御関心に相成り誠に感謝不堪次第に御座候。

葉雪汀様の近況一向知らず、御手紙を拝見して始めて明瞭になり、実に気の毒と存じ候。微力ながら早速東京方面に斡旋致し居り候。返事来る次第御知らせ致候間、御放念被下度候。

秋冷の節御體を御大切に御願申上候。

先は右御返事迄。

敬具

宮崎槌子様

民国二十七年十一月十七日

楊廷溥

中译文

拜复：

  陈者非常感谢您回复，回函已经拜读，种种关心，诚感激不尽。叶雪汀近况一向不知，拜读贵函始知，实乃不幸。虽力量微弱，当尽速与东京方面斡旋，若有回信，即行回复，敬请放心。

  秋凉之节，万望保重身体。

  先特此回复。

宫崎槌子夫人

杨廷溥
民国二十七年十一月十七日

拝啓 新妻の御慶めでたく申し
納め候
陳者葉雪汀様の事に就ては種々
斡旋致され度慶以今東京或は
横濱方面に一職を與へる事と相
成り誠に同慶に御座候
此の手紙到着次第早速東京辦事
處孫處長に訪問に赴かしめる様
葉様に御傳へ被下度候
厳寒の節御身體を御自愛専
一の程御願申上候 匆々
　　　　　　　　　敬具
民國二十七年十二月三十日
　　　　　　楊廷溥
宮崎槌子 様

杨廷溥致宫崎槌子函（1938年12月30日）

宮崎滔天家藏民国人物书札手迹（第六卷）

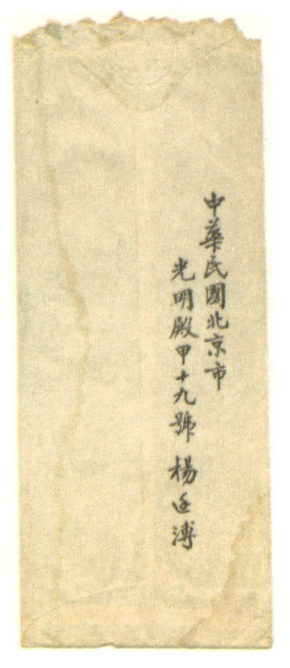 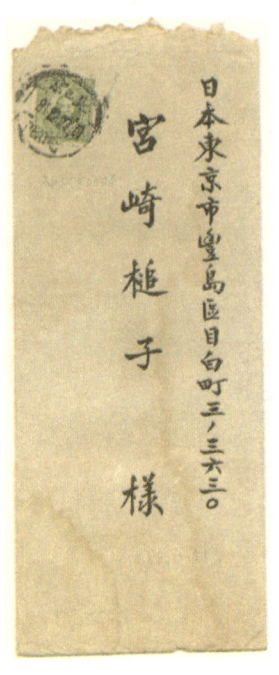

释读

拝啓

新春の御慶めでたく申し納め候。

陳者葉雪汀様の事に就ては種々斡旋致居り候所。只今東京或は横浜方面に一職を与へる事と相成り、誠に同慶に御座候。

此の手紙到着次第早速東京辨事所孫所長に訪問に赴かしめる様、葉様に御伝へ被下度候。

厳寒の節御身体を御自愛専一の程御願申上候匆々

敬具

宮崎槌子様

民国二十七年十二月三十日

楊廷溥

中译文

拜启：

恭贺新春。

陈者就叶雪汀之事进行种种斡旋，如今东京或横滨方面愿与之一职，诚值同庆。

此信抵达之后，请速赴东京办事所拜访该所孙所长转达关于叶之消息。

严寒之际，敬请保重身体。

匆匆敬具

宫崎槌子夫人

杨廷溥
民国二十七年十二月三十日

宮崎先生大鑒 握別後下覺數月矣追維
興居萬福為頌 弟經迤神戶到大阪公僞事畢在又雨月
餘到瀧時闇因大阪公僞事畢在又雨月
台端已返國未得暢聆
大教悵惘奚如 弟擬往揚
子江上流橋梁現因上海有事礙
高暫行中止俟大阪公僞進行目下
回原託古閑君代理進行也聞
慧卿古閑君來上海也聞
尊處對於實業方面有所計
畫尚乞
暚賜佳音為荷耑此敬請
大安
　　尊夫人及龍兒君均此
　　徐氏嫂篆閒候
姚褆昌再頓
十一月廿五日

徐紹楨
　滔天先生萬福
　固卿廣東番禺

姚褆昌致宮崎滔天函（1919年11月25日）

宫崎滔天家藏民国人物书札手迹（第六卷）

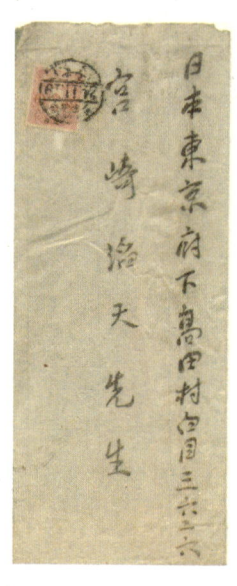

释读

宫崎先生大鉴：

　　握别后不觉数月矣。近维兴居万福为颂。弟经过神户，因大阪公债事，滞在又两月余，到沪时闻台端已返国，未得畅聆大教，怅惘奚如！弟本拟往扬子江上游接洽，现因上海有事磋商，暂行中止。大阪公债尚未收回，原托古闲君代理进行，目下甚盼古闲来上海也。闻尊处对于实业方面有所计画，尚乞时赐佳音为荷。专此，敬请

大安

尊夫人及龙介君统此

徐氏嘱弟问候

姚禔昌再拜

十一月二十五日

名片：徐绍桢固卿　广东番禺

滔天先生万福

滔天先生足下前歲在東京暢聆
大教快甚歸國後東奔西走日昨因上海奉
賜書敬悉
道誼多稼屬首吉年慰如竹頃因鄉先
告因前之銀行事受累在法律上未無責任可
言現已由啓廳解釋可望無事乘
囝念感佩之至
先生名居文莫世界新潮日進正邦東方
人士活躍之機興金不能實行誠如
尊論近來
先生有何新計畫否乞詳細示知微處如有
好問題必即奉告挪賀風潮雖似如故此
及促武新主義之反首專意經與
貴國國民為敵之意而對於主張根本親善
以保東亞和平如
先生之派始終欽佩者也龍可居近況若何念
甚今年卒業後有意來華乎吉南氏現
在東京乎上年乞債事遷望其早日結束
便中一詢為務謹復敬請
大安
　　姚褆昌再拜　三月十一日
菊夫人龍可昆妣此

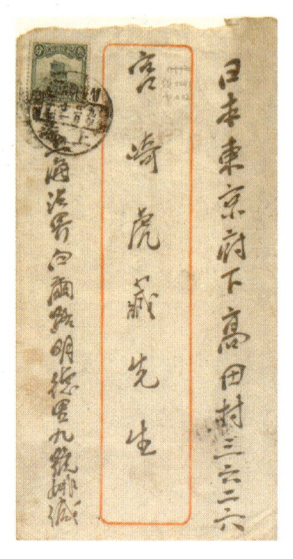

释读

滔天先生足下：

　　前岁在东京，畅聆大教，快甚！归国后东奔西走，日昨回上海，奉赐书，敬悉道祺多豫，阖第吉羊，慰如所颂。固卿先生因前之银行事受累，在法律上本无责任可言，现已由官厅解释，可望无事。承关念，感佩之至！先生名片已转交矣。世界新潮日进，正我东方人士活跃之机，无金不能实行，诚如尊论。近来先生有何新计画，尚乞详细示知。敝处如有好问题，必即奉告。排货风潮虽仍如故，此乃促武断主义之反省耳，毫无与贵国国民为敌之意，而对于主张根本亲善以保东亚和平如先生之一派，始终钦佩者也。龙介君近况若何，念甚。今年卒业后，有意来华乎？古闲氏现在东京乎？上年公债事，甚望其早日结束，乞便中一询为荷。谨复，敬请

大安

尊夫人、龙介君统此

姚禔昌再拜

三月十一日

殷汝耕致宫崎龙介函（1936年3月8日）

宮崎滔天家藏民国人物书札手迹（第六卷）

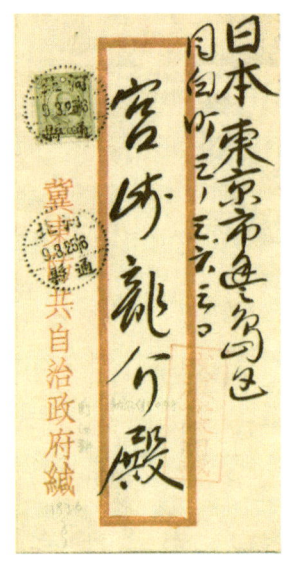

<u>释读</u>

拝啓

　時下春寒猶堪候處、益々御健勝に被為渡奉慶賀候。新春には御照会に接し候處、公務多忙に取り紛れ、遂心ならずも御無音欠禮致候儀、不悪御思召し下され度候。

　冀東政府も御蔭省に基礎工作も進捗致し折角健闘□在有御安意被下度候。将来□何分の御声援に願事を得ず幸甚之過ぎず候。

　這般東京市により未曽有の事変勃発遥々御憂慮申上處候、幸に大事に至らず、今平穏に帰し候趣き御座申上候。

　其後の御無沙汰を相働し右に延り御礼申述旁候。

　御挨拶近如き後座候。

　拝具

　　　　　　　　　　　　　　　　　　　　　　　　　三月八日

　　　　　　　　　　　　　　　　　　　　　　　　　殷汝耕

宮崎龍介殿

中译文

拜启：

　　时下春寒难耐，恭祝贵体安康，新春愉快。拜悉贵函，然因公务繁忙，不能遂心，终至音讯全无，失礼之至。

　　冀东政府托您之福，基础工作正在发奋努力推进，将来如蒙您能大力支持，无上荣幸。此次东京爆发史无前例之事变，虽远在天涯，不甚忧虑，幸未酿成大事，今已归于平静。专此问候，敬请保重。

　　久未问候，万望见谅。

　　谨此问候。

宫崎龙介先生

殷汝耕拜
三月八日

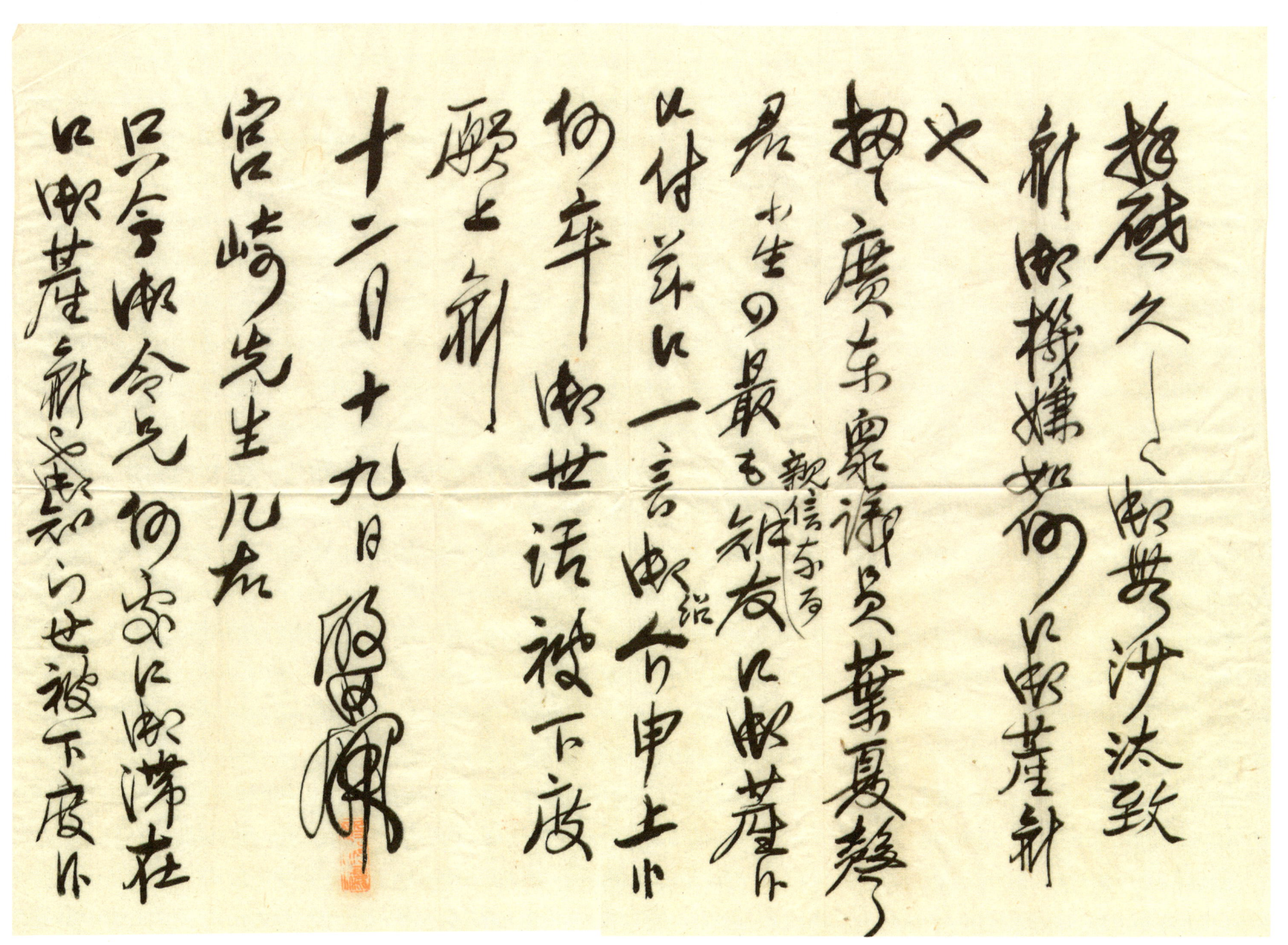

殷汝骊致宫崎滔天函（□年12月29日）

宮崎滔天家藏民国人物书札手迹（第六卷）

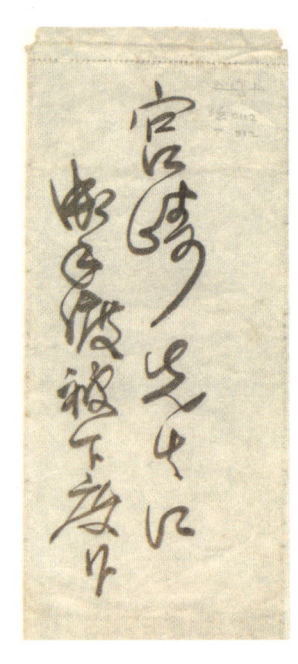

释读

拝啓

久しく御無沙汰致候。ご機嫌如何に御座候や。

扨て、広東衆議員華夏聲君小生の最も親信なる知友に御座候に付、茲に一言御紹介申上候。何卒御世話被下度願上候。

殷汝骊

十二月十九日

宮崎先生几右

只今御令兄何処に御滞在に御座候や御知らせ被下度候。

中译文

拜启：

久未问候，未知您近况如何？

广东众议员华夏声君乃小生之最亲密好友，特向您介绍。

还望多多关照。

十二月十九日

殷汝骊

未知您现在何处，还请示下。

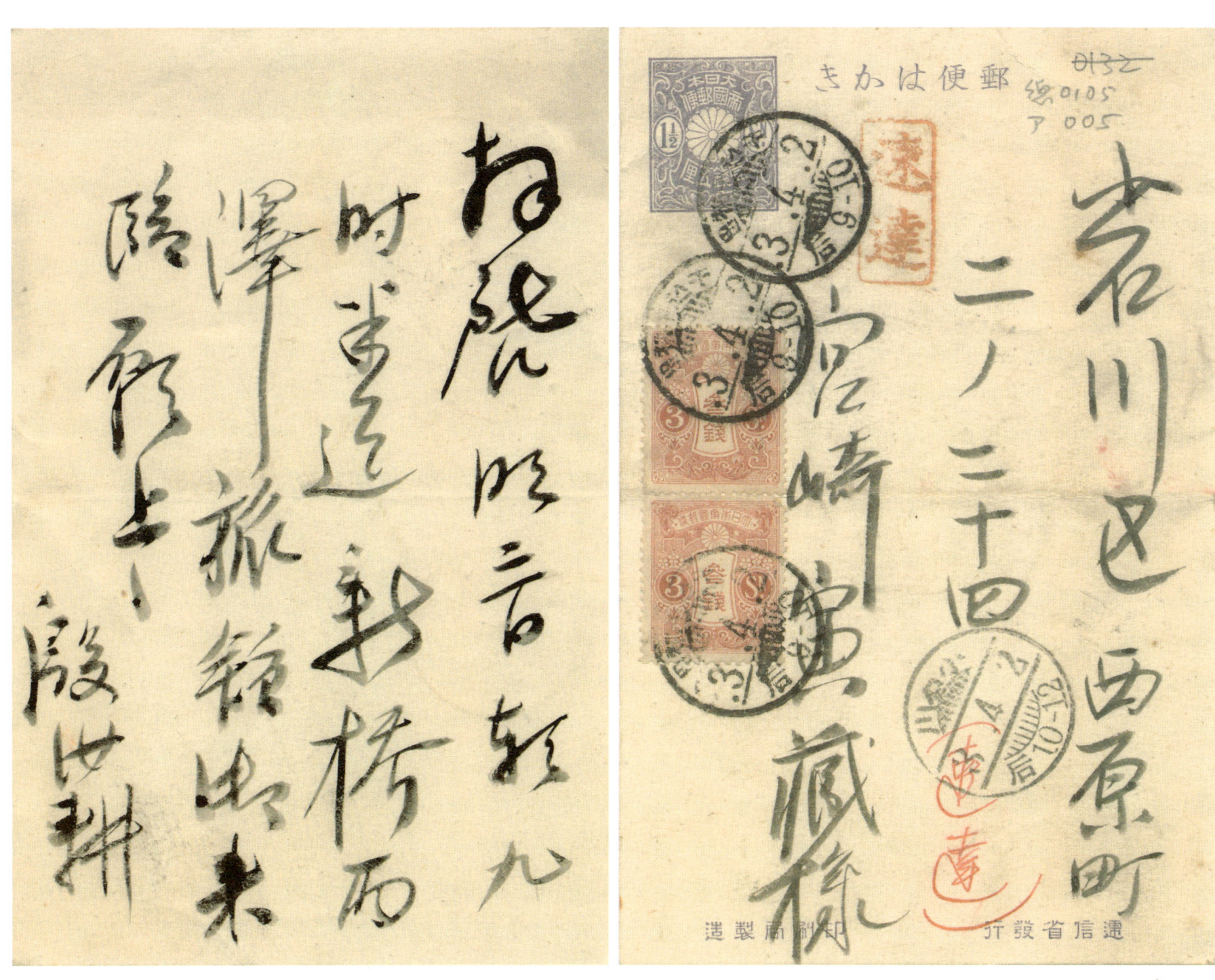

殷汝耕致宮崎滔天函（1914年4月2日）

释读

拜啓
明三日朝九時半迄新橋西澤旅館御来臨願上候
　　　　　　　　　殷汝耕

中译文

拜启：
　　明日上午九点半前请到新桥西泽旅馆。
　　　　　　　　　　殷汝耕

宫崎先生致宫崎滔天函（1914年9月10日）

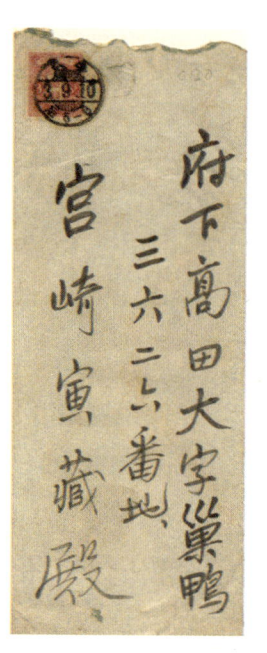

释读

宫崎先生有道：

前承惠顾，失迎为怅。舍弟丧事，业已料理清楚，灵柩暂停横滨中华会馆之墓地，俟大局稍定，再谋运归安葬。知关厪注，用特奉闻。兹有恳者，友人陈君刻租一屋，拟请先生担保。如承快诺，望于租赁约上署名盖章，即日寄下，以便转致前途。是为至感。草上。即颂

刻安

弟殷汝骊上

拝啓remains御無沙汰難く御讀下され度

1
本月十四日北京に到着仕り
軽く形勢を観望致して居
り已を堪ふる能はざる事も
家兄の命令と友人の勧告を
背き難く十七日より家議院
秘書に就職致候此際に
各方面の情状探り申し候處
戦ひ初めば暫時駐足致す積り
之吟味の但し東京より来り
の続報からざれば未月中旬
一度是非東京に戻り其々
また一ヶ月頃滞在致して再び帰
国致す較も有之其の時即に
目見参り可申上候民国議会は
大体民国二年の形勢好き
様にして大局を失ねば今度

3
の革命も成功かとは立ゝむる
ものゝし推一人の先生弟
根本は寿方「衆議院用箋」寺尾

4
宮崎滔天仁兄
目廿四日 殷汝耕

博士の事業之ゝ勢力を
要するものに御会期遠から
光に候へば一指下にて師の時
時を得べく致賜は先之を許
し候
附陳先生等の友人北京に朝
鐘にて新聞を組織致候東
京の政情并じに早政府の
対支才針等を致き毎周二信
信通信を得度候小可
貴君の如き公平にして大局を
通ずる方の高論を掲載致度

6
此際の時時海東京の政状等を
此が貴君の指導の下に奉願
通信を任する人
ちきか御垂意
の下度候
目廿四日 滔天

宫崎滔天家藏民国人物书札手迹（第六卷）

 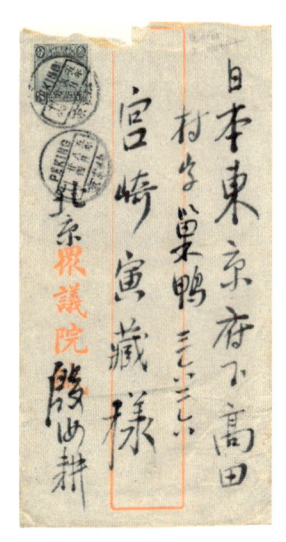

释读

拝啓

　御手紙難く拝読仕候。小生本月十五日北京に到着仕候。暫く形勢を観望致して行止を定むる預定なる志も、家兄の命令と友人の勧告に背き難く、十七日より衆議院秘書に就職致し候。割合に各方面の情報に通じ且つ閑暇なれば、暫時駐足致す積に御座候。但し東京に未了の務勘からざれば、来月中旬一度是非東京に戻り、其より半ヶ月頃滞在致して、再び帰国致す預定仕候。其の時御目に懸り可申上候。民国議会は大体民国二年より形勢好き様に以大局より見れば今度の革命も成功とは云えず、然れども此れ大勢の然らしむるものにして誰一人の咎に無之候。根本は教育にあり、寺尾博士の事業之ら努力を要するものに候。会期遠からず、先つ近状御一報申し上候。御暇の時々御手紙賜はむことを祈上し候。

匆々

令閨に宜しく御伝ひ下度

宮崎滔天仁兄　侍史

　附陳小生等の友人北京に『晨鐘』なる新聞を組織致候。東京の政情並びに日本政府の対支方針等に就き、毎週二位位通信を得度と存じ候。可成貴君の如き公平にして大局に通ずる方の高論を掲載致し度、御暇の時々御東京の政状等を小生に迄御通知被下度奉願候、此の貴君の指導の下に専任通信を任する適人なきか御留意被下度候。

草々敬具

八月廿四日

中译文

拜启：

拜读来函。小生本月十五日抵达北京。原意暂观望形势后决定去路，但在家兄及友人之劝告下，十七日就职众议院秘书。此职既能收集各方信息，且尚有余暇，预计暂时驻足。东京未竟之事务不少，下月中旬必须返回东京一次，预计停留半个月后再行归国。其时即可拜会。民国议会在民国二年后，大体形势趋好。以大局观之，此次革命虽不能云成功，然此乃大势，非一人之咎。根本在于教育，此乃寺尾博士要努力之事业。相会之期不远，先将近况一报，祈闲暇之时拜赐贵函。

匆匆

并问候令闺

附陈 小生等友人在北京组织《晨钟》之报，关于东京之政情并日本政府之对支方针等，深盼每周能得到两位通信。尤其希望刊载如贵君者颇通大局之公平高论、东京之政情等可通知寄至小生之处。此事在贵君指导下是否有专任通信等，敬请留意。

草草敬具

宫崎滔天仁兄

八月二十四日

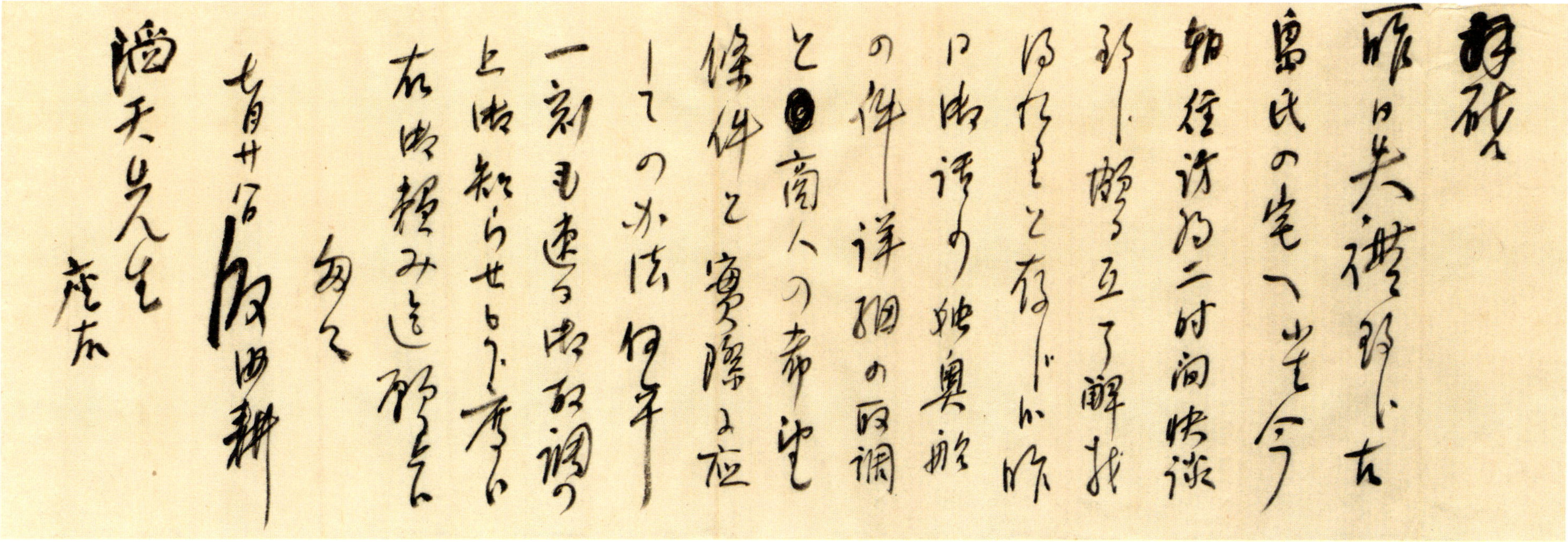

拝啓
昨日呉礎郎氏に
島氏の宅へ出掛今
朝往訪約二時間懇談
致し略ぼ了解我
が腹蔵を存じかつ彼
の腹蔵も彼我両般
の件詳細取調
と◯商人の希望
條件と実際之応
しての水法何年
一刻も速に取調の
上知らせらるべく
右御頼み迄頓首
七月廿八日 股田耕
　滔天兄足下
　虎右

宫崎滔天家藏民国人物书札手迹（第六卷）

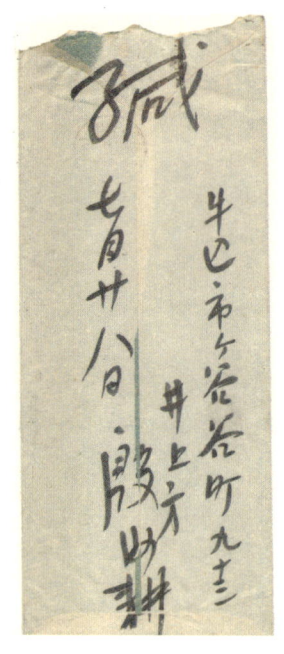
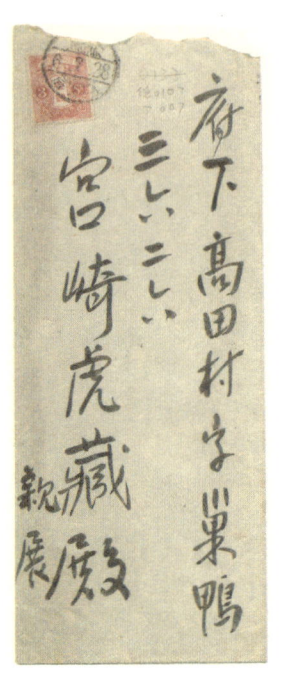

释读

拝啓

　一昨日失禮致し候。古島氏の宅へ小生今般往訪約二時間快談致し候。頗る互了解我得なると存じ候。昨日御話の聘奥船の件詳細の取調と商人の希望条件と実際に応じしての办法何卒一刻も速に御取調の上御知らせ被下度候。右御頼み迄願被下候。

　匆々

　　　　　　　　　　　　　　　　　　　　　　　　　　　　　　　　　　七月廿八日　殷汝耕

滔天先生座右

中译文

拜启：

　　前日失礼了。小生今往访古岛之宅，谈约两小时，相互之间颇多了解。昨日说到的雇佣澳洲船只之事相关的详细调查及商人的希望条件，应对实际的办法等，敬请及早调查后通知，拜托。匆匆。

滔天先生座右

殷汝耕

七月二十八日

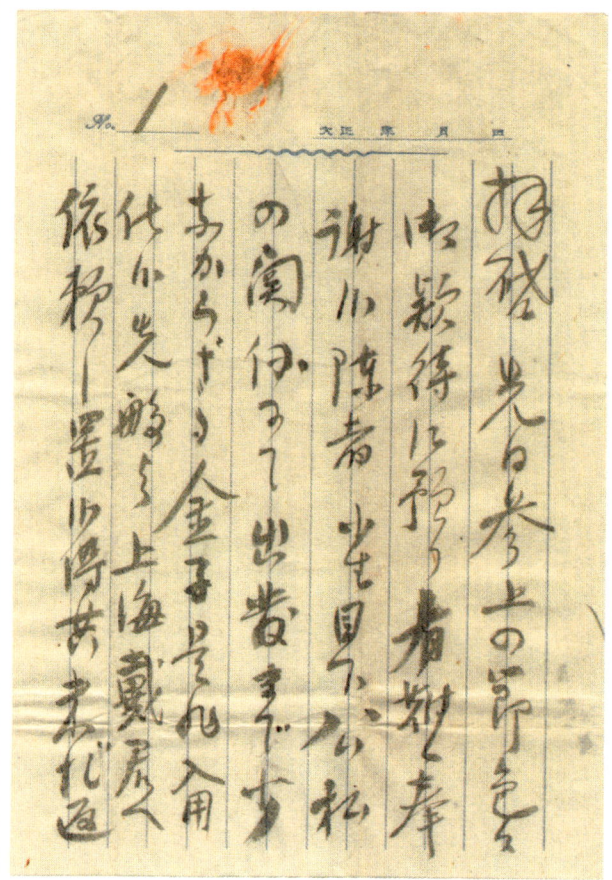
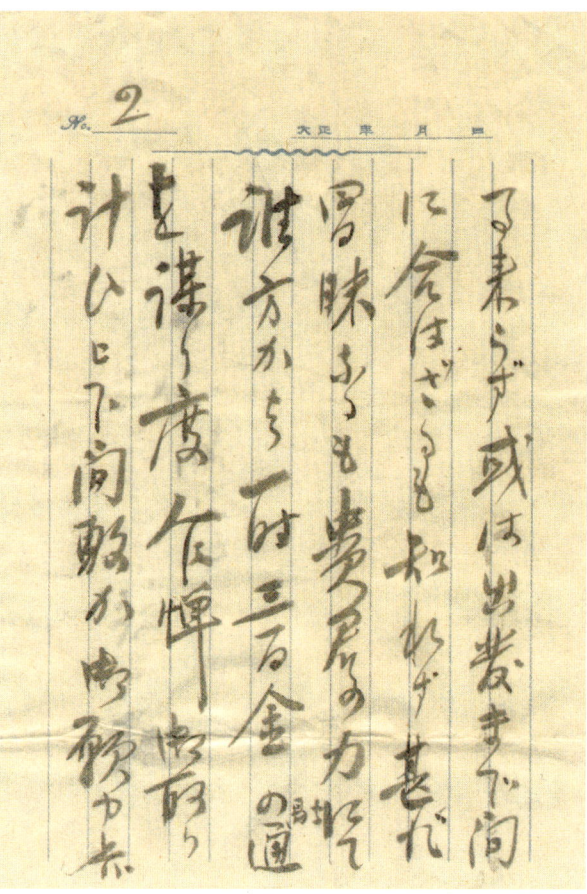
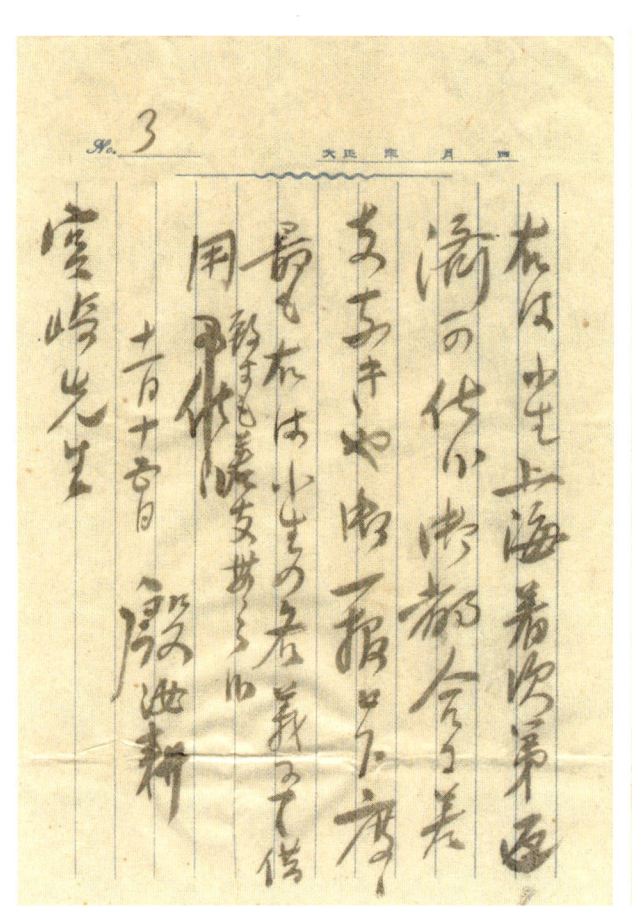

殷汝耕致宮崎滔天函（1917年11月15日）

宮崎滔天家藏民国人物书札手迹（第六卷）

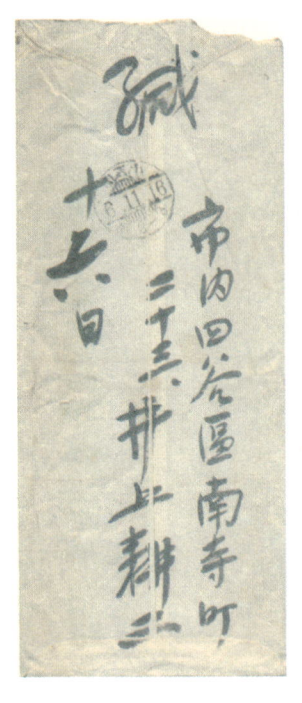
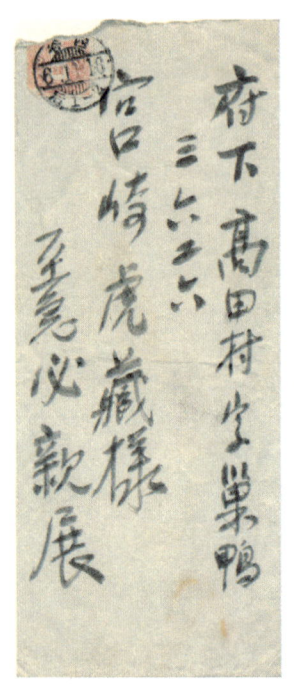

释读

拝啓

　先日参上の節、色々御歓待に預り有難く奉謝候。陳者小生目下公私の関係にて出発まで少なからざる金子是非入用仕候。先般より上海戴君へ依頼し置少得共未だ返事来らず、或は出発まで間に合はざるも知れず、甚だ冒昧ながらも、貴君の力にて誰方より一時三万金の通を謀り度乍憚御取り計り被下間敷か御願い申上候。右は小生上海着次第返済が仕候。御都合に差支なきや御一報被下度。最も右は小生の名義にて借用致すも差し支無き候。

　　　　　　　　　　　　　　　　　　　　十一月十五日
　　　　　　　　　　　　　　　　　　　　　　殷汝耕

宮崎先生

中译文

拜启：

　　前日造访，承蒙款待，非常感谢。陈者：小生目下公私之关系，出发之事，须花费不少经费。之前向上海戴君请求借款，至今未曾返来，或可能难以赶得上出发。甚是冒昧，万望贵君助力，从谁处暂借三万之金，缓一时之急。小生返回上海之际，当即返还。以上借款亦可以小生之名义从各处筹借。

宫崎先生

殷汝耕
十一月十五日

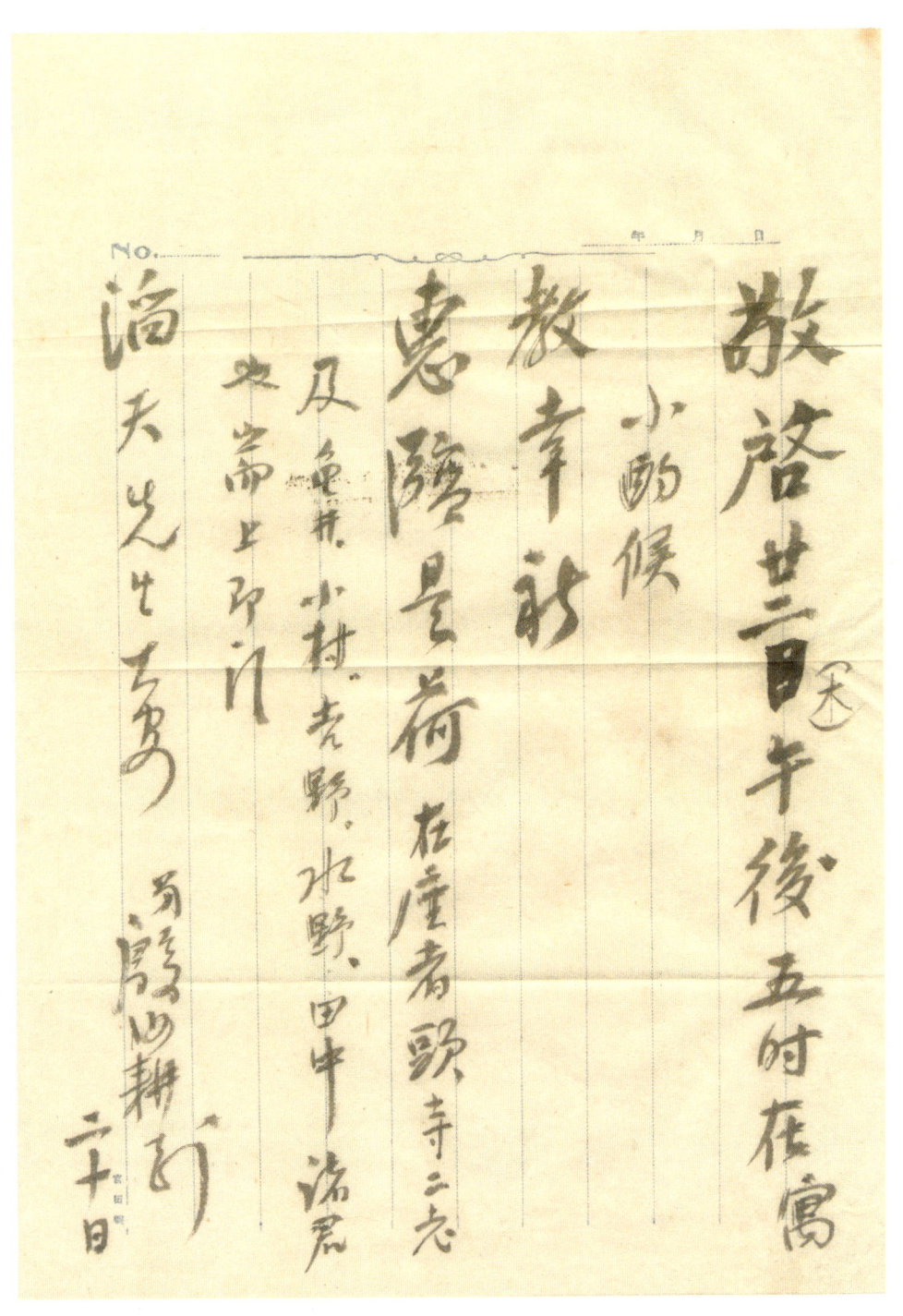

殷汝耕致宮崎滔天函（1917年11月20日）

宫崎滔天家藏民国人物书札手迹（第六卷）

 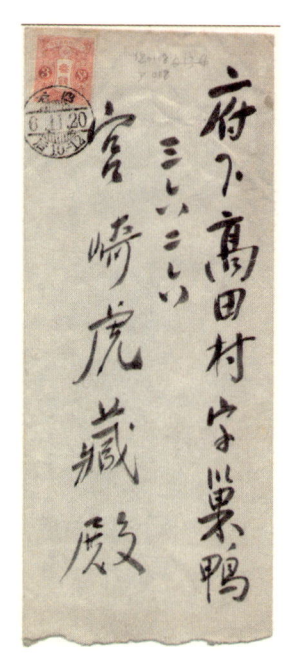

释读

敬启：

　　廿二日午后五时在寓小酌候教，幸祈惠临是荷。在座者头、寺二老及龟井、小村、吉野、水野、田中诸君也。专上，即叩

滔天先生大安

　　　　　　　　　　　　　　　　　　　　　　　　　　弟殷汝耕顿首

　　　　　　　　　　　　　　　　　　　　　　　　　　　　二十日

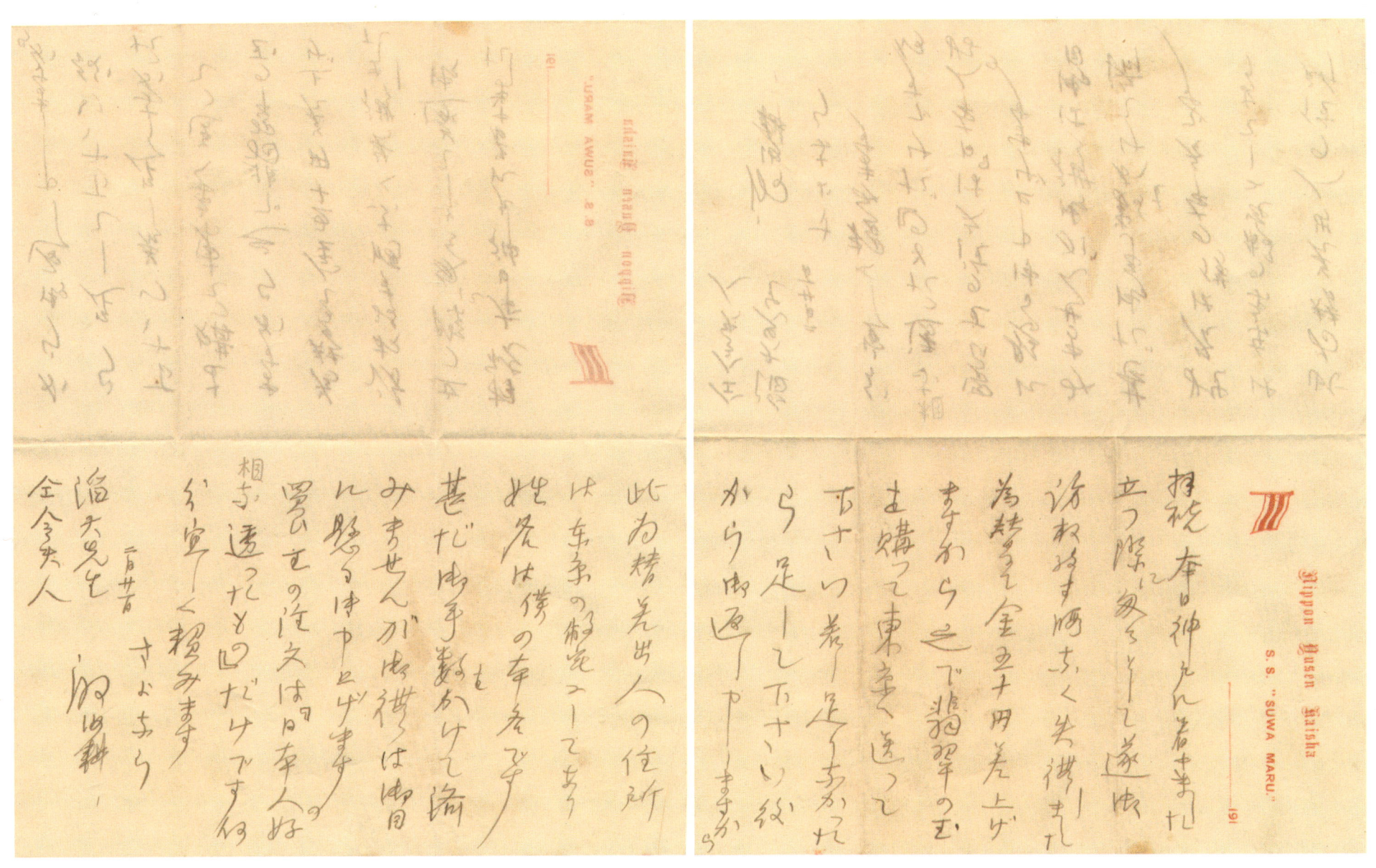

殷汝耕致宮崎滔天函（1918年2月21日）

宮崎滔天家藏民国人物书札手迹（第六卷）

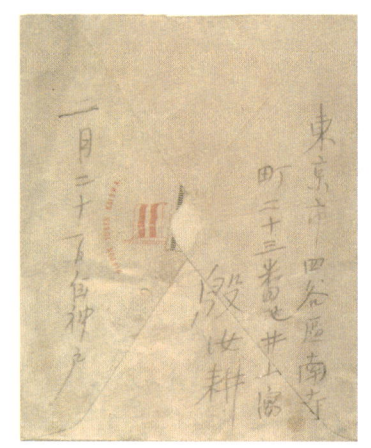 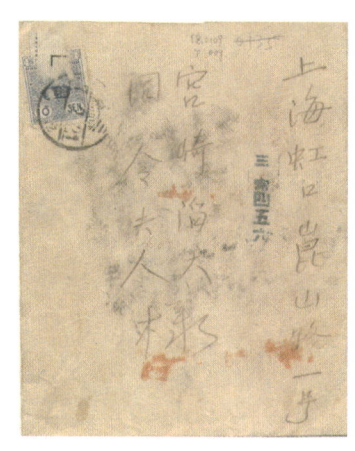

释读

拝啓

　本日神戸に着きました。立つ際に匆々として遂御訪ね致す暇なく失礼しました。為替にて金五十円差上げますから、之で翡翠の玉を購って東京へ送ってください。若し足下なかったら足してください。後からご返し申しますから。此為替差出人の住所は東京の弊宅にしてある姓名は僕の本名です。甚だ御手数をかけて済みませんが、ご禮は御目に懸る時申し上げます。買い主の注文は『日本人の好相な透ったもの』だけです。何卒宜しく頼みます。

　さよなら

殷汝耕
二月廿一日

滔天先生
同令夫人

中译文

拜启：

　　本日抵达神户。匆匆驻足，无暇拜访，失礼之至。兑换五十日元敬上，敬请以此购翡翠之玉件寄送东京。如若不足，请足下垫付，之后返还。此件寄送人地址为东京敝宅，姓名为本人。抱歉，给您添麻烦，谢礼容拜见时当面奉上。唯买方所订之《日本人の好相を透ったもの》敬请尽力。

　　再见。

滔天先生同令夫人

殷汝耕

二月二十一日

殷汝耕致宮崎滔天函（1918年3月9日）

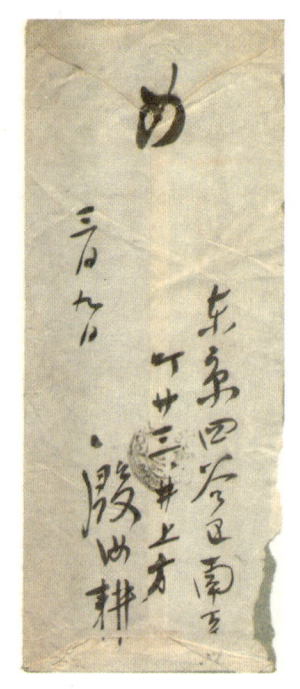 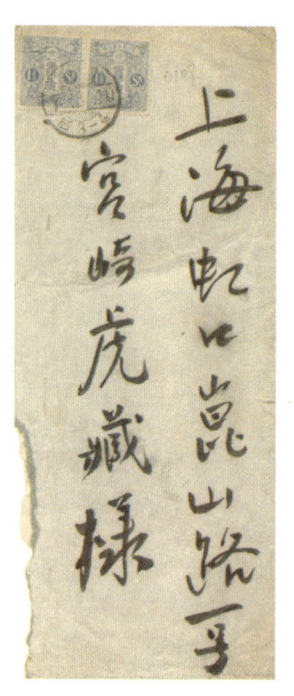

释读

拝覆

御手紙謹んで拝見仕候。翡翠は日本髪を結ふ時に使ふカンザシの玉に御座候。（図）

広東にて戴様に御相譚して御購入被下度候。只今貴君の手紙と共に馮辞職の電報到着仕候。時局益々変化に極め誠に好き欠物に御座候。先は取り急ぎ御返る迄。匆々頓首

三月九日　殷汝耕

滔天先生

末筆ながら奥様へ宜しく御伝え被下度候。

中译文

拜复：

  贵函谨拜读。翡翠乃日本结发时所用之装饰玉器，如图。已和广东的戴先生商量，意欲购入。今日与贵函同时到达的尚有冯辞职的电报，时局变化纷纭，诚好所欠之物。先此回复。匆匆，顿首。

滔天先生

殷汝耕
三月九日

搁笔之际也请转达对令夫人之问候。

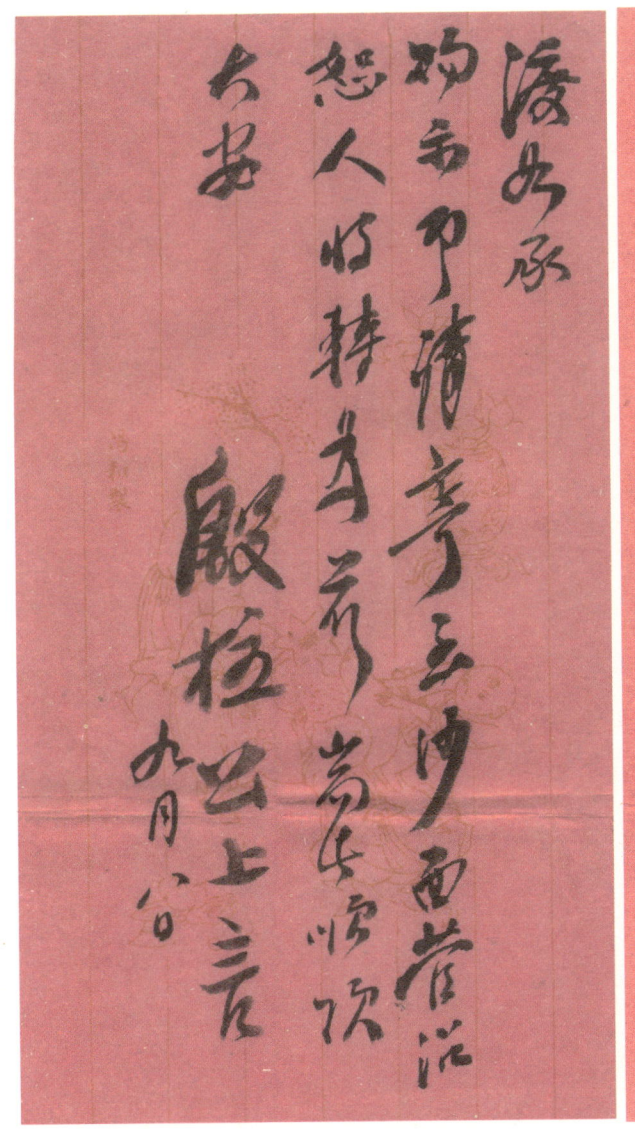

殷汝耕致宫崎滔天函（1918年9月8日）

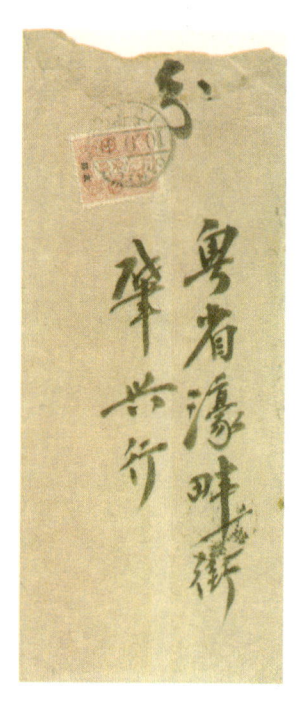

释读

宫崎同志先生大鉴：

别将及月，念何如之。此间故友甚多，久别相值，酹酢殊繁。在闽浙军，其主力部分已拔队来归，余亦可望一致行动。军府组织，日渐就绪，统一机关既具，一切进行自易。湘南北军师长吴佩孚已有长电发表意见，长江三督同此主张，大局实有转机之望，殊可喜也。非法选举，此间已发电反对，章君行严不日渡东，有所接洽，乞先向各方疏解，以便到时易于为力也。弟在此间约三数星期后，即拟南渡。如承赐示，即请寄至沙面营治恕人收转为荷。专此，顺颂

大安

殷柱公上言

九月八日

拝啓近頃愈御清栄奉賀在京中
ハー失礼致しました小生はその後名古屋に
暫らく滞在致しまして廿一日博愛丸にて上海へ
向ひ去る廿八日午前七時頃当地に到着致しまし
た途中御蔭にて恙なくひた〳〵けから何等
御気ニ掛けて下さい此處に三四日位滞在して武昌へ
参ります今日の電報に依れバ漢陽は少し
面白く無いからすぐ漢陽へ参らうと思って居ます
明日まで決せぬ事が出来ません)澤山あります先
菊池兄様に弟の寫真が来信
達その主人にすぐあれ〳〵の御宅に届けておくれと云ひ
ましたが着し尚届けて上げふがなくなり御手教奉
何年はあぢとそして下さい
あぐで先生に達はふがつたが先生は唯だん漢陽へ
向って出発あり升ましたまづふと約束しました
牛込の兄さんの家にはすも様なら〳〵に御面倒ながら
下さいに草〳〵好喬書のまゝ妻子は後便

拾壱月廿八日　弟　尹騫

宮崎尊嫂夫人

前田虎雄兄様によろしく

宮崎滔天家藏民国人物书札手迹（第六卷）

释读

拝啓

　近頃益々御清栄賀します。在京中し候失礼致しました。小生はその後名古屋に暫く滞在致しまして、廿一日博愛丸にて上海へ向く。去る廿六日午前七時頃当地に到着致しました。途中御蔭にて無じで御座いましたから、何卒御安心して下さい。此処に三四日位滞在して武昌参りつもりでたが、今日の電報に拠れば漢陽は少し面白くないから、すぐ潯陽へ参らうと思って居ります。明日まで決める事が出来ませう。

　菊ふじ楼に弟の写真がまだ澤山あります。先達その主人にすぐあなたの御宅に届けておくれと云ひましたが、若し尚届けて上げなかったら、御手数ながら何卒御ざい削除そくして下さい。

　ここで先生に逢はなかったが先生は？潯陽へ向って出発なさいました。向てまだ逢ふと約束しました。牛込の兄さんの家に御手数ながら御面倒に見て下さい

　草々頓首委細は後便

拾壱月廿八日　弟尹骞

宮崎　尊嫂夫人
前田君御兄弟によろしくと

中译文

拜启：

  祈近日康健。在京期间失礼了。之后，小生赴名古屋暂作停留。二十一日，乘博爱丸返回上海。二十六日上午七时抵达。途中托您之福，一切顺利，敬请安心。上海停留三四日后，到达武昌。依今日之电，汉阳了然无趣，尚在考虑是否马上赴浔阳，明日或可做决定。

  菊富士楼之处，尚有弟之写真若干，其主人言将寄送至贵处，若尚未收到，不好意思，还请麻烦您确认一下。

  目前尚未见到先生。先生昨已出发去浔阳。已约好在彼地相会。牛込之兄家，也拜托您多多关照。草草顿首。详细容后便。

宫崎尊嫂夫人

弟尹骞
十一月二十八日

代问前田君安好

拝啓先日大い失
禮致しました今日
午後一時に参
上致したくありますから
何卒御待ち下
さい委細面謁
頓首
十三日 尹騫
滔天先生 左右

尹騫致宮崎滔天函（1911年11月13日）

宮崎滔天家藏民国人物书札手迹（第六卷）

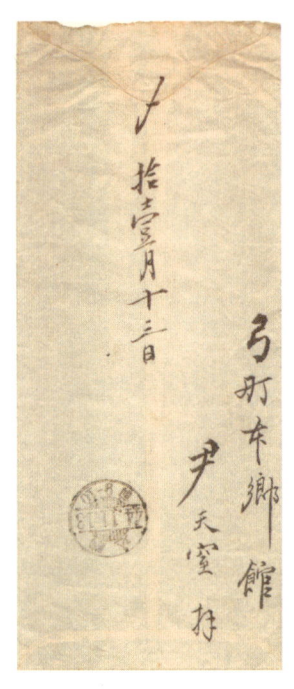

释读

拝啓
先日大に失礼致しました。今日午後一時頃参上致し度ですから、何卒お待ち下さい。委細面罄。草々頓首
　　　　　　　　　　　　　　　　　　　　　　　　　　　　　十三日
　　　　　　　　　　　　　　　　　　　　　　　　　　　　　尹騫

滔天先生左右

中译文

拜启：
  前日失礼之至。今日下午一时赴贵府拜访，敬请等候，详细面谈，草草顿首。
滔天先生左右

尹骞
十三日

拝啓 先日は六日失敬
致しました 金費調達
の件は水野先生にお伝
へて漸く二百円出来
ましたが不足の分は
内をあき板劉君は
またあちりあせん時我
共たけれども僅か数円
住出来ました 誠々金
力は恐べきもので御座
います
一月に牛込高等演芸館
にて尚栄生全体大序
を開ゆあれた一清政
府に柏手を敵宣帳逆
布堂人を斬り諸方参
春堂を罷示ちるとき
あ来ちに各省議後句
に救を早速職合し
政府の失態を表問
言真人氏の自体の精
神を鼓吹するを要趣
余方には激文を傳布
し全国人民をして抗租
罷市せしむ死力を以て
清廷に對抗することを運
勤をこ三條決議した
此に頼り新内依りて
川湖はまた確定せず
と知けれども内有力
情況を得あせん何人
云も朝夕雨望んで居り有号
北の末るを虔待って居り有号
草々頓首
十月三 尹騫
滔天先生左右

宮崎滔天家藏民国人物书札手迹（第六卷）

释读

拝粛

　先日は大に失礼致しました。金員調達の件は水野先生に相談して、漸く六拾円出来ましたが、不足の分は尚多くある故、劉君はまた満りません。時機を失ふべからずと今まで四方八面に奔走して居たけれども、僅か拾円位出来ました。誠に金力は恐べきもので御ざいます。

　一日に牛込高等演芸館にて留学生全体大会を開けました。（一）清政府に拍電し盛宣懐趙爾豊二人を斬り端方岑春宣を罷斥することを要求す（二）各省諮議局に投書し早速聯合して政府の失態を責問す且つ人民の自保の精神を鼓吹することを歎願す（三）檄文を伝布し全国人民をして抗租罷市せいめ、死力を以て清廷に対抗することを運動すとの三条を決議した。近頃種々の新聞に依りて川乱はまた鎮定せずと知りけれども、尚有力の情報を得ません。何人でも朝夕西へ望んで其れの来るのを待って居ります。

　草々頓首

十月三

尹騫

滔天先生左右

中译文

拜肃：

前日失礼了。筹备金钱之事，拜托水野先生，好不容易筹到六十日元，虽然尚缺少很多，故刘君仍不满，现今不失时机到处奔走，也只筹集到十日元左右，筹措金钱真不容易。

一日，在牛込高等演艺馆，召开留学生全体大会，决议三条运动方针：（一）给清政府发电要求斩盛宣怀、赵尔丰二人，罢免端方、岑春煊；（二）向各省咨议局投书尽早联合，责问政府之失态，且鼓吹人民自保之精神；（三）发布檄文，以死力号召全国人民抗租罢市，对抗清廷。近来依各种新闻，川乱是否平息，尚未得到可靠的情报，无论何人，都朝夕西望等待其到来。

草草顿首

滔天先生左右

尹骞

十月三日

拝啓昨日は甚だ失敬
仕り、今日早速参堂
致度処、生憎他に急用
有之故、参る政も能はず
むに車夫をして先日
買取たる茶品代金
拾え六十銭を持参仕
何卒御落入被下
度、孫君東来の件
はいつ頃や昨状拙
生は孫君到着の
夢を見し位にて、これ即ち
運動成功の兆候と私
心窃かに喜んで居り、
何卒昨日犬養君と
御談話より万事を知らせ
て被下度、草々頓首
　十月晦朝　尹蹇
　滔天先生 尊鑒
　外薬代金一封封入

宮崎滔天家藏民国人物书札手迹（第六卷）

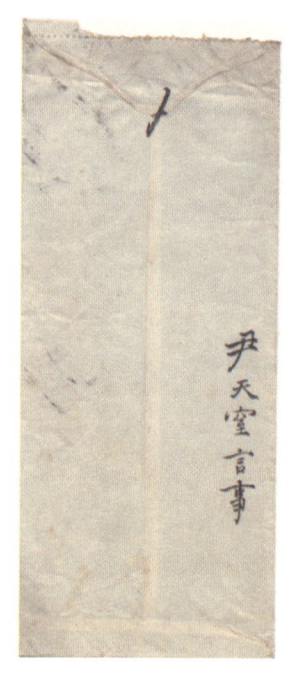
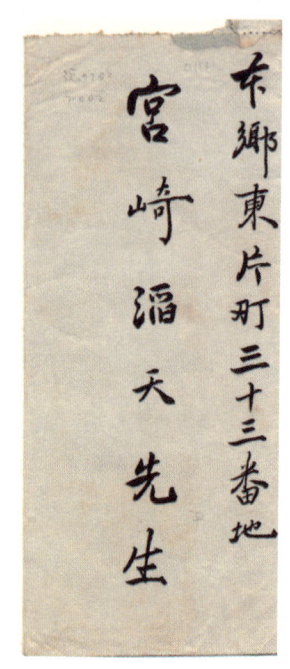

释读

拜啓

　　昨日甚だ失礼仕候。今日早速参れ致し度候共他に急用有之故参上致す能はず候。車夫をして先日買取りたる茶品代金拾元六十銭を持参致、何卒御察入被下度候。孫君東来の件は如何候や。昨夜小生は孫君到着の夢を見りそれ即ち運動成功の兆なりと私心竊かに喜んで居り候。何卒昨日犬養君と御談話の要点を知らせて被下度候。草々頓首

十月晦朝

尹騫

滔天先生尊鑑

外薬代金一封圦入

318

中译文

拜启：

　　昨日甚是失礼。今日想早点来拜访，因有急事不能成行。让车夫将前日卖取茶品钱共计十元六十钱送来，敬请收下。孙君东来之事未知如何。小生昨夜做梦梦见孙君抵达，此乃运动成功之先兆，内心窃喜。昨日与犬养君交谈的要点也请告知。草草顿首。
滔天先生尊鉴

　　　　　　　　　　　　　　　　　　　　　　　　　　尹骞
　　　　　　　　　　　　　　　　　　　　　　　　　十月晦朝

外药代金一封付入

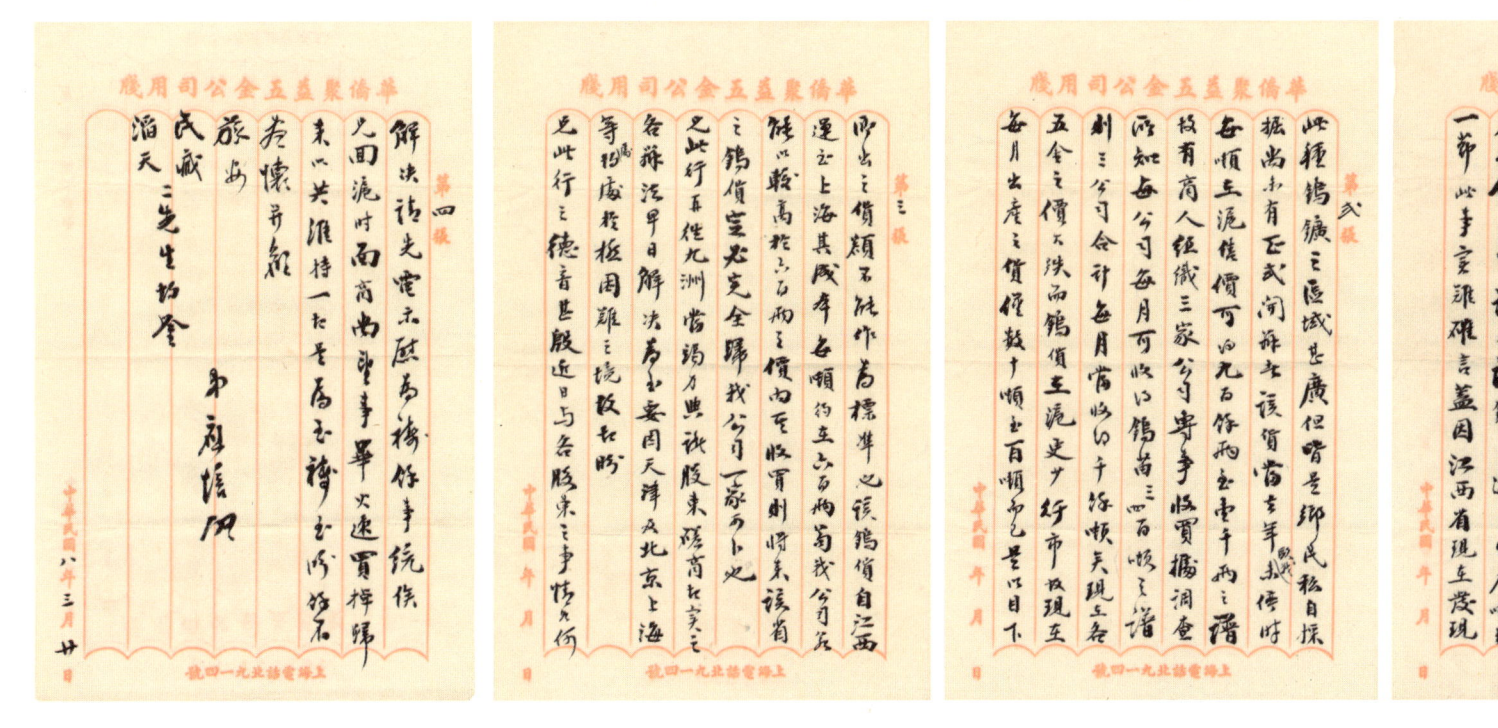

应培致许冀公函（1919年3月20日）

 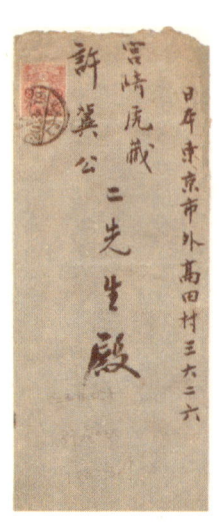

释读

冀公我兄鉴：

日昨得接十三日对发手示，并读寄嫂夫人 [日文，样品] 书，各情已悉种种。弟谨当遵嘱进行可也。

钨货事已得股东赞成，甚为可慰。该见本日前已交郑君寄去，此时谅必收到否？至来示命切实调查该矿苗逐月出产吨数一节，此事实难确言。盖因江西省现在发现此种钨矿之区域甚广，但皆是乡民私自采掘，尚未有正式开办者。该货当去年欧战未停时，每吨在沪售价可得九百余两至壹千两之谱，故有商人组织三家公司专事收买。据调查所知，每公司每月可收得钨苗三四百吨之谱，则三公司合计，每月当收得千余吨矣。现在各五金之价大跌，而钨货在沪更少行市，故现在每月出产之货，仅数十吨至百吨而已。是以目下所出之货额，不能作为标准也。该钨货自江西运至上海，其成本每吨约在六百两，苟我公司若能以较高于六百两之价向其收买，则将来该省之钨货定必完全归我公司一家可卜也。兄此行再往九洲，当竭力与诸股东磋商切实之各办法，早日解决为至要，因天津及北京、上海等处，均处于极困难之境，故切盼兄此行之德音甚殷。近日与各股东之事情如何解决，请先电示慰为祷。余事统俟兄回沪时面商。尚望事毕火速买棹归来，以共维持一切，是为至祷至盼。余不尽怀，并候

旅安

民藏、滔天二先生均鉴

弟应培顿首

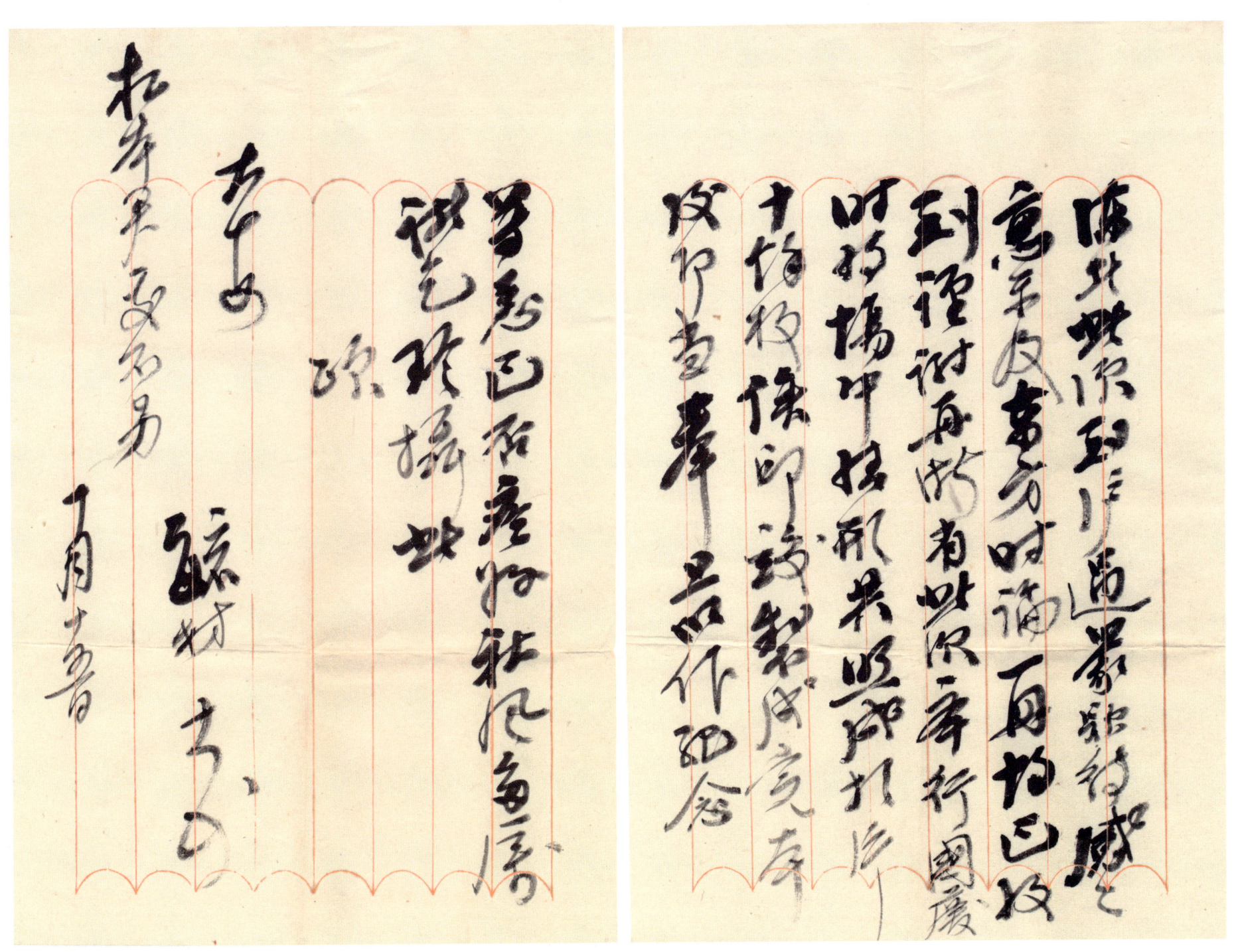

毓材致宫崎滔天函（1916年10月15日）

释读

陈者：

  此次到沪，过蒙款待，感感。惠示及《东方时论》一册，均已收到，谨谢！再，浙省此次举行国庆时将场中情形，共照成相片十余枚，俟印竣制成完本后，即当奉上，以作纪念。尊恙已否痊好？秋风多厉，诸乞珍摄。此颂

大安

松本君处不另

毓材顿首

十月十五日

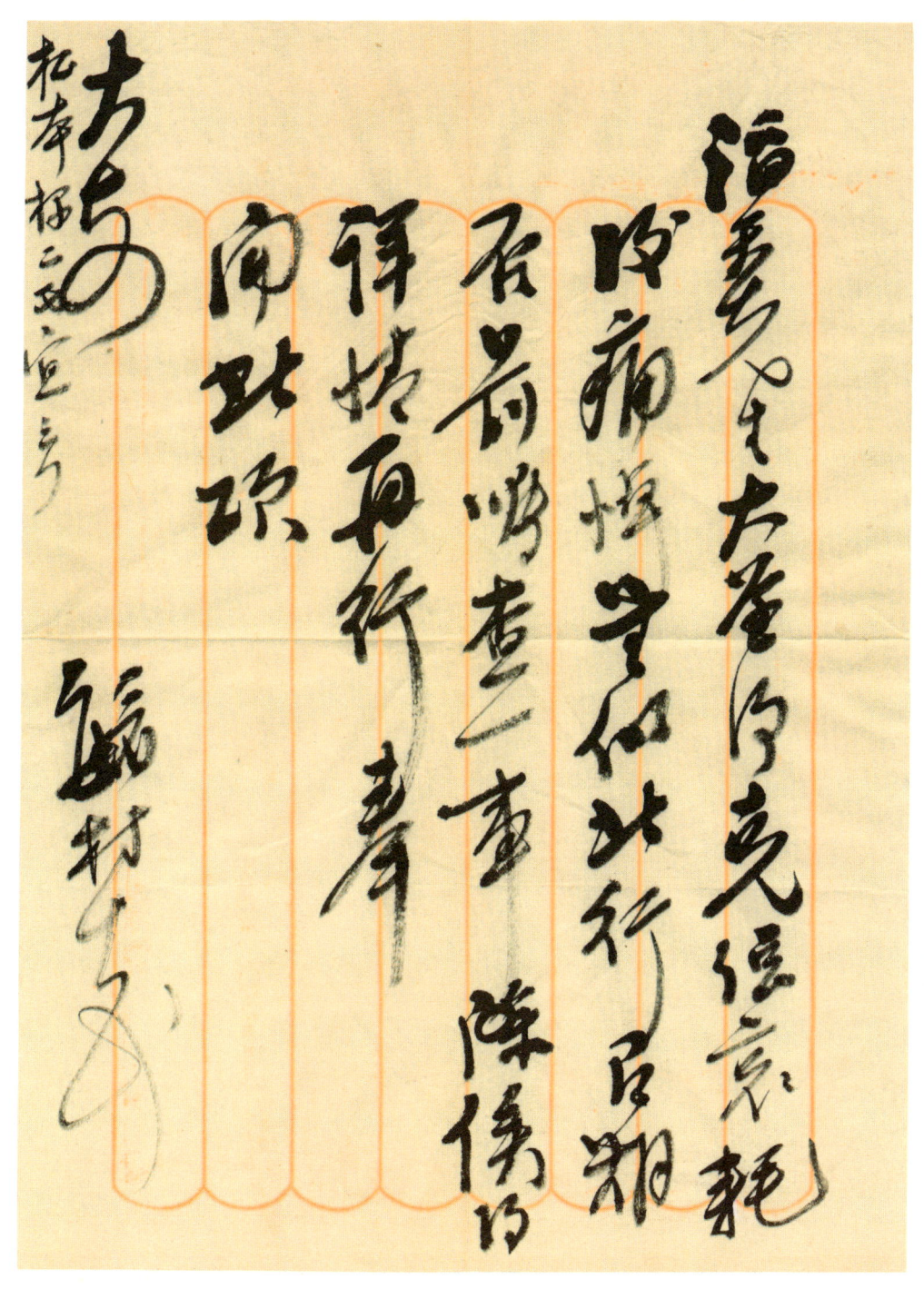

毓材致宫崎滔天函（1916年11月6日）

 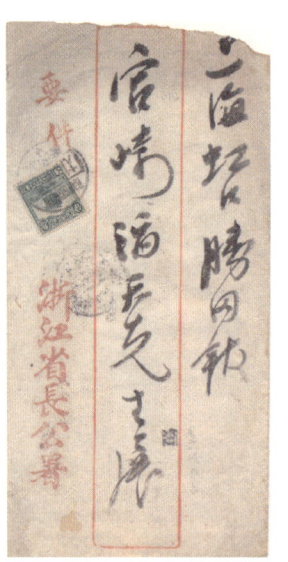

释读

滔天先生大鉴：

　　得克强哀耗后，痛悼无似。北行有期否？前嘱查一事，俟得详情，再行奉闻。此颂

大安

　　松本先生问好

毓材顿首

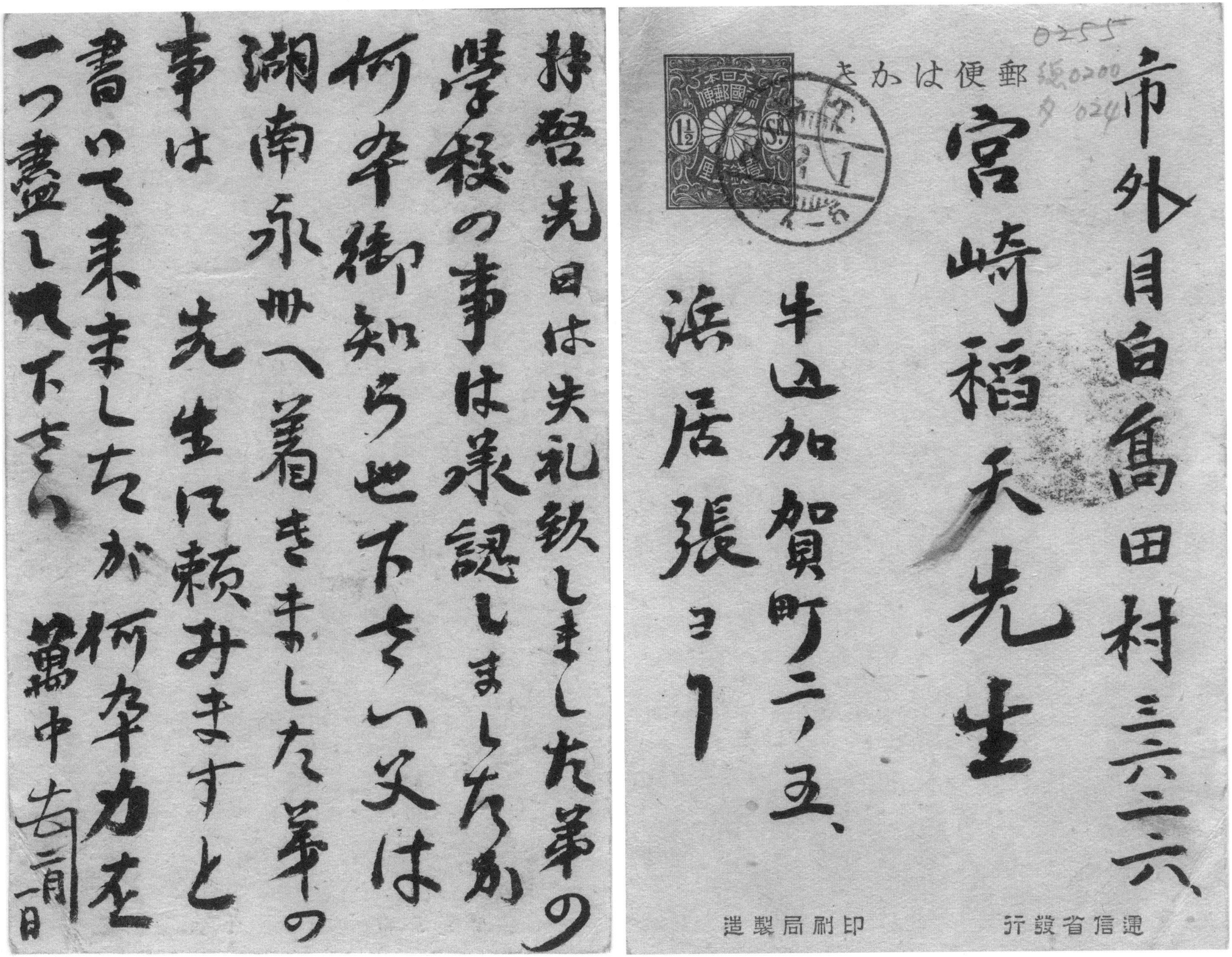

市外目白馬田村三六二六、
宮崎稲天先生

牛込加賀町二ノ五、
浜居張ヨリ

拝啓先日は失礼致しました弟の
学校の事は承認しましたが
何卒御知らせ下さい父は
湖南永卅へ着きました弟の
事は先生に頼みますと
書いて来ましたが何卒力を
一つ盡して下さい 萬中告二月一日

张万中致宫崎滔天函（1919年2月1日）

宮崎滔天家藏民国人物书札手迹（第六卷）

释读

拝啓
　先日は失礼致しました。弟の学校の事は承認しましたか？何卒御知らせ下さい。父は湖南永州へ着きました。弟の事は先生に頼みますと書いてきましたが、何卒力を一つ盡くして下さい。
　萬中頓首

　　　　　　　　　　　　　　　　　　　　　　　　　　　二月一日
はがき郵便
市外目白高田村三六二六
宮崎稲天先生
牛込加賀町二ノ五、浜居張ヨリ

中译文

拜启：

前日非常失礼。吾弟学校之事录取与否呢？敬请示下。家父已抵湖南永州，言吾弟之事已委托先生，万望尽力。

　　　　　　　　　　　　　　　　　　　　　　　　　万中顿首

　　　　　　　　　　　　　　　　　　　　　　　　　二月一日

明信片邮件
市外目白高田村三六二六
宫崎稻〔滔〕天先生
牛込加贺町二ノ五、浜居张ヨリ

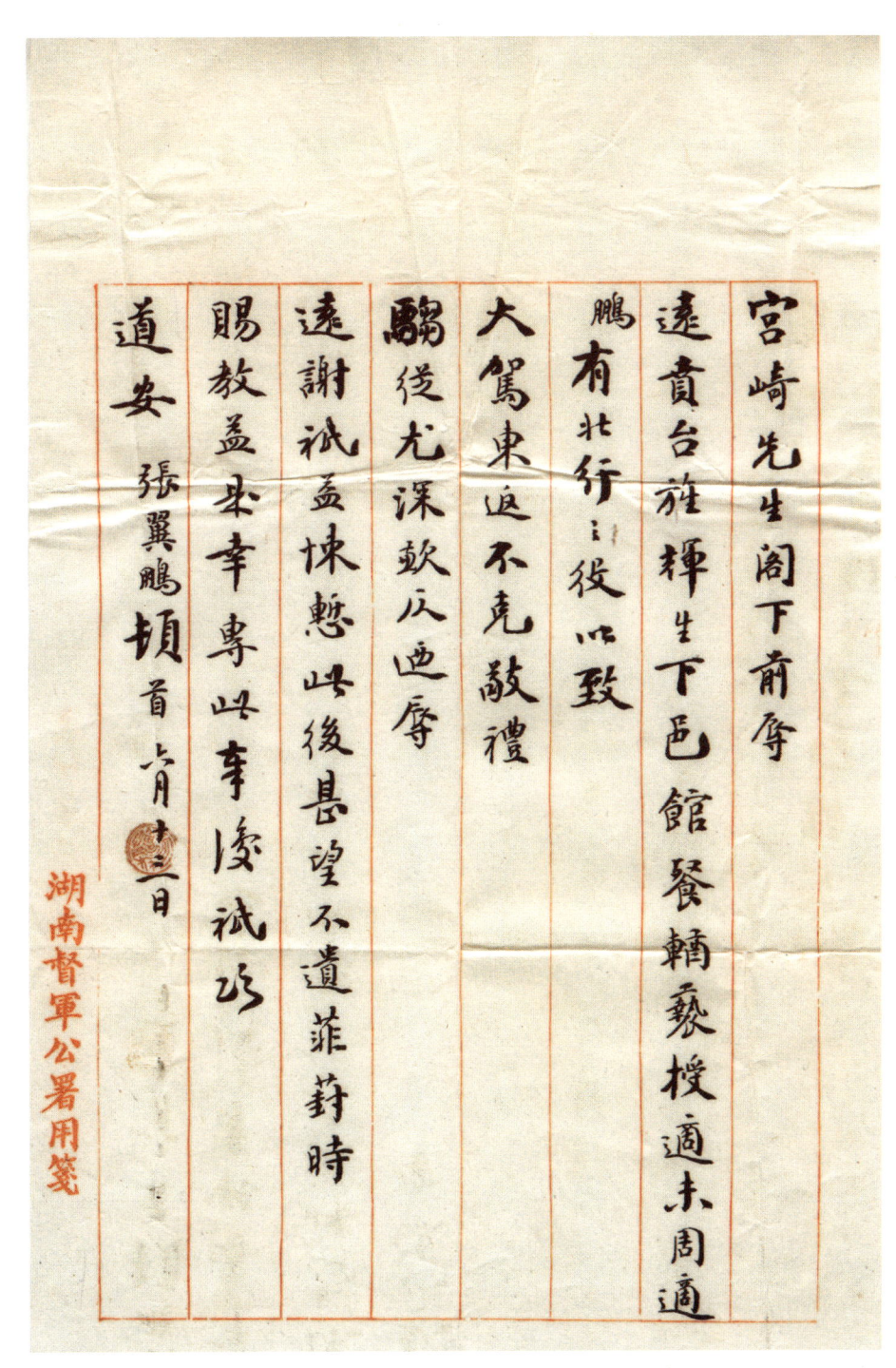

张翼鹏致宫崎滔天函（1917年6月13日）

宫崎滔天家藏民国人物书札手迹（第六卷）

释读

宫崎先生阁下：

　　前辱远贲台旌，辉生下邑。馆餐辎裘，授适未周。适鹏有北行之役，以致大驾东返，不克敬礼趋从，尤深歉仄。乃辱远谢，只益悚惭。此后甚望不遗菲葑，时赐教益是幸。专此奉复。祇颂

道安

张翼鹏顿首

六月十三日

宮崎滔天先生大鑒久仰
大名中外欽佩。前者先遣鄙婿權仲觀猥蒙
格外寵愛。刻復
指式真理上神聖救世之大道感激賀喜。
先生果推倒全世間強權不平之
救主也。吾等亦世界人類中一物則豈無發性感心於
高風之作用興起乎惟有叩懇
特加憐恤扶助。但未即負笈從事於
左右自慚誠薄。今權婿夫妻為留學東京發去。
先生應加愛之勵之所懷如海書難盡情。
俯察權之口告何幸、統祈
心所專請
大安。

小生鄭安立上言　住吉林城小東門甬圖書
　　　　　　　　館對西第一家

中華民國八年八月十九

郑安立致宫崎滔天函（1919年8月29日）

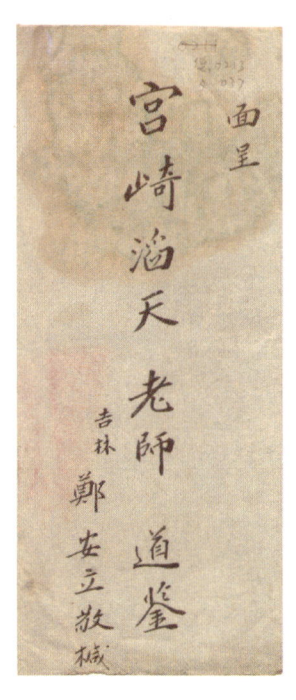

释读

宫崎滔天先生大鉴：

久仰大名，中外钦佩！前者，先遣鄙婿权仲观，猥蒙格外宠爱，矧复指式真理上神圣救世之大道，感激贺喜，先生果推倒全世间强权不平之救主也。吾等亦世界人类中一物，则岂无发性感心于高风之作用兴起乎？惟有叩恳特加怜恤扶助，但未即负笈从事于左右，自惭诚薄。今权婿夫妻为留学东京发去，先生应加爱之励之。所怀如海，书难尽情，俯察权之口告。何幸何幸！统祈

心印。专请

大安

小生郑安立上言

中华民国八年八月二十九

住吉林城小东门内图书馆对面第一家

第一报

拝啓者タングステン（江西鎢）の見本日前玉名舘許様宛へ送り出したが足下は御存じで御座いませ断かに関する産額及び價値を同時に手紙で出しました多分許様から足下に此に話せしが蔦に更に申し上げます目下江西省には手ですが末だ正式に申し上げます目下江西省には品に對し末だ正式なる開採をせぬが蔦め統一機関無き故に其の確實なる毎年の産額を知々事が出来ませぬ尚ほ市上には一定の價値なく

中華民國　年　月　日

第二报

景氣も好く無いが蔦め所有者は皆躊躇して専意に之を採集致しませ若し将来確かな買手有り亦價値が安過ぎざれば彼等は必らず採集に盡力に違ひませぬ其時に至れば毎月の産額が少くても千噸位は出ると云ふ話で御座います只最初二三個月の間は多額を得られず大概数百噸而已にて以後から始めて段々と増加うて行くので御座います又毎噸の價値

中華民國　年　月　日

第三报

に就いては一定しませぬけれど所有者が江西から上海まで運搬うて来るのに本價が六百両かゝると言ふ事となれば六百両以上でないと賣り出さぬに違ひませぬ本公司に於ては其れ以上（六百両以上）ら如利益を得られませぬ價値は時々變りますから契約を結ぶ際又詳かく申し上げます先づ斯く御知らせ申し上げ並せて御意見の返事を願ひます　草々不具

宮崎先生玉案下

鄭敬先

中華民國八年三月二十日

郑敬先致宫崎滔天函（1919年3月20日）

宮崎滔天家藏民国人物书札手迹（第六卷）

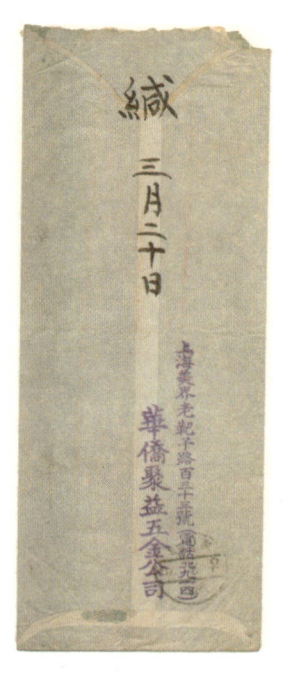

释读

拝啓者

　タニグスタニ（江西鎢）の見本日前王名館許様宛へ送り出したが、足下は御存じて御座いませうか。之に関する産額及び価値も同時に手紙で出しました。多分許様から足下に話したでせうが、茲に更に申上げます。目下江西省には此品に対し未だ正式なる開採をせぬが為、統一機関無く、故に其の確実なる毎月毎年の産額を知る事が出来ませぬ。尚ほ市上には一定の価値なく、景気も好く無いが為、所有者は皆躊躇して専意に之を採集致しませぬ。若し将来確かな買手有り亦価値も安過ぎざれば、彼等は必ず採集に尽力に違ひませぬ。其時に至れば毎月の産額が少くて千噸位出来ると云ふ話で御座います。只最初一二個月の間は多額を得られず、大概数百噸而已にて、以後から始めて段々と増加して行くので御座います。又毎噸の価値に就いては一定しませぬけれど、所有者が江西から上海まで運搬して来るのに、本価が六百両からと言ふ事となれば、六百両以上でないと売り出さぬに違ひませぬ、本公司に於ては其れ以上（八百両以上）を売らぬと、利益を得られませぬ。価値は時々変りますから契約を結ぶ際、又詳しく申上げます。先づ如斯く御知らせ申上げ並せて御意見の返事を願ひます。草々不具

鄭敬先

宮崎先生玉案下

八年三月二十日

中译文

拜启：

江西钨之样本日前已送至王名馆许氏，足下可否知晓？关于江西钨之产额及价格等也同函寄出，许氏想必已向足下言及，在此重申，目下江西省对此品未有正式许可开采，故无统一机关，每年每月之产额尚不能知。加之市面上无一定之价格，景气不好，所有者皆踌躇，无采集之专意。若将来确有买家，价格亦不便宜，彼等必尽力开采。据说其时每月产额至少也有千吨，只是最初一二月间产量不得大，大概数百吨而已。以后开始逐渐增加。又每吨之价格不一定，所有者从江西搬运至上海，如若本价为六百两，则卖出之价低于六百两，必不能卖出。而本公司如不将其卖至那之上（八百两以上），则无有利益可图。价格时刻在变化，订立契约之时，再详细讨论。先如此呈上，拜请您回复意见。草草不具。

宫崎先生玉案下

郑敬先

八年三月二十日

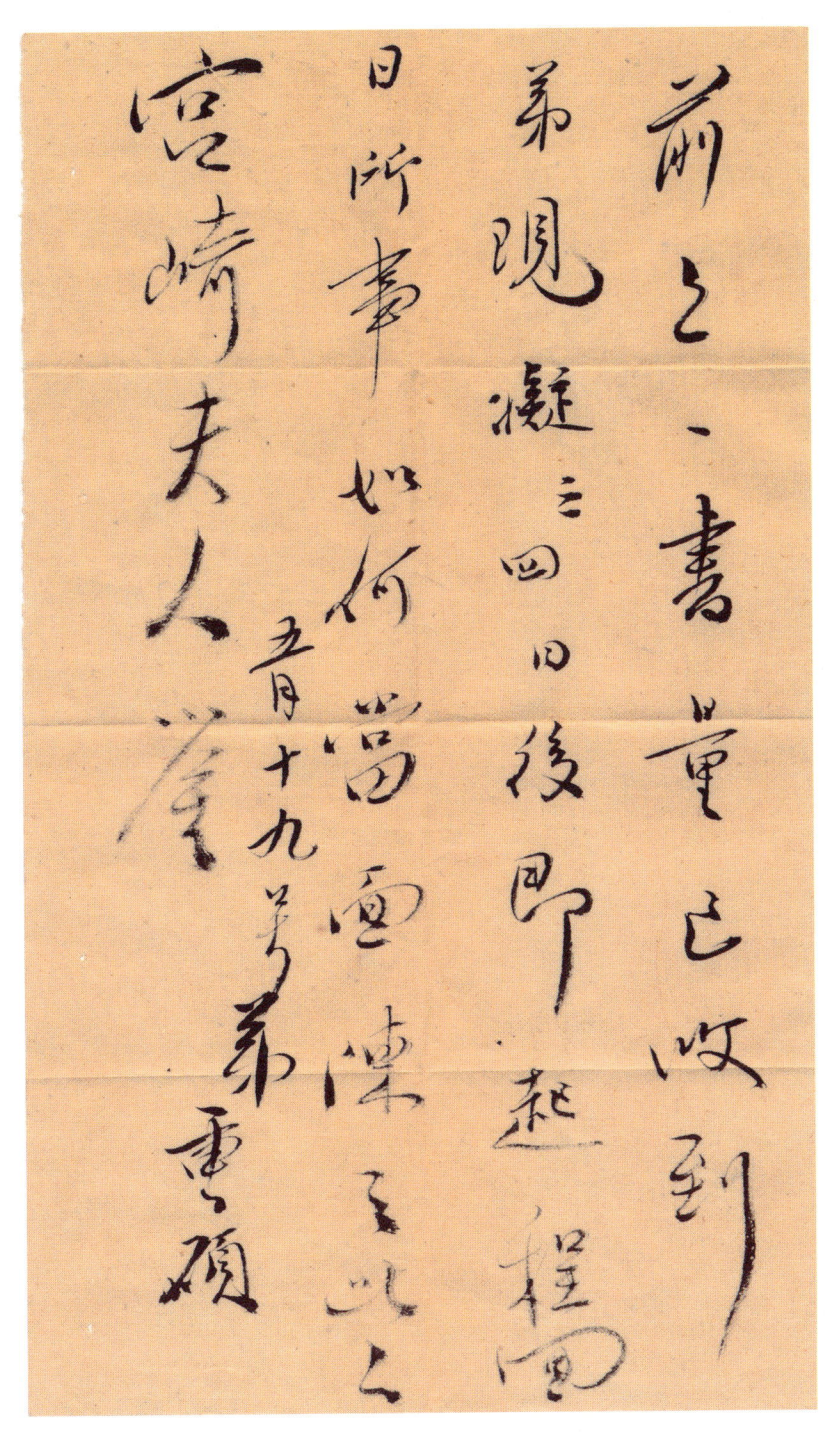

重硕致宫崎滔天函（1912年5月19日）

释读

前之一书，量〔谅〕已收到。弟现拟三、四日后即起程回日，所事如何，当面陈之。此上
宫崎夫人鉴

弟重硕
五月十九号

滔天先生鑒：拜別
尊顏倏已一旬矣，邇惟
起居勝常，為頌。弟攜眷歸國，
途中無事，已於廿四日抵滬，
堪以告
慰。去歲來居近
芳鄰，穩承
垂蔭，今相隔雖遠，敘感益深，嗣
後尚祈
時錫南針，俾免此後歧故請
大安

周鳳岐
十一月廿七日

如有函件請寄上海法租界蒲石路十六號交
孫棣三樣轉周收

周鳳岐致宮崎滔天函（1922年11月27日）

宫崎滔天家藏民国人物书札手迹（第六卷）

 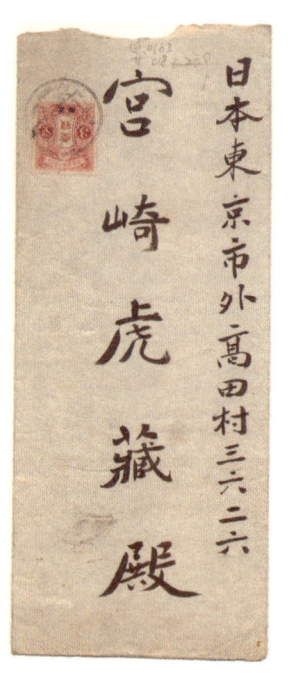

释读

滔天先生鉴：

　　拜别尊颜，倏已一句矣。迩惟起常〔居〕胜常为颂。弟携眷归国，途中无事，已于廿四日抵沪，堪以告慰。去岁来居近芳邻，总承垂荫。今相隔虽远，纫感益深。嗣后尚祈时赐南针，俾免北辙。专此。敬请

大安

　　如有函件，请寄上海法租界蒲石路十六号交孙棣三样转周收

周凤岐
十一月二十七日

拝啓

頃刻御手紙拝読ノ上欣悦ニ堪ヘ致候所小生昨日都合ニ寄リ大阪ニ来着致候ニ就キ奉命出来不相成候事遺憾ナガラ御諒察被下度候他日東京ニ時再ビ雅教謹仰致此段御申上候 匆々不一

十二月廿七日　朱華経

宮崎先生

朱华经致宫崎滔天函（1913年11月27日）

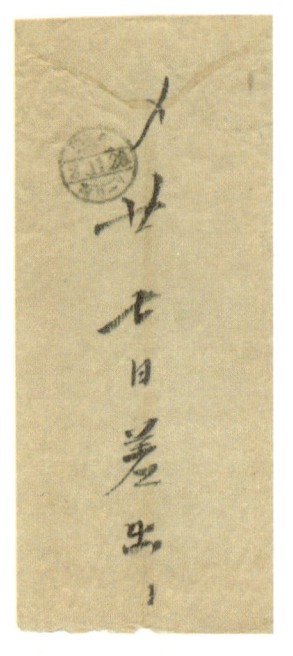 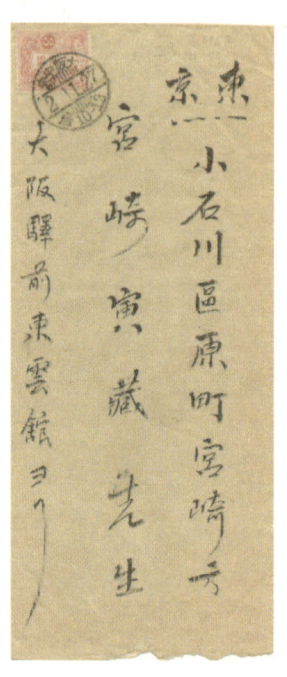

释读

拝啓

頃刻御手紙拝読ノ上欣悦不堪致候所。小生昨日都合ニヨリ大阪ニ来着致候ニ就キ、奉命出来不相成候事遺憾ナガラ御諒察被下度候。他日来京ノ時再ビ雅教謹聞致此段御申上候。

匆々不一

宮崎先生

十一月廿七日

朱華経

中译文

拜启：

　　拜读贵函，不甚欢欣。昨日小生已来大阪，不能遵命，深感遗憾，还请谅察，他日来京之时，再谨闻雅教。

　　匆匆不一

宫崎先生

朱华经
十一月二十七日

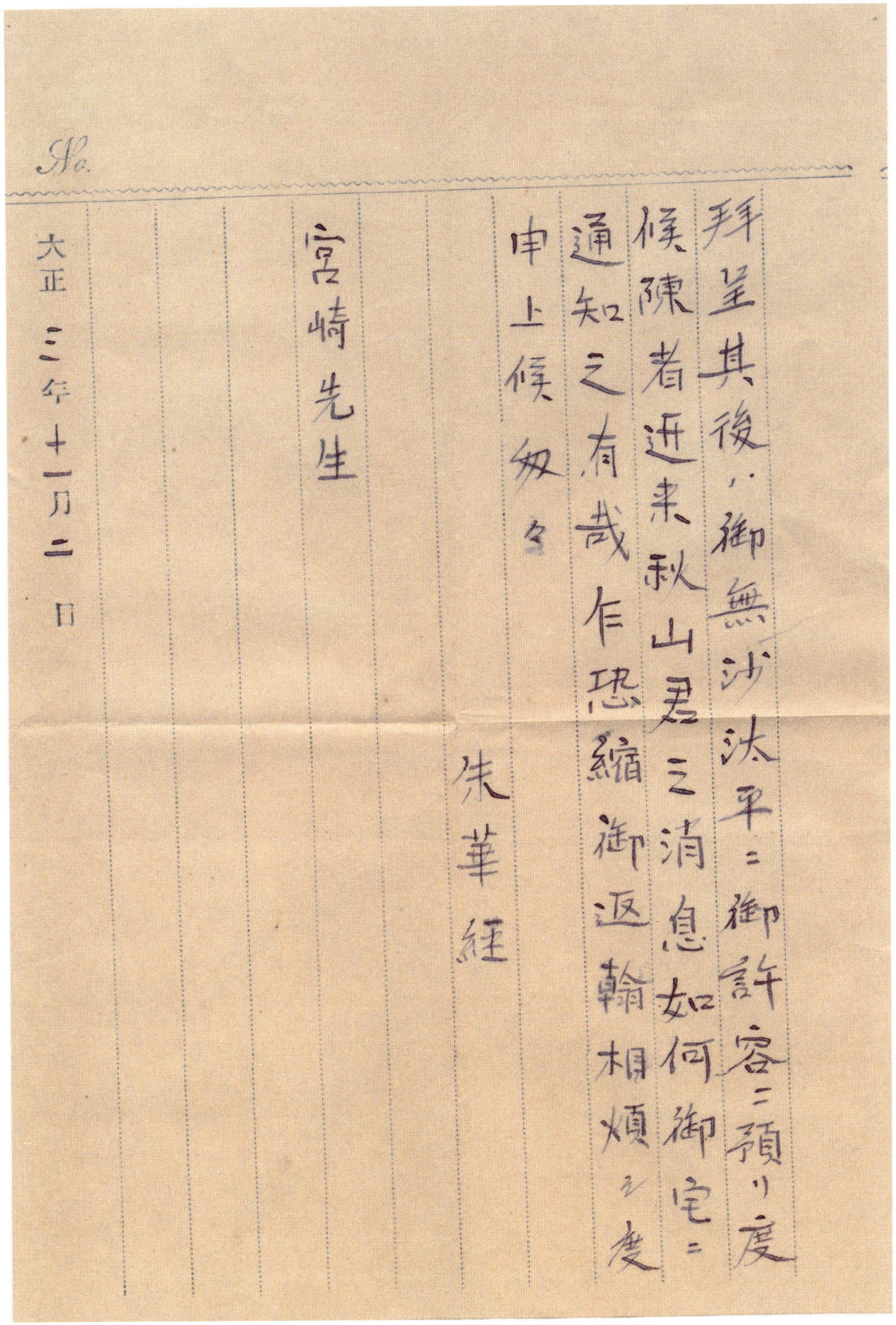

拝呈其後ハ御無沙汰平ニ御許容ニ預リ度
候陳者近来秋山君ノ消息如何御宅ニ
通知之有哉作恐縮御返翰相煩度
申上候匆々

宮崎先生

朱華経

大正三年十一月二日

朱华经致宫崎滔天函（1914年11月2日）

 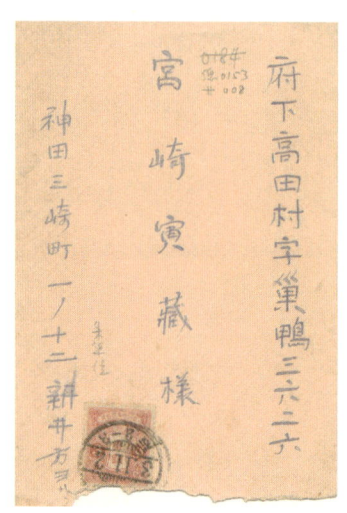

释读

拜呈
其後ハ御無沙汰平ニ御許容ニ預り度候。陳者近来秋山君之消息如何、御宅ニ通知之有哉乍恐縮御返翰相煩之度申上候。匆々
宮崎先生

朱華経

大正三年十一月二日

中译文

拜呈：
　　其后久未问候，请多包涵。近来秋山君之消息如何，是否和贵宅有何联系。不好意思，麻烦回函示下。
宫崎先生
朱华经
大正三年十一月二日

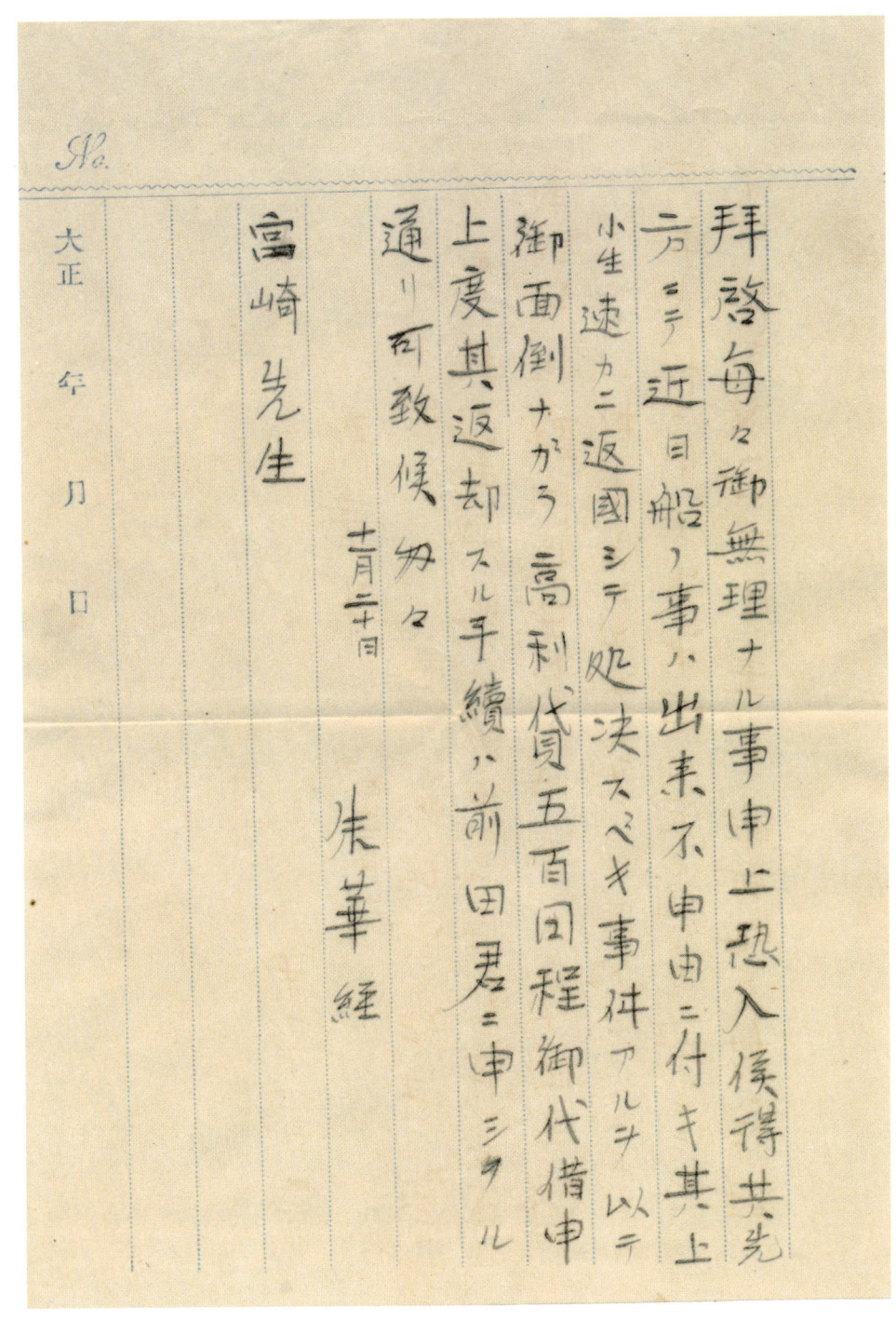

朱华经致宫崎滔天函（1914年11月20日）

宮崎滔天家藏民国人物书札手迹（第六卷）

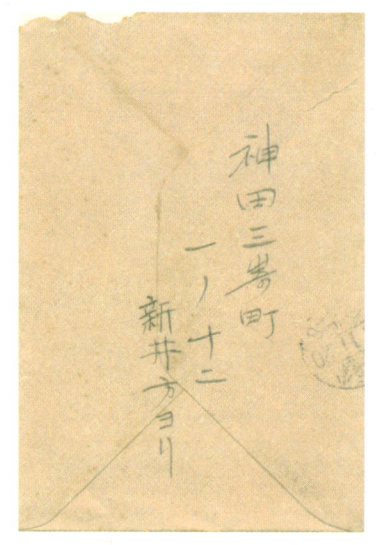 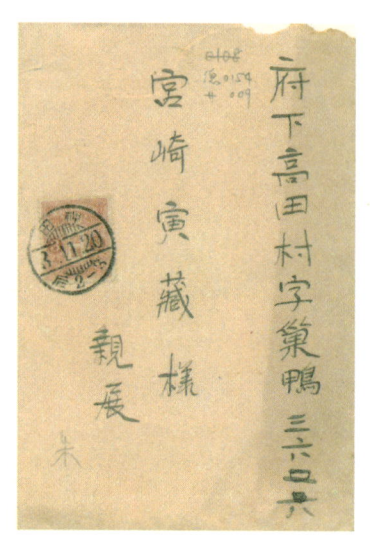

释读

拝啓

　毎々御無理ナル事申上恐入候得共。先方ニテ近日船ノ事ハ出来不申由ニ付キ、其上小生速カニ返国シテ処決スベキ事件アルヲ以テ、御面倒ナガラ高利貸五百円程御代借申上度、其返却スル手続ハ前田君ニ申シタル通り可致候。匆々

宮崎先生

　　　　　　　　　　　　　十一月二十日
　　　　　　　　　　　　　　朱華経

中译文

拜启：

  每每多有难为之事打搅，诚惶诚恐。近日船之事无法解决，加之小生有要事欲速归国处理，想麻烦您高利贷借五百日元，归还手续如前田君所言可也。匆匆

宫崎先生

十一月二十日
朱华经

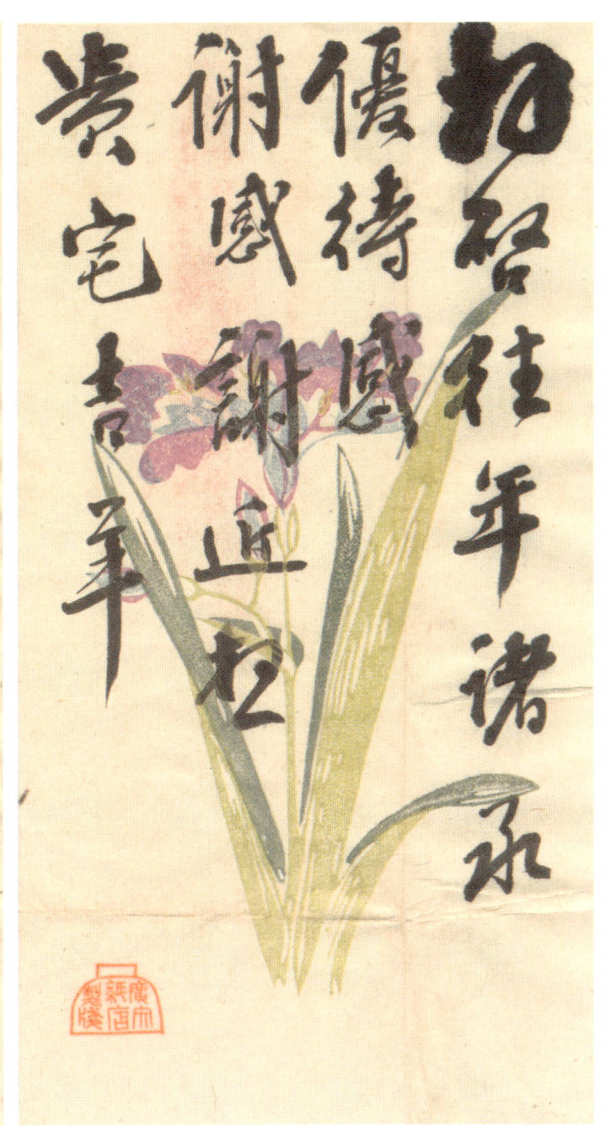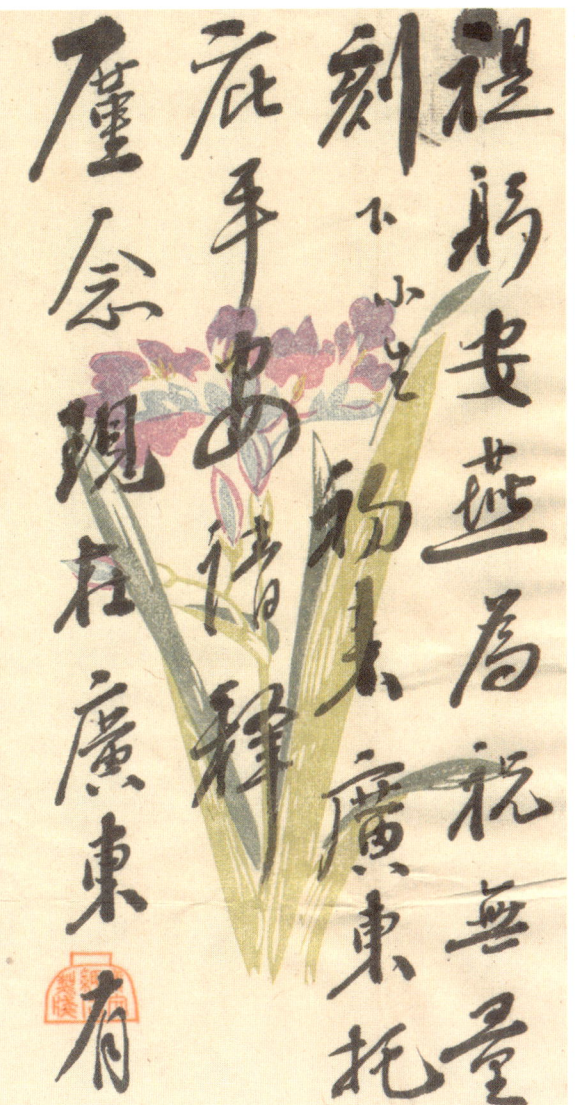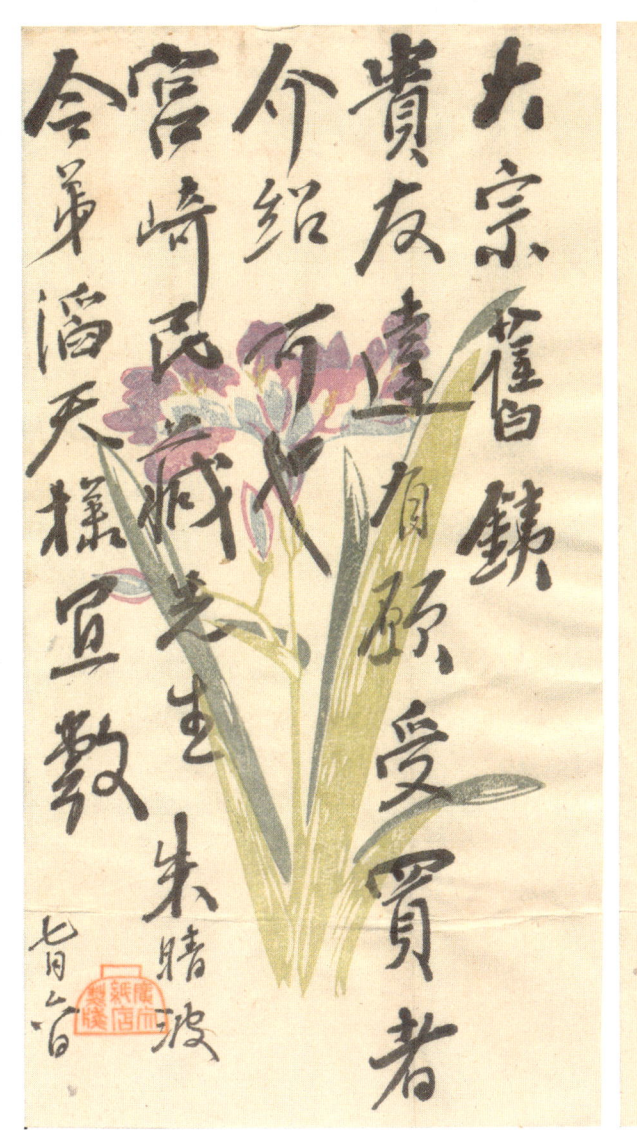

敬啟者往年諸承優待感謝感謝謹此正上貴宅書牢禮貌安甚為祝無量刻下小生初夏廣東托廬念現在廣東有大宗舊鑛貴友臺有願受買者介紹何人宮崎民藏先生今年滔天樣宜數朱晴波

朱晴波致宮崎民藏函（1918 年 7 月 6 日）

释读

拜启：

　　往年诸承优待，感谢感谢！近想贵宅吉羊，褆躬安燕，为祝无量！刻下小生初来广东，托庇平安，请释廑念。现在广东有大宗旧铁，贵友達（朋友们）有愿受买者，介绍可也。

宫崎民藏先生

朱晴波

七月六日

问候令弟滔天樣。

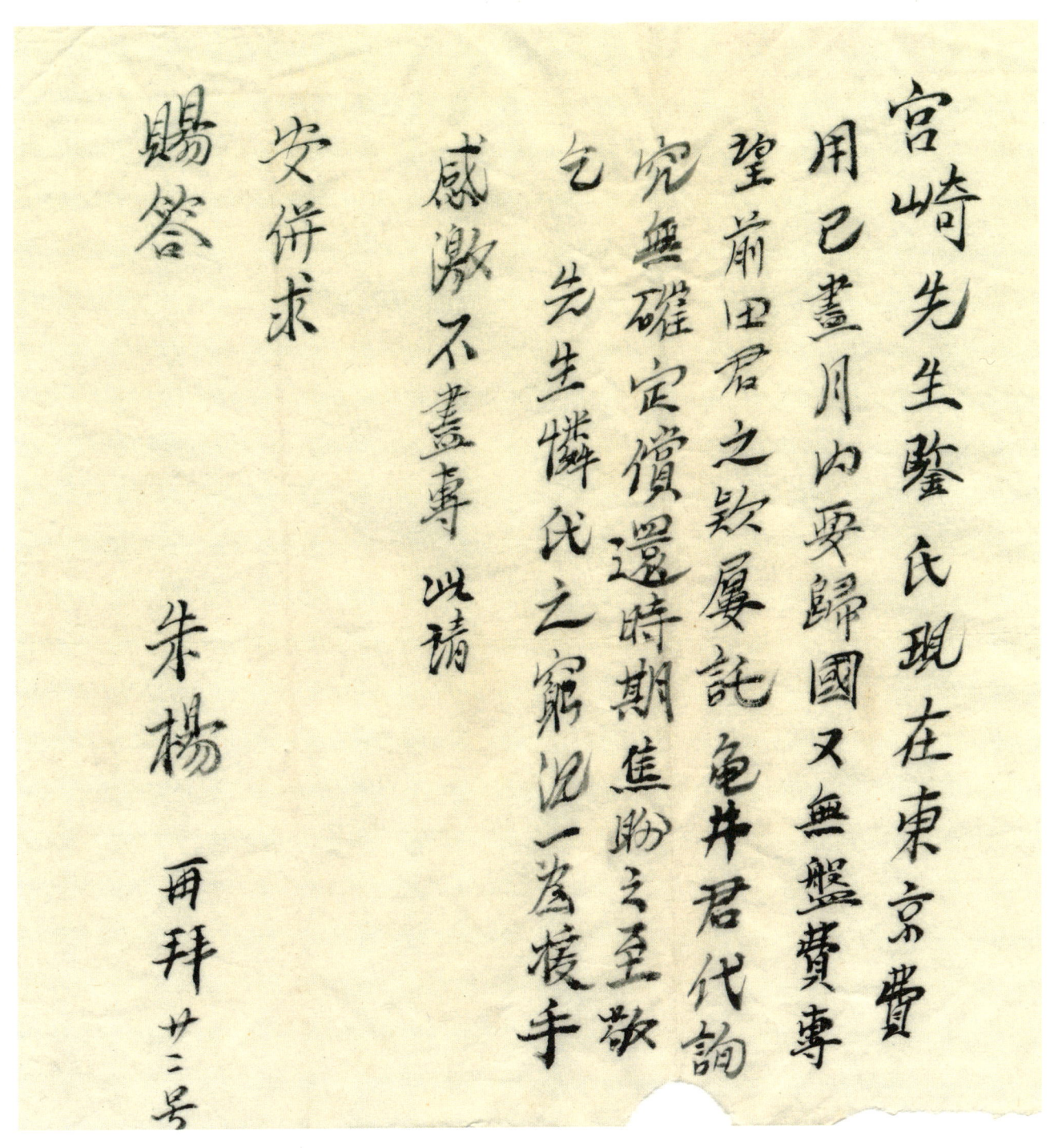

朱杨氏致宫崎滔天函（1914年10月22日）

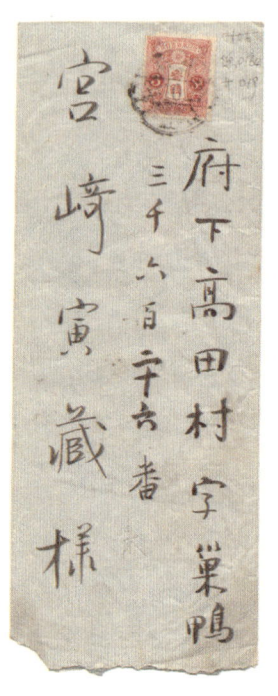

释读

宫崎先生鉴：

氏现在东京，费用已尽，月内要归国，又无盘费，专望前田君之款。屡托龟井君代询，究无确定偿还时期，焦盼之至！敬乞先生怜氏之穷况，一为援手，感激不尽！专此请安，并求赐答。

朱杨 再拜

二十二号

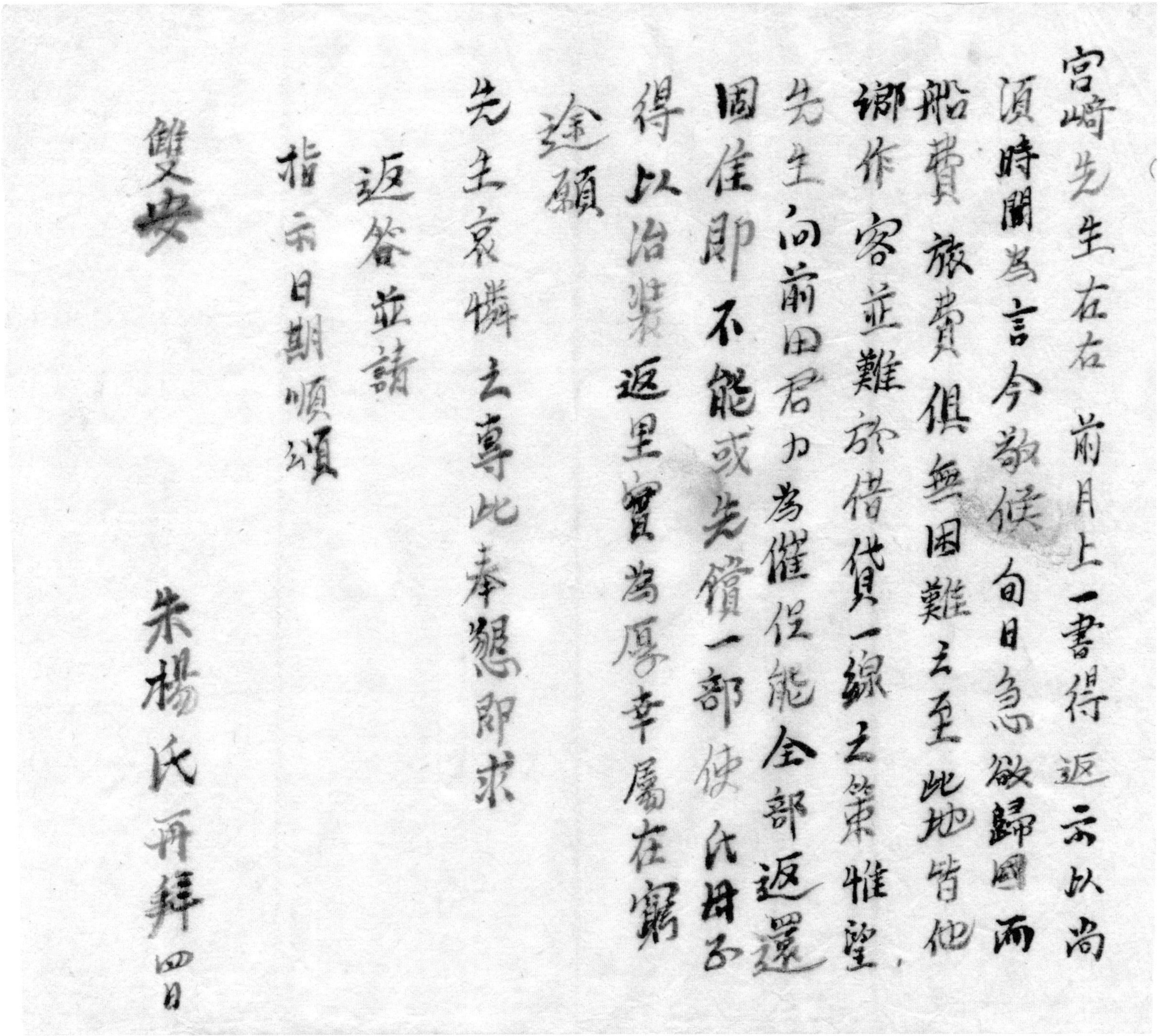

宮崎先生左右 前月上一書得返示以尚須時間為言今敬候旬日急欲歸國而船費旅費俱無困難去至此地皆他鄉作客並難旅借貸一線之策惟望

先生向前田君力為催促能全部返還固佳即不能或先鑽一部便氏母子得以治裝返里實為厚幸屬在窮途願

先生哀憐之專此奉懇即求

返答並請

指示日期順頌

雙安

　　　　　朱楊氏再拜四日

 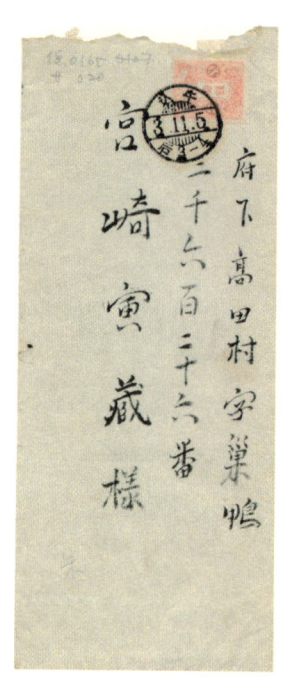

释读

宫崎先生左右：

前月上一书，得返示，以尚须时间为言。今敬候旬日，急欲归国，而船费旅费俱无，困难之至。此地皆他乡作客，并难于借贷。一线之策，惟望先生向前田君力为催促，能全部返还固佳，即不能，或先偿一部，使氏母子得以治装返里，实为厚幸！属在穷途，愿先生哀怜之。专此奉恳，即求返答，并请指示日期。顺颂
双安

朱杨氏再拜

四日

敬啓者癸丑秋

令兄民藏在申晤，敎以劍適遺
難陰承其熱心錦注，惠吾
實多劍銘感之悅無時或釋也嗣
因其畫府移失通信地名且
忘竟通音問深以悵悒昔曾令
兄常言子辦國熱心
博愛一切尤增景慕可言倫
吳近聞　鴻盧遷上劍特誠
加通音問並詢民藏先生近年住
況且聞吉註區士住址因其於吳墓
李劍堂疾由民藏先生介紹診治
數次未取分文劍彼時困難甚分
藹塗尚欠將廿元未賞歉惟何以
今年民藏稍起色額設法還諉
歉又未識吉君佳址敢祈　先生有
賣前所欠為金歀項乃全民藏
先生借用也劍不
崇惠名便動請指空何時
有暇劍輔登走訪或請指何日臨
賜敎更至吳劍恭
迎可也勿佈虔請
　　　容安
　　　　　佐學朱震寰上言
討夫年出僑當並詢
刻下能否一聴　道範亦祈示知

朱震寰致宮崎滔天函

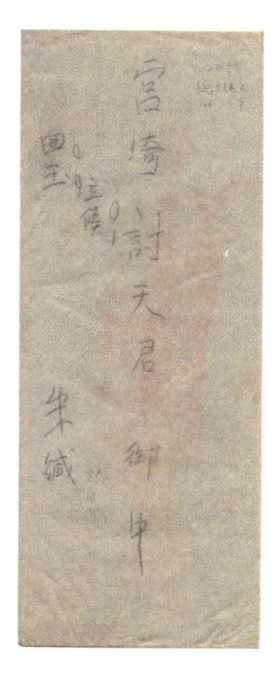

释读

敬启者：

　　癸丑秋，令兄民藏在申晤教时，剑适遭艰险，承其热心锦注，惠吾实多。剑铭感之忱，无时或释也。嗣因其回府，移失通信地名，是以少通音问，深以怅恨。昔曾令兄常言及先生对于敝国热心博爱一切，尤增景感，莫可言喻矣。近闻驾临沪上，剑特专诚候教，并询民藏先生近来佳况，且问吉注医士住址。因其于癸丑冬季，剑患疾，由民藏先生介绍吉注君于剑，诊治数次，未取分文。剑彼时困难万分，药金尚欠将廿元未赏，歉情何如！今幸民党稍起色，欲设法还该款，又未识吉君住址，故祈先生示吾，以便至吉君处道谢一切，而偿前所欠药金款项，乃全民藏先生信用也。刻下先生有贵恙，不便惊动。请指定何时有暇，剑再当走访，或请指何日临敝校赐教更幸矣。剑恭迎可也。匆布。虔请

滔天先生俯鉴。并询

客安

后学朱震寰上言

刻下能否一晤道范，亦祈示知。

□□□致宮崎滔天函（1918年5月26日）

释读

大正七年五月二十六日　深水十□□

宮崎虎蔵様　侍史

謹啓　先日は能書種々御示教遊し難有奉万謝候。神戸よりは未夕何等ノ御返事無御座候哉、待入り候。

偖、先日御来示ノ廣東発行ノ公債に付依頼人に問合申上處

廣東政府発行トハ孫文も発行ノモノニ御座候哉。支那政府ニテ已ニ承認致仕居候、利子ノ支拂は如何に御座候哉。

其賣拂総額ハ幾何有候。一ツ額面一万円ノ者幾何にテ買入□候

若シ買入ルルトシテ價格及為替関係（金銀ノ差）上ヨリ纏ラザルトセハ、当方ヨリ右ヲ担保トシテ貸付ト致シテモ宜敷、要スル二尤モ確実ナル公債ニテ他日廃棄セラルル様ノ恐レナク、前述ノ如ク支那政府シテ、承認利拂モ確実ナルモノトスレバ充分好望ニテ何時モ御引受可申候

ト右ノ如クニ御座候間召左ノ通り

一　支那政府承認ノ有無、無しトスレバ承認セラルル迄ノ道順

一　利子拂ニ如何

一　発行年月日及発行人名

一　総金額

一　賣拂奉らば担保入ノ値段賣主及借入トスレバ其期間及利子拂ノ事

右至急御一報被為下度御都合ニヨリテハ□無く相運可申考モ有之候儀

不取敢御願申上候。

匆々　頓首

中译文

宫崎虎藏先生：

谨启：前些时日种种示教，非常感谢。神户方面，尚未收到任何回复。

前些时日所示广东发行公债之事，关于请求人想与您商议。

广东政府发行当是指孙文所发行，支那政府业已承认，但不知利息支付如何进行。

其卖出总额有几何，债面值为一万日元者，几何可以买入。

若买入之时，价格及汇率关系（金银之差），如有出入由我方担保亦可。总之，不必担心公债他日废弃，如前所述，十分期望支那政府承认并支付相关利益。

具体如下：

一 支那政府是否承认，若不承认，则需要哪些手续可获承认。

一 利息如何支付

一 发行年及发行人

一 总金额

一 若买入的话担保人之价格、买主及借入的话，其期限及利息支付等

如上专此奉送，敬请考虑。

大正七年五月二十六日